LETTRES

SUR

LES MATHÉMATIQUES

ET L'ENSEIGNEMENT

CHERBOURG. — IMP. MARCEL MOUCHEL, RUE DE L'HOPITAL, 1

LETTRES

SUR

LES MATHÉMATIQUES

ET L'ENSEIGNEMENT

III. { Il faudrait hélas ! l'esprit de Rivarol et la grâce de Chénier pour rendre ce sujet acceptable aux gens du monde.

V.   Aimer avec le cœur et non croire avec lui.

VII. { La science est un fleuve qu'il faut traverser pour arriver à l'art.

Prix — 3 Francs.

PARIS.

VICTOR DALMONT, ÉDITEUR,

Successeur de Carilian-Gœury et Ve Dalmont,

LIBRAIRE DES CORPS IMPÉRIAUX DES PONTS ET CHAUSSÉES ET DES MINES,

Quai des Augustins, n° 49,

1855.

SIMPLE EXPLICATION.

—

Deux amis d'enfance se retrouvent après une longue séparation.

A la suite de ces premiers épanchements où l'on s'étudie avec la crainte de trouver des raisons de désaffection mutuelle dans les changements accomplis, où l'on redoute de se classer dans des camps opposés, de ne plus vibrer harmoniquement, de ne plus pouvoir fusionner la sympathie affective avec la sympathie intellectuelle, il vint de longues conversations à travers champs, jauge réciproque, base des jugements de l'âge mûr entés sur de chers souvenirs.

L'enseignement fut un thème proféré. L'un des amis était littérateur distingué; l'autre avait rêvé l'union des sciences et des lettres, en prenant pour point d'appui la connaissance sérieuse des lois du monde objectif. Leurs vues étaient opposées.

Une correspondance assidue fut la suite d'une grave discussion. L'artiste voulut être juge dans cette cause et s'est efforcé de refondre son éducation. Son affectueuse insistance est l'origine de cet écrit.

Quoiqu'aujourd'hui le public demande surtout de la distraction pure, sans mélange d'idées sérieuses, on peut convenir qu'il se produit simultanément un travail de condensation intellectuelle. La plupart des bons esprits sentant l'impuissance du passé, le dérèglement cérébral du jour, se replient sur eux-mêmes et cherchent un fil conducteur peut-être déjà trouvé. La jeunesse intelligente est sous l'influence de vagues aspirations. Beaucoup étudient, souffrent et méditent. Cela ferait-il accepter un sujet qui constitue l'une des exigences les plus pressantes de notre époque?

Le problème social mal attaqué de face doit être retourné en ces termes :

Nécessité d'unité intellectuelle, de cohésion; d'où, qu'importe l'instituteur, songeons aux matières enseignées.

Pour que de grandes voix s'élèvent et proclament un verbe nouveau, deux choses sont désirables : le développement d'individualités puissantes et un auditoire à la hauteur; la parole d'avenir ne doit pas être jetée aux vents du désert. La situation est bizantine, c'est-à-dire situation de transition, de renouvellement.

L'idée de présenter au public cet amical résultat ne pouvait se réaliser que sous le manteau du *je* tutélaire, unique, plus humble et modeste que le *nous* collectif. Ce *je*, du reste, est *impersonnel*; c'est une fiction.

En conservant la forme familière, originelle, et les principaux épisodes ironiques ou véhéments d'une causerie longue et souvent interrompue, il y avait abdication de toute allure prétentieuse. Ce rapide voyage sur la cognition humaine exigeait un talent ayant voix et place et le *je* qui parle ne peut réclamer ni l'une, ni l'autre. Son vœu le plus sincère serait de voir un Benvenuto littéraire ciseler pour ce sujet délicat et varié quelque riche coupe florentine.

Si l'ennui que peut procurer la lecture des premières pages pouvait être surmonté, peut-être serait-il moins à redouter pour les lettres suivantes. Chacun croit pouvoir être juge d'idées générales qui ne revêtent le langage d'aucune spécialité, et cependant c'est alors que l'erreur est plus facile; le prisme miroite et moins d'esprits sont aptes à blâmer ou à louer sainement.

La dernière partie, l'enseignement, nécessitait un préambule servant de base aux affirmations de son début. Un lecteur qui voudrait la parcourir serait peut-être désireux de voir légitimer de brèves assertions.

Les premières lettres offrent le panorama des sciences. Les notions moins exactes que les mathématiques réveillent dans la plupart des esprits ont exigé plus de longueurs.

Le chapitre impersonnalité a un but grave. Son titre a été choisi pour montrer un homme de la foule soumis à l'éducation scientifique générale; l'empreinte imposée à son développement, à ses jugements, permet à l'appréciateur de prononcer sur une influence heureuse ou fatale. Il y aurait lieu dans des conditions analogues de suivre la contre-partie pour les lettres isolées. Il s'agit encore de préciser un devoir; quelque modeste que soit un homme, il doit penser seul; cet homme, c'est l'un de nous, l'un des lecteurs, sans aucun titre à l'épithète d'exceptionnel. Le sentiment de la dignité de chacun résulte de ce que chacun représente l'une des ondes de la vibration totale. L'orgueil qui naît de l'assimilation, de la compréhension, s'évanouit devant la comparaison, la mesure. Le découragement provient d'un milieu faux, byzantin, et la tête se relève en face de l'admiration du vrai.

Si j'osais, je terminerais par l'expression d'un désir non réalisé : *mulla paucis.*

Gustave LAMBERT.

31 Janvier 1855.

Iʳᵉ LETTRE

—

ESPRIT GÉNÉRAL

Mon ami,

Dans notre intéressante causerie sur l'enseignement, le désaccord complet de nos deux points de vue provenait surtout de l'ignorance générale dans laquelle beaucoup des hommes les plus distingués de notre époque vivent par rapport aux sciences. De jalons en jalons tu es arrivé à me poser cette très redoutable question : Mais en quoi donc, selon toi, consistent les sciences et surtout les mathématiques ? Je vais essayer de répondre et tenter de vulgariser, à tes yeux de littérateur et d'artiste, des connaissances qui sont vraiment indispensables au point de vue général tout en ne comportant pas la nécessité d'une acquisition de détail, soit technique, soit professorale.

Si le mets que je te sers a pour toi une saveur peu agréable ne t'en prends point à la pâte que je vais m'efforcer de manier et considère mon humble organisation comme insuffisante pour ma tâche ; si, au contraire, ton amicable indulgence sait trouver quelque valeur à cette causerie, attribue l'intérêt de son exposition au résultat de lectures sérieuses, à des réflexions assidues sur les spéculations d'hommes éminents, qui ne laissent pour aucun de mes points de vue ni priorité, ni invention.

Sans prendre tout d'abord la question d'aussi haut que dans nos entretiens, je me restreindrai aux seules sciences mathématiques, et ce point de départ sera, je crois, la vraie base d'une opinion consciencieuse et motivée sur notre sujet si général. Ce n'est qu'après ce pénible exorde que nous aborderons en commun l'objet considérable de la matière enseignante.

Souvent, toi, litérateur élégant et désert, historien érudit, tu m'as exprimé le profond ennui que t'inspira la légère initiation mathématique de ta première éducation, et tu semblais croire qu'une nature spéciale d'intelligence, (et non point exceptionnelle par son étendue) caractérisait les hommes s'occupant de la plus élémentaire des sciences. J'espère te convaincre que l'homme, qui sans être capable de professer ou d'utiliser les vérités mathématiques, n'en connaît point la tendance et l'esprit général, a une intelligence ou avortée ou incomplètement développée, et qu'il est inapte à *s'occuper* des autres points de vue intellectuels, même *artistiques*. Je te vois bondir à ce mot et j'arrête ta nombreuse érudition : je suis infiniment convaincu que les plus puissants propagateurs de l'art eussent rendu leurs œuvres plus hautes encore, si la connaissance sérieuse, quoique sans détail, du monde extérieur, leur avait été familière ; d'autre part l'initiation mathématique laisse, par son absence, sans base possible, les efforts pour l'acquisition des autres

sciences ; le chantre , quél qu'il soit d'une grande idée, ne
la puisera que dans les transformations sociales, ou plus
en général dans la contemplation du monde, et si, comme
je crois le savoir, la forme , pour toi, n'est point l'art tout
entier, tu seras de mon avis. — Ainsi laisse le quolibet banal
sur l'utilité de ($a + b$) dans la langue des vers, et allons
droit au but. Si déjà un sourire amical mais léger ne vient
point plisser ta lèvre , j'augure bien du succès de mon
épître et j'entre en matière par un assez long préambule.

Un objet, une réalité extérieure, possède divers attributs
que l'on peut considérer comme existants seuls, et l'opé=
ration qui consiste à les isoler s'appelle *abstraire* ; ce terme
t'est familier; ainsi l'objet concret est celui qui existe réellement , et l'objet abstrait celui auquel on a retiré par la
pensée une ou plusieurs propriétés.

Le mot de science et le mot de loi sont deux termes corré-
latifs; les faits observés ou phénomènes dépendent en général de leur succession, de telle sorte que l'on peut prédire
leur retour , assigner leur valeur dans le temps et dans
l'espace relatifs , et cette inflexibilité de la loi qui enlève la
liberté au phénomène pour le forcer à se reproduire,
constitue le fait de la science. — Elle spécule sur des
faits idéaux dont les différences avec ceux de la pratique
sont la plupart du temps négligeables sans jamais être
nulles; cela est d'autant plus important que c'est la base
de l'accord entre les théories et les pratiques ou arts
techniques correspondants.

Les phénomènes ou faits observés seront plus ou moins
compliqués, leurs lois plus ou moins faciles à obtenir, plus

ou moins susceptibles de prévisions ; leur étude rationnelle, comme classes, devra commencer par les plus généraux, par ceux qui influent sur tous les autres et ne dépendent pas des suivants ; l'abstraction va nous indiquer les phénomènes d'ordres les plus simples et leur étude constitue les mathématiques. — Mon encre et ta patience aidant, je vais te délayer cette définition.

On peut dire qu'au point de vue des opérations humaines tout en ce bas monde revient à l'évaluation des grandeurs : grandeur ligne, grandeur superficie, grandeur volume, grandeur temps, grandeur poids, grandeur température, grandeur énergie, etc. etc. — Question de comparaison ou de mesure ; relation, rapport entre quantités de même nature ; tout cela nous enchaîne à un point de vue purement relatif, et l'absolu, comme le juste d'autrefois, se trouve banni.

Presque jamais, si ce n'est dans des cas théoriques choisis ou même construits artificiellement exprès, la comparaison, l'évaluation, la mesure directe n'est possible. Dans chaque circonstance il faut s'ingénier pour inventer un procédé indirect qui ramène l'évaluation à celle de quantités plus commodes que les cas naturels ne les offrent. On remplace la recherche d'un rapport par celle d'un autre rapport que l'on sait être équivalent, sauf la réserve de plus haut sur les grandeurs idéales dont on part.

Je vais insister par un ou deux exemples : Tu as un fil, tu veux apprécier sa longueur en la comparant à un mètre ; ta vive imagination saura bien se créer une foule de circonstances, soit de ténuité, soit de volume, etc. qui rendent impossible, sinon très difficile, le *portage* direct de l'unité, l'aunage en un mot ; pèse le fil, pèse sa longueur d'un mètre ; le rapport des poids sera celui des longueurs et l'opération inverse pour des difficultés en sens contraire, comme l'absence de balances, te fournirait à son tour le rapport des poids. Tu as un papier de forme irrégulière que tu dois recouvrir d'une substance précieuse et il te faut la superficie du papier pour prévoir le prix de la substance ; tu le pèseras ainsi que la surface d'un mètre du même papier et le rapport des poids te donnera celui des surfaces.

Cela suffira j'espère à mon sujet ; tu le vois, l'on suppose la conformation identique, dans un cas du fil, dans l'autre du papier ; la bonté de ton résultat pratique dépendra de la réalité de ton hypothèse et tu peux affirmer que l'erreur ne sera jamais nulle, quoique négligeable, souvent même insaisissable.

Je ne te dirai point que ces moyens et mille autres analogues soient précisément mathématiques ; ce serait une idée fausse ; mais leur *indirection*, si tu veux passer mon mauvais néologisme, fait bien sentir et mieux qu'un raisonnement comment l'on est forcé de tourner autour d'une question de ce genre pour la résoudre. Il sera utile de systématiser les procédés de mensuration indirecte dans les cas assez abstraits pour être abordables et leur théorie peut donner, doit donner lieu à une immense série de spéculations intellectuelles.

Ces théories portant sur les objets simplifiés le plus possible, sans leur enlever toutefois une sorte de réalité extérieure, l'intelligence humaine pourra faire l'éducation de sa faculté coordonnatrice, peut-être la plus utile et la plus puissante de toutes au point de vue de l'assimilation des connaissances et l'appliquer avec fruit une fois développée à des objets plus complexes, plus délicats, où l'absence d'un guide laisserait se perdre toute puissance de réflexion.

Ainsi nous précisons un peu : les mathématiques doivent coordonner les procédés de mensuration indirecte dans les cas les plus simples et les plus généraux.

Il pourra arriver que la recherche d'un rapport plus commode nécessite la considération de quantités auxiliaires dont l'introduction nous représentera comme une sorte d'échelle dont le premier et le dernier barreau seront les deux rapports, l'un à obtenir indirectement, l'autre à évaluer de suite, les intermédiaires devant disparaître du résultat final.

Il y aura donc une liaison, un enchaînement entre ces diverses grandeurs; cette liaison, cet enchaînement, cette dépendance est exprimée en mathématiques par son mot le plus général, le mot *fonction*.

Fonction, ou expression de loi, mode de dépendance, tout cela sert à exprimer comment une quantité variable passe par divers états de grandeur, en suivant les changements apportés dans une autre variable.

Dans la nature les fonctions sont concrètes, et quand tu n'auras plus à considérer que des rapports liés entre eux, la fonction se spécialisera par le mot *équation*. Ce mot correspond donc seulement à une subdivision des fonctions, pour le cas où ces dernières ne contiennent plus que des rapports ou nombres purs.

La recherche de la loi concrète ou fonction reliant diverses grandeurs dépendra de chaque branche spéciale de la science et il s'agira de trouver la fonction abstraite ou équation correspondante ; alors certains procédés techniques permettant d'évaluer en nombre l'équation, il s'agira d'évaluer aussi d'une manière concrète le résultat. Il y a, pour ainsi dire, un thême pour le passage du concret à l'abstrait qui constitue l'établissement de l'équation, et comme une version, pour revenir du résultat abstrait au résultat concret ; ces deux termes extrêmes étant réunis par un lien général.

Nous obtenons donc pour étude préliminaire, planant au-dessus de toutes les sciences, l'objet équation ou liaison de rapports et les procédés techniques de leurs transformations ou évaluation en constituent le préambule logique.

Des phénomènes d'ordre très variés, des fonctions concrètes très différentes peuvent donner lieu à la considération d'équations identiques et le travail *analytique* fait une fois pour toutes, qui servira de préface, s'utilisera pour tous les cas qui ont ainsi, sans que rien d'abord le puisse faire prévoir, un cachet commun.

J'ai employé ici l'adjectif analytique du mot *analyse* et nous entendrons par ce mot, en dehors de son acception scholastique, tout ce qui comprend l'étude des fonctions abstraites, ou liaisons de rapports, ou relations entre les grandeurs pures, sans appellation d'aucune sorte, c'est-à-dire dans leur plus grand état d'abstraction.

Si tu abstrais du corps toutes ses propriétés les plus simples, il te reste le nombre; par la considération du rapport ou de l'abstraction à sa plus haute puissance, tu arrives à ce terme le plus simple et le plus général; comme l'avait senti la philosophie antique, le nombre, la grandeur pure, domine tout, enlace tout. — Les lois de la grandeur constitueront l'analyse.

Cela posé, je t'ai dit que les mathématiques ne s'occupent point de l'évaluation de toutes les grandeurs concrètes; loin d'elles la pensée de vouloir formuler en équations ou liaisons abstraites toutes les fonctions naturelles, et quoiqu'au fond l'on sente bien dans tous les cas l'existence de la loi ou fonction, l'extrême complication des phénomènes ne permet pas de dépasser cette vue générale; pour les cas dont je parle, on devra recourir à des procédés spéciaux, n'empruntant de l'analyse qu'une saine préparation intellectuelle.

Après la grandeur pure, la forme considérée seule est le cas le plus général et le plus abstrait. — L'étude des formes constitue la géométrie.

Le degré d'abstraction qui précède laisse subsister les questions de déplacements qui ne changent aucun des attributs d'un objet et dépendent des seules questions de forme. — L'étude du mouvement constitue la mécanique.

En d'autres termes, les corps considérés dans le temps et

dans l'espace sans autres particularités créent la mécanique;
dans l'espace seul, la géométrie, et en dehors du temps et
de l'espace, l'analyse ou étude du nombre pur.

L'analyse à proprement parler n'aura sa complète utilisation que pour les questions de forme et de mouvement;
elle sera sans doute applicable à tout, en prenant les choses
de très-haut, en ce sens que tout dépend des lois de la
grandeur en général; mais cette application sortira de notre
sujet. Ainsi: analyse, géométrie, mécanique, ou grandeur
pure, grandeur forme, grandeur mouvement; voilà l'objet
de ce que dans son ensemble Condorcet appelait *la mathématique*.

L'étude humaine ne portera dans cette sphère que sur
des types tellement simples, primordiaux, fondamentaux,
élémentaires, généraux, que c'est alors et seulement alors
que les procédés de déduction et d'induction dont l'ensemble constitue la logique, pourront s'appliquer avec fruit et
sans crainte d'erreur, eu égard aux vérifications de chaque
instant. Ces types sont tellement simplifiés que, sous un
certain point de vue, ils deviennent idéaux et, comme je
ne saurai trop le répéter, sont différents toujours par leur
perfection de ceux qu'offrent la pratique; jamais les résultats ne seront que des approximations au point de vue
concret.

La vérité de détail est, à mon sens, au-dessus de notre
puissance; nous ne pouvons être sûrs d'une réalité qu'autant que la systématisation des idées générales dont nous
l'avons déduite se prête sous mille aspects divers à des vérifications de toute nature; un raisonnement n'a de valeur

que s'il a déjà su nous amener à des résultats sûrement
bons et si l'on trouvait une nouvelle manière de prouver,
je ne l'accepterais en dehors de sa spéciosité qu'après l'avoir
vue me conduire toujours au vrai.

Pour moi les connaissances humaines doivent se classer
sur un immense tableau qui dans tout son ensemble sera
vrai ou faux et dont les détails seront acceptés ou repous-
sés. J'attends l'épithète d'exagéré et te renvoie à la préface
d'Othello par M. de Vigny.

Je dis plus encore, si tu pouvais te représenter un nombre de vérités s'étayant mutuellement et dispersées sur une
table comme des grains de blé, je placerais ma tête en
enjeu sur les intermédiaires et un cheveu sur les extrêmes.—Les vérités ne sont vraies que par leur mutuel appui;
on oppose système à système, on ne s'attaque jamais aux
détails et l'homme qui ne peut faire le tableau de ses concepts, qui n'est point capable de dire : je pense cela sur
telle chose parce que je pense ceci sur telle autre, peut
manger, boire, dormir, mais n'est pas; c'est un végétal,
je nie son existence.

Ceci est une digression personnelle en dehors de laquelle
tu reconnaîtras qu'au point de vue de la préparation intellectuelle nécessaire à la perception des vérités de toutes
sortes, nous trouverons là une véritable école de raisonnement sain et sûr qui remplacera pour nos neveux la scholastique d'autrefois, la rhétorique d'aujourd'hui.

Remarque-le bien, l'inflexibilité, comment dirais-je, la
rigidité des raisonnements et des preuves ne tient point à

la nature spéciale de certains cerveaux, mais au fond même des questions, abordables pour tous, tellement simples que le paradoxe y trouve rarement place, tellement évidentes par les confrontations de chaque instant que l'autorité ne subsiste ici que par un hommage envers la prééminence intellectuelle.— En un mot, c'est un prisme qui n'a qu'une facette, une médaille sans revers.

Je vais donc essayer de parcourir les diverses parties des mathématiques; mais rappelle-toi bien que pour toi, et par toi, en dehors de ma propre faiblesse, je serai conduit à pâlir bien des points de vue, voire même à en beaucoup omettre et qu'à moins de t'envoyer des volumes, je ne puis t'exposer ni toutes les idées, ni tout leur enchaînement philosophique. Vraiment la tentative est hérissée d'épines; causer mathématiques sans trop effrayer un profane de sa technologie barbare, parler escrime sans prononcer le mot épée!

J'insiste encore sur quelques points nécessaires; l'idée de loi ou de fonction ne s'applique qu'à des états moyens des grandeurs qui en négligeant de petites quantités représentent bien leur mode de variation; ces petites quantités seront elles-mêmes susceptibles d'être sériées ou traduites en lois, et ainsi de suite; sous ce point de vue les lois sont essentiellement fictives. Toutes ces choses te seront rendues familières par le soin que je mettrai à distinguer dans les deux branches, forme et mouvement, l'origine de chaque art pratique qui en dépend.

Au reste, tu ne comprendras bien le début et l'utilité de chaque détail, que quand une vue d'ensemble te permettra de revenir sur les premiers pas ; les sciences forment un tout compact qu'il faut parcourir par couches totales et successives. — Une seule science poussée à son extrême limite entraîne forcément la connaissance complète de toutes les autres ; ce fait rend les premiers pas fort difficiles et ne permet l'espoir de compléter chacune que quand les autres auront subi un accroissement simultané. — C'est par une sorte d'oscillations successives, de retours permanents que s'accroît le bagage des prévisions humaines. — J'ajouterai encore, que si pour beaucoup de points de vue, surtout dans l'analyse, tu étais tenté de me dire : mais enfin cela est de simple curiosité, à quoi cela peut-il servir ? Ce serait pécher par témérité. Condorcet insiste sur ce que les sections coniques dont l'étude paraissait un amusement aux savants de la Grèce, a servi plus tard à baser toutes nos théories astronomiques ; dernièrement M. Lamé, membre de l'Institut, utilisait pour la théorie des sons produits par les verges élastiques, des propriétés de nombres jusque-là rangées dans la pure spéculation ; même pour les cas où l'on ne saurait point indiquer une application pratique, crois bien qu'il serait aussi peu sage de nier que d'affirmer l'utilité ultérieure de certaines conceptions.

En dehors du point de vue escrime intellectuelle, je serais fier si je pouvais obtenir de toi l'aveu que l'on ne peut se livrer à une branche quelconque des connaissances humaines sans connaître les conditions élémentaires de temps et d'espace dans lesquelles elles ont leur objet.

Mais avant d'être l'aurore d'un genre ingrat qui doit t'ouvrir les portes de ce jour, je tiens à être rassuré contre l'ennui que peut procurer à un esprit délicat, mais un peu superficiel, mon lourd essai de vulgarisation ; si ta réponse est favorable, je franchis le Rubicon, pénètre dans l'analyse, envahis la forme et cours au mouvement.

A bientôt, et amitié.

IIᵉ LETTRE

—

GRANDEUR PURE OU ANALYSE.

Mon ami,

Ta réponse est satisfaisante ; sauf l'ironie sur mes vérités
vraies et fausses, sur le superficiel de ton esprit, sur la
négation de l'homme, etc..... tu as su trouver le doux chemin de la flatterie, et redoubler mon courage en m'affirmant que pour toi le coefficient et l'exposant n'étaient point
termes de chimie.

Donc je continue ; dans tout ce qui va suivre, je cher-
cherai à te présenter avec ensemble et enchaînement les
plans principaux, en laissant dans l'ombre la totalité des détails ; je t'exposerai ce qui, selon moi, doit dominer
l'étude, ce qui peut s'appeler l'esprit et la tendance de
chaque partie, ce sur quoi l'on devrait insister pour une
bonne et saine assimilation. L'enseignement actuel est à
mon sens dans une mauvaise voie ; l'on se préoccupe davantage soit dans les cours, soit dans les examens, d'obtenir
de chaque élève des preuves d'une grande opiniâtreté de
mémoire, que de lui faire sentir le relief, la corrélation,

la successibilité des idées ; la plupart des traités existants sont de véritables dictionnaires de théorêmes. — Les hommes les plus éminents s'occupent plus d'inventions et de développements, reculant les limites de la science, que de travaux de vulgarisation, et ces derniers restent souvent le partage d'hommes consciencieux mais secondaires ; au reste, je ne sais si vraiment il n'y a pas une sorte d'opposition, de partage entre l'esprit d'invention et celui de coordination ; l'école la plus célèbre de notre époque en serait une preuve presqu'évidente ; là, les illustrations scientifiques actuelles, après avoir imposé leur nom, leur autorité par des travaux très-élevés, font des cours souvent brillants, mais plus souvent encore sans liaisons, sans systématisations ; c'est un beau panorama ; cela rejaillit sur la culture intellectuelle ; le temps est aux brochures ; on voit de toutes parts de petits mémoires sur de petits faits ; chacun cherche à vite produire sa petite idée ; l'esprit synthétique manque, on s'aborde dans les détails, les ouvrages fondamentaux sont comptés ; pour la plus simple réflexion sur une idée nouvelle, pour le plus petit changement susceptible d'être entrevu au sujet d'une invention, vite l'imprimeur ; on veut jouir sur le champ du fruit de son travail, et les armes peu chargées donnent de faibles détonations. Cependant çà et là un talent réel se disperse dans des minuties toujours qualifiées de choses importantes ; souvent il eût suffi d'une lente précaution, il eût suffi d'attendre la maturité du fruit pour s'élever à la hauteur d'un ensemble profitable au public et plus encore à l'auteur. Cette critique et d'autres, s'il s'en trouve, n'a du reste que bien peu de portée, eu égard à la nullité de mes titres scientifiques.

Ainsi, couches totales et successives, teinte plate que l'on peint au lavis, plans d'ombres n'ayant de valeurs que par le relief des voisins, etc. — Tu t'impatientes et j'entre en matière.

Les spéculations sur la grandeur pure devront toujours se terminer par un résultat clair à chaque esprit, et susceptible pour ainsi dire d'être touché. Ce résultat sera une réunion d'unités de certaine sorte, qui constitue le nombre; chacun d'eux doit avoir son nom et il s'agit d'économiser le langage et l'écriture en les baptisant; les moyens de convention qui servent à ce but s'appellent numérations. Le système adopté, choisi peut-être sur le nombre des doigts, n'est certes pas le plus avantageux; mais son usage universel a fait reculer la grande commission des poids et mesures, présidée par St-Romme, dans l'application d'un changement projeté.

Dans ce système que tu connais bien, l'on convient de dix noms, et l'on affecte un nouveau mot à chaque groupe de dix; l'on constitue trois ordres, que l'on range par catégories ou classes composées chacune de ces trois ordres, et cela en nombre illimité.

Pour écrire commodément, on convient de dix caractères choisis d'après les différences les plus simples et les plus visibles, et le nombre 10 qui forme l'échelle de relation du système en est appelé *la base*.

Les caractères pour se grouper simplement seront dotés d'une valeur *relative*, qui dépendra de leur place mutuelle, leur valeur *absolue* ne dépendant que du trait; le 0 n'est qu'un symbole qui n'a d'influence que sur les valeurs relatives, et n'a en dehors aucune sorte de signification.

L'habitude de nombrer et de se représenter une valeur indiquée crée toute l'importance d'un système, et l'énonciation d'un nombre, sept étant l'échelle de relation, n'aurait aucun sens dans notre esprit, à moins d'en chercher l'équivalent dans le système usuel.

Ce point de départ une fois choisi, il s'agira d'effectuer le mélange, le groupement, la trituration des nombres, et l'ensemble des procédés employés s'appelle *Arithmétique*. Ainsi pour nous, elle sera: effectuation pratique dans un système déterminé; l'opération sera définie par ce fait que l'on transforme un ou plusieurs nombres, que l'on obtient leur écriture sous différentes formes sans sortir du système de convention; notre système est décimal, toute spéculation qui sort de là n'est pas à proprement parler comprise dans l'arithmétique, et tout ce qui a ce cachet doit y être compris.

Sous un point de vue général, il n'existe qu'une seule opération qui consiste à réunir plusieurs nombres donnés en un seul; cette opération sera l'addition ou son inverse, la soustraction, et toutes les autres en sont des combinaisons ou des abréviations. — L'esprit humain est ainsi fait qu'un rapport de deux termes est seul bien saisissable à son esprit; tout pour être bien compris doit se ramener là.

La multiplication et son inverse, la division, abrégées des premières sont la base de l'appréciation numérique. Ces deux couples constituent l'élément arithmétique, et si je ne t'ennuie point de plus longs détails à leur sujet,

en dehors même de la considération qu'elles te sont familières, c'est qu'en vérité ce serait perdre un temps précieux sur un sujet fort difficile, quand un simple retour
d'idées suffira pour tout éclaircir ; ce serait du reste sortir
de mon sujet. A mon sens, leur utilité consiste dans leur
pratique et nullement dans l'acuité de ce que l'on peut réciter à leur égard ; tu verras plus tard l'origine et la véritable
théorie de ces changements de forme.

Tu as apprécié des collections d'unités, et tu peux avoir
besoin d'apprécier aussi des quantités plus petites que
l'unité choisie; alors tu la changes; et cette considération a
une grande importance au point de vue du rapport des
grandeurs étalons; ce rapport constitue *la fraction* que l'on
exprime en décimales par une virgule de convention, ou bien
en symboles à numérateur et dénominateur; la conversion
mutuelle de ces symboles, leurs propriétés occasionnent
une série d'opérations arithmétiques basées sur les premières et d'un usage manuel constant. Sans t'inquiéter
encore des raisons minutieuses de chaque transformation,
accepte leur pratique comme seule utile.

Si tu t'élèves ensuite à la considération de plusieurs facteurs égaux, il te vient la notion et le mot de puissance;
opération nouvelle qui jointe à son inverse, la racine, donne
le troisième couple arithmétique.

Ainsi dans le système à base 10, tu sais nombrer et
opérer; le simple bon sens t'indique la marche de chaque
opération et les propriétés usuelles des nombres décimaux;
tu as alors la pierre angulaire de l'édifice, et je te défie de

faire un seul pas dans la vie , dans quelque route suivie par l'esprit humain sans utiliser ces notions.

L'arithmétique proprement dite se borne à cela ; elle se mêlera partiellement, dans beaucoup de cas, aux autres spéculations de l'analyse , pour aider à un savoir incomplet ; mais son cachet spécial, caractéristique est toujours d'évaluer dans un système déterminé , et pour nous autres terratiques dans le système à base 10. — J'insiste d'autant plus à cet égard que la plupart des traités semblent craindre de tracer les limites nettes de ce début d'analyse ; à mon sens , il serait très bon , très utile, très fructueux de borner ces notions à de véritables manuels techniques , presque sans preuves, qui ne sont compréhensibles qu'après une seconde couche , qu'après avoir pénétré plus loin ; ce qui rend l'arithmétique raisonnée et rigoureuse la plus difficile de toutes les sciences , fait d'autant moins étonnant que toutes les épines sont amoncelées à l'origine.

Déjà le côté abstrait de la question a besoin de se compléter par l'appréciation du résultat et l'utilisation courante des opérations.

Cette comparaison de l'abstrait au concret permet d'envisager l'application dans quelques cas simples. Ainsi le multiplicateur étant le nombre de fois qu'un autre nombre doit être ajouté à lui-même est essentiellement abstrait ; cette considération sert à lever de petits paradoxes élémentaires provenant d'un changement d'unité, et donne à l'opération inverse, la division, deux nouveaux sens ; tantôt elle servira à partager en parties égales, tantôt à savoir combien de fois une grandeur en contient une autre, c'est-à-dire à donner leur rapport, ce qui ramène à la fraction.

Au point de vue concret, on obtient les procédés usités pour les règles dites de trois, d'alliage, de mélange, de société, d'intérêt, etc., qui toutes sous leur aspect élémentaire n'exigent pas d'autre acquisition intellectuelle. Déjà ces règles établissent le passage du concret à l'abstrait pour amener à une pure opération numérale, et le retour de l'abstrait au concret pour nommer le résultat.

Je te suppose donc assez fort pour vérifier un achat ou les comptes de ta ménagère, et je vais entrer dans le champ de l'analyse dont ceci n'est qu'une préparation technique, destinée à rendre tangibles ou comparables à l'esprit les résultats à obtenir.

L'analyse comprend l'étude des formes différentes quoiqu'équivalentes, sous lesquelles les fonctions abstraites peuvent se peindre aux yeux, se formuler en tableaux d'opérations; il faut ici un système de notations pour représenter les grandeurs et des symboles pour écrire rapidement leur mode de liaison. — L'algèbre proprement dite correspond à l'étude des fonctions les plus simples, ou des trois couples que nous connaissons, et l'on décore du nom d'analyse transcendante l'étude des formes connues plus tard; cette distinction n'aura pour nous rien d'important et le mot général d'analyse nous suffira; je vais te faire un véritable défilé militaire de ses diverses parties, plus rapide encore que pour l'arithmétique.

L'on désigne les grandeurs par des lettres quelconques,

françaises, grecques, etc., ne se limitant que par la commodité et la distinctibilité du trait; quand les grandeurs ont, sous un certain point de vue, une analogie dont on veut conserver la trace, on les désigne par la même lettre affectée soit d'accents, soit d'indices dont le numéro varie; les fonctions en général se désignent par les lettres f, F, f, etc., suivie d'une parenthèse contenant la représentation des quantités qui font varier cette fonction, et pour une valeur particulière de ces quantités dites variables, on écrit cette valeur à la place de son appellation littérale pour peindre la grandeur correspondante de la fonction.

La rapidité d'accroissement d'une plante dépend de sa nature propre et des conditions astronomiques, physiques, chimiques au milieu desquelles elle se développe; elle sera fonction de la température, de la hauteur barométrique, etc. etc., c'est-à-dire du rapport de ces grandeurs à leurs unités naturelles, et si l'on pouvait formuler la loi des changements en signes algébriques, on aurait la valeur particulière de la fonction, pour une valeur thermométrique déterminée, en la substituant à la place de la lettre qui la représente en général.

Les signes conventionnels d'assemblage sont +, —, X, ÷ $\sqrt{\ }$, =, qui veulent dire plus, moins, multiplié par, divisé par, racine, égal, et si ce n'était plus long, tu aurais autant d'avantage à mettre les expressions françaises; ce n'est certes pas là, comme on l'a dit, où réside la netteté des idées. — Le *coefficient* est un multiplicateur numérique ou littéral, peu importe, et *l'exposant* l'indicateur de la puissance. Enfin une expression algébrique est une réunion de lettres jointes par les signes ou symboles de l'analyse; ce sera un monôme

quand l'on n'a qu'un seul signe + ou — et binôme, polynôme pour les autres cas. — On aura ensuite une série
d'adjectifs pour exprimer la présence ou l'absence graduelle
des divers signes d'opérations élémentaires, c'est-à-dire pour
classer de simple à compliqué, et sois sûr que pas un de
mes mots n'est plus barbare que synecdocque, catachrèse,
metonymie, sorite, hypallage etc, de rhétoricienne mémoire.

Je vais passer en revue les changements de formes algébriques, en insistant sur ce que les mots de forme et d'opération sont correspondants, et qu'en cherchant des formes,
d'où vient le mot formule, on a presque constamment en vue,
la facilitation de l'opération numérique, but final.

Ainsi, nouveau préambule : Etude de la forme pour les
trois couples d'opérations élémentaires. Toujours des préam-
bules ! Hé oui toujours ; en vérité cette sorte d'esquisse d'un
cours ne sera qu'un long exorde ; je prétends enfoncer
pour toi la porte de la cognition humaine, la porte, entends-
tu bien ? Quelle vanité ! le simple mortel éclairer l'artiste !
l'inférieur en remontrer à son supérieur !

Lorsqu'en indiquant la soustraction l'on veut un résultat
numérique, il peut arriver que le terme à retrancher soit le
plus grand ; jusqu'ici l'opération n'a plus de sens, et si l'on
réduit le plus possible, il reste une quantité précédée du
signe —. Doit-on la rejeter ? Nous allons voir que c'est affaire de pure généralisation, et que le prolongement d'idée
qui consiste à doter de réalité extérieure cette sorte de
grandeur subjective est précieux.

Quand on demande la solution d'une question, la maréthe algébrique à suivre consiste à représenter les grandeurs par des lettres et à vérifier sur elles l'identité d'un résultat ; tu as fait échange de certains objets, et tu veux savoir ce que tu redois ; tu établis l'équilibre entre les valeurs, et si ta dette se trouve affectée du signe —, c'est que tout au contraire tu perdais à l'échange, et le résultat est la compensation ; c'est un avoir au lieu d'une dette ; opposition de sens. Tu as un bassin percé d'ouvertures qui laissent écouler l'eau pendant que des robinets en apportent ; tu veux savoir combien il faudrait ajouter de robinets pour produire un équilibre parfait ; ton résultat coté du signe — t'apprendra que déjà il entrait plus de liquide qu'il n'en sortait ; ton tube additionnel doit se remplacer par un orifice de plus à la paroi ; tu dois enlever de l'eau et non en ajouter. Ainsi, en cherchant à résoudre un problême, tu ne sais à priori quel est le sens de ton résultat ; le signe + ou — te l'indique.

Le monôme ou élément algébrique contiendra donc quatre choses : un signe, un coefficient, des lettres, des exposants, et pour chaque opération il y aura quatre règles.

L'addition donne lieu à un changement de forme précieux quoique très simple : $a + b = b + a$, vérité expérimentale.

La multiplication donnera $ab = ba$, vérité expérimentale que l'on peut à la rigueur réduire à la précédente ; mais pour être complet c'est déjà fort long, et je te le répète, l'expérience est la base du départ en tout.

La règle des signes présentera un effet singulier ; deux quantités négatives ont un produit affecté du signe + ; encore vérité expérimentale ; accepte-là comme un fait qui conduit à de nombreuses vérifications; il sera très utile de rejeter à cet égard tout appareil métaphysique.

La division en inversant les règles de l'opération précédente conduit à donner un sens aux exposants 0 et négatif; a^0 vaut 1, et le signe — pour l'exposant permet la suppression du signe de la division. Cette opération permet d'étudier les propriétés du rapport en général, et l'on peut résumer ce qu'elles ont d'important en un seul énoncé : si tu as une réunion de rapports égaux, la somme des numérateurs divisée par celle des dénominateurs conserve la même valeur; cette vérité et ses déductions sont d'un usage élémentaire capital.

La racine déduira ses règles de l'inversion de celles de la puissance, et là se produit un résultat fort grave; les racines paires des quantités négatives n'ont pas d'équivalent algébrique possible, et sont qualifiées d'imaginaires; ainsi $\sqrt{-1}$ type de ces sortes de valeurs, n'a pour nous aucun sens. Doit-on le rejeter? Même réponse que pour le signe —; cette quantité idéale conservée engendre, au propre, de nouvelles fonctions réelles. Mille combinaisons, dont la plus simple est le retour à la puissance correspondante, les renouvellent sous formes tangibles; encore affaire de généralisation.

La règle inverse des exposants utilise leur forme fractionnaire, ce qui permet la suppresion de ce signe $\sqrt{}$ qui ne se relie en rien aux symboles précédents.

C'est une marche graduelle, continue dans l'extension des mots. D'abord la quantité est entière et positive, puis

elle devient fractionnaire, variable, négative, imaginaire;
l'exposant, notation primitivement concrète à sens entier et
positif, s'interprète pour des valeurs 0, négatives, fractionnaires, et plus loin il sera variable.

Passons maintenant aux polynômes, et parlons de leur
ordination ; les termes monômes séparés contiennent
diverses lettres avec divers exposants; dans un but unique
de régularité on les dispose de façon que l'exposant d'une
même lettre aille toujours en croissant ou en diminuant ;

$$A + Ba + Ca^2 + Da^3 + \text{etc. etc.}$$

est ordonné suivant les puissances ascendantes de a; ne
t'effraies pas, ce sera presque ma seule formule, et elle ne
contient que coefficient et exposant. Par un léger retour sur
nos pas, si a te désignait la base ou l'échelle de relation d'un
système de numération, ne reconnaîtrais-tu point un nombre
dont A, B, C, pèsent les divers caractères, et qui serait écrit
de suite si ces lettres exprimaient des quantités inférieures
à a. Passer d'un système de numération à un nouveau système reviendra donc à transformer cette expression en une
autre, où a aurait une valeur différente. La théorie des
nombres, cette mystérieuse et jusqu'ici presqu'indéchiffrable
énigme de l'analyse, revient à trouver les propriétés de ces
séries indépendantes de a. — Tu verras plus loin l'origine
de ses difficultés.

La multiplication de deux polynômes te donnera des
changements de forme très importants ; ils légitimeront la
règle des signes en la vérifiant, et ils seront la vraie théorie
de l'opération arithmétique correspondante. La division
te donnera une étude analogue, mais dont les résultats
sont contenus dans l'idée de puissance.

La puisssance en y comprenant les exposants entiers, négatifs et fractionnaires donnera des propriétés qui sont presque à eux seuls toute l'algèbre du début ; son étude se graduera en s'élevant du cas d'un binôme à ceux des polynômes ; grâce au sens général de l'exposant, les opérations division et racine en dépendront.

Ainsi voilà déjà une série de changements de formes, dont deux $a + b = b + a$, $ab = ba$, seront de vérité expérimentale, ainsi que la règle des signes, et tous les autres de simples prolongements, dus aux déductions d'heureuses notations et de simplicité de sujet. Ces changements permettront pour toute fonction algébrique de déterminer plus ou moins commodément la valeur numérique due à la spécialisation des lettres qui y entrent. Un bref exemple ; la multiplication prouve que $(a + b)(a - b) = a^2 - b^2$, deux formes non ressemblantes mais équivalentes ; hé bien, tantôt l'une, tantôt l'autre se prêtera plus facilement aux applications numériques ; j'insiste beaucoup, parce que le cachet de cet ordre d'idées est là tout entier.

Encore un pas ; jusqu'ici nous avons effectué des transformations ayant pour but d'obtenir la valeur numérique d'une fonction de nature *explicite* ; mais la quantité à déterminer peut se trouver mêlée à celles connues d'une façon *implicite*. Ainsi $x = f(a, b, c)$ indique que x dépend de a, de b, de c, et $f(x, a, b, c) = o$, donne aussi une relation de dépendance qui est qualifiée *d'implicite*; si ces dernières pouvaient se ramener à la première forme, cette distinction n'aurait aucune valeur ; malheureusement, l'existence de la fonction explicite correspondante est un sentiment qui ne peut avoir d'existence symbolique effective dans la plupart des cas.

Ces fonctions constituent ce que l'on appelle les équations proprement dites, et leur étude, la théorie générale des équations. Pour les classer par ordre de complication l'on s'explique que la présence de plusieurs inconnues donne un cas plus complexe, et qu'en dehors de cela, leur difficulté croît par ordre de degré, puisque les supérieurs comprennent les inférieurs. Une équation algébrique à une inconnue pourra s'écrire :

$$0 = A + Bx + Cx^2 + Dx^3 + \text{etc.}$$

et l'on connaît les changements de formes nécessaires pour ramener x à une forme explicite et algébrique dans le cas du premier et du deuxième degré ; à la rigueur on écrit la valeur générale dans le troisième et le quatrième, mais pour le but numérique la solution est souvent inabordable.

Plus loin, on ne sait rien, et tout ce que l'on peut dire c'est qu'en général les fonctions explicites donnant x ne sont pas formulables en fonctions algébriques. Ces fonctions n'expriment qu'un mode de dépendance restreint, et ce sont de nouveaux modes de variation qui doivent servir à formuler explicitement l'inconnue. Au reste, certaines formes sont incompatibles, et plus tard nous retrouverons cette idée d'une manière plus décisive encore ; de nombreux travaux très élevés, très éminents, n'ont souvent eu pour but que de démontrer cette incompatibilité entre certains symboles. J'affirme avec d'autant plus de sécurité que le seul cas complètement résolu qui comprend les équations dites bi-nômes ou à deux termes de la forme $x^n + A = 0$ n'a pu céder aux efforts intellectuels, que par l'usage d'une fonc-

tion, d'une notation, d'un certain mode de variation nouveau qui sera introduit plus tard et que l'on appelle *sinus*.

.. En dehors de la résolution effective on a cherché les propriétés des équations, propriétés exigeant de fort gros volumes ; la plus curieuse et la plus importante d'entr'elles
est celle qui affirme la décomposition d'une équation d'un
certain degré en autant de facteurs du premier qu'il y a
d'unités dans le degré de la fonction. Ainsi :

$$A + B x + C x + \text{etc.} = (x - a)(x - b)(x - c) + \text{etc.}$$

les quantités a, b, c, etc... s'appellent les *racines* de
l'équation parce que ce sont les valeurs de la fonction
implicite représentée par la lettre x et ce n'est qu'une simple
extension du mot primitif ou cas général ; ce mot avait
d'abord été restreint au cas de la forme $X^n + A = 0$ et seulement pour la valeur arithmétique. Toujours extension des
mots, des signes, des symboles, généralisation des idées.
Ainsi une équation d'un certain degré a toujours autant
de racines que d'unités dans le degré. Déjà interviennent
les imaginaires ; sans leur précieux secours il n'y aurait rien
de général, et ces racines idéales qui sont incompréhensibles
au point de vue du nombre pur, ont dans de nombreuses
circonstances autant d'importance que les autres. L'équation binôme du troisième degré, par exemple, donnera
outre la racine arithmétique deux autres valeurs détermi-
nables. Pour les problêmes pratiques, la valeur numérique
des racines est surtout importante; en dehors de la résolution
effective, technique, générale, l'on a créé une série d'opérations purement arithmétiques, qui ont donné lieu à des
travaux remarquables, et qui sortent, à vrai dire, du cadre
de l'algèbre, puisqu'il n'y a plus recherche d'une forme,
mais d'un nombre dans le système à base 10 ; la réalisation

de ce nombre pur s'obtient en s'appuyant sur les propriétés des équations.

Tu n'attends pas de moi que j'aille, degré par degré, t'exposer tout ce que les analystes inventeurs ont appris de détails aux analystes coordinateurs, et je passe au cas de plusieurs inconnues.

En considérant une seule équation implicite où il entre plusieurs inconnues, tu peux donner des valeurs particulières à toutes moins une, et la détermination de cette dernière ramène au cas précédent ; ces inconnues ont donc des valeurs indéterminées et marchent par groupes, en nombre illimité, dont on peut faire des tableaux ; hé bien, ce problème de la recherche des valeurs qui se correspondent, dans le cas de solutions réelles, entières, positives, et restreintes souvent à des conditions de grandeurs entre lesquelles elles doivent osciller, contient précisément toutes les difficultés de cette théorie des nombres que le sphinx de la science moderne jette aux passants ; l'énigme n'a encore rencontré que des Œdipes partiels ou timides.

Mais si tu as autant d'équations que d'inconnues, alors il n'y aura plus pour chacune d'elles qu'un nombre limité de groupes de valeurs. Un nombre d'équations égal à celui des inconnues offre ce que l'on appelle un système déterminé, et leur résolution générale serait très importante. Pour l'opérer on cherche à déduire, du système donné, un autre système dit équivalent, contenant une équation de moins et une inconnue de moins ; les valeurs des inconnues restantes doivent être les mêmes que celles qui provien-

draient de la résolution de l'ancien système, et de proche
en proche on ramène la question au cas de deux équations
à deux inconnues, et enfin au cas précédent. — Chaque
inconnue qui n'entre plus dans les nouvelles liaisons est
dite *éliminée*, et en remontant, chaque valeur par son
report dans le groupe d'équations précédentes, fera successivement connaître les grandeurs correspondantes de chaque
autre inconnue; ainsi ce problème contient toutes les difficultés du précédent et devient par suite inabordable en
général. Là encore l'on devra utiliser des propriétés de
formes pour faire de l'arithmétique pure, et l'on peut dire,
qu'en dehors des équations du premier degré en nombre
égal à celui des inconnues, l'on ne sait plus formuler explicitement les fonctions qu'elles représentent. — Suppose
maintenant que nos équations contiennent en plus de nouveaux symboles fonctionnels, et la complication croît tellement, que pour ces expressions qualifiées de transcendantes,
l'on ne peut même plus créer d'applications numériques.

Après cette esquisse des manipulations ou transformations
purement algébriques, où le savoir humain est déjà si incomplet, je veux te parler des *séries*. L'on entend par ce mot
une suite de quantités se succédant d'après une loi déterminée, de telle sorte que chaque suivante peut se déduire
des précédentes, d'une façon qui constitue la loi de la série
ou la formation de son terme général, c'est-à-dire de celui
d'où l'on peut déduire tous les autres en particularisant
certains indices. — Dans sa plus grande généralité, la série
sera une succession de termes. A_1, — A_2, — A_3 ......
A_n, ou A_n représente le terme général. — On peut presque dire que la considération de ces suites comprend toutes
les mathématiques, et que l'art de trouver la valeur de la

somme des termes est véritablement le but arithmétique final. J'appuie sur une distinction importante; parmi ces séries, il en est dont les termes diminuent continuellement et dont la forme s'approche sans cesse d'une certaine limite jamais atteinte, mais de plus en plus approchée, suivant le plus grand nombre de termes que l'on fait entrer dans le calcul. Ces séries portent le nom de *convergentes*, par opposition à celles dont la somme augmente toujours avec le nombre des termes considérés, et qui sont qualifiés de *divergentes*. — En général, si l'on prolonge vers la gauche une série divergente, elle deviendra convergente, et ces deux mots offrent une opposition d'idée analogue à celles des signes $+$ et $-$. Malgré de très grands travaux, les spéculations sur les séries sont encore dans l'enfance et attendent à la fois invention et systématisation.

Mais, et tâche de bien suivre, les transformations des séries convergentes en d'autres, ou bien leur équivalence formulée par un nombre limité de termes, donnent lieu en général à des fonctions *sui generis*, toutes nouvelles, ayant des propriétés spéciales, n'étant susceptibles d'être représentées que par un signe conventionnel, que l'on cotera à part, suivant l'importance pratique des opérations concrètes qui peuvent en dépendre.

Pour la formation, la génération des séries, tu peux utiliser la puissance avec ses exposants négatifs et fractionnaires, ou division et racine; l'imagination peut au reste formuler des lois en nombre illimité qui conduisent chacune à des séries à propriétés spéciales, et tout à l'heure nous pénétrerons dans un ordre d'idées qui te montrera leur génération par de très larges procédés. Tout d'abord, les polynômes, les nombres qui en sont un cas particulier sont des séries; les plus simples que l'on connaisse sont appelées progressions par différence et par quotient; elles résultent du redoublement de l'addition et de la multiplication ou de leurs inverses; ces suites ont une utilité pratique très grande pour faciliter les calculs de tables astronomiques, de piles de boulets, etc., etc.; elles donnent lieu à de pures fonctions algébriques et sont bien connues. Un procédé de création qui consiste à considérer des fractions dont le dénominateur est accru d'une autre fraction, et cela indéfiniment, est appelé à jouer un rôle utile; cette succession de termes se nomme *fractions continues*, et leur étude n'a pas encore été entreprise à un point de vue assez général; elles sont du reste appliquées dans la résolution numérique des équations.

Sans plus différer, revenons à notre début. Les équations ou liaisons de rapports que nous étudions par ordre de simplicité, par couches de plus en plus compliquées et moins générales, ont pour but la représentation des phénomènes concrets. Mais très souvent le phénomène ne se traduisant que par ses effets, la loi en est difficile à saisir et point formulable en équations; ce que l'on peut observer se rattache à cette loi, mais d'une manière indirecte, et indépendamment de la nécessité où nous sommes d'enrichir l'analyse, jusqu'ici trop pauvre, de nouveaux symboles d'opérations, il nous faudra chercher des procédés de formation de nouvelles fonctions, qui, au point de vue des phénomènes, correspondent à des effets tangibles; et, par un retour aux formes primitives, nous obtiendrons la liaison réelle des quantités variables.

Une extension d'idée va tout d'abord nous donner une nouvelle fonctïon. Dans l'expression a^m, nous avons su donner un sens au cas où m est négatif ou fractionnaire; mais m variable par accroissement continu ne nous présente plus pour $x = a^m$ qu'une relation de dépendance entre x et m qualifiée *d'exponentielle*; la fonction inverse $m = f(x)$, a une telle utilité que l'on a changé la caractéristique générale f en un mot spécial. Nous dirons $m = log\,x$, *log.* étant l'abrégé de *logarithme*; a s'appelle la base du système, et voilà un nouveau couple sans analogie avec les précédents ; l'étude de cette fonction montre que par son secours l'on peut effectuer arithmétiquement les opérations du couple puissance par le couple multiplicateur, et celles de ce dernier par le couple addition ; vois ce rôle utile ; les fonds placés dans des conditions données suivent les lois de cette fonction, et ce n'est que par elle que l'on peut résoudre les questions importantes d'amortissement, d'annuité, etc....; de plus, la longueur insurmontable d'opérations purement numériques ne permettrait pas sans cette fonction de résoudre effectivement les plus simples questions de mesure. S'il fallait à chaque utilisation rechercher la valeur de ce symbole, ce serait échanger un ennui contre d'autres; on construit des tables qui pour chaque valeur de x fournissent la valeur de m, et réciproquement; dans ce but, on cherche des développements en séries, qui permettent, d'après l'étude complète des propriétés spéciales du logarithme, d'obtenir une grande convergence, et par suite une grande rapidité : on calcule dans le système à base 10, quoiqu'il se produise un système naturel dont la base est toute autre ; au reste l'on sait passer d'un système à un autre,

De nouvelles fonctions vont être produites par les imaginaires et les séries; en substituant $x\sqrt{-1}$, à la place de x dans la suite.

$$A + Bx + Cx^2 + Dx^3 + \text{etc.}....,$$

Les termes à exposants pairs sont réels et les autres restent imaginaires; on obtient une forme $f + F\sqrt{-1}$, où f et F sont deux fonctions nouvelles, et dans un cas excessivement particulier de la série génératrice, ces fonctions acquièrent une telle importance qu'elles ont reçu des appellations spéciales; on les nomme *sinus, cosinus,* et leur rapport *tangente* ; ce n'est que par elle et le secours du logarithme que l'on peut terminer d'une façon complète la véritable géométrie ou moyen de mensuration de l'étendue; ces fonctions et leurs inverses se réduisent du reste à un seul couple, et l'on a formé des tables qui permettent les applications concrètes; nie maintenant l'utilité des imaginaires. J'en passe et bien d'autres.

J'arrive à cette demande de dérivation générale ou moyen d'investigation des phénomènes; prenons notre plante avec toutes ses conditions de vitalité, et cherchons à savoir quelle est sa puissance d'accroissement; tu pourras mesurer sa hauteur à deux moments éloignés, et, divisant la différence par le temps écoulé, tu auras l'accroissement moyen. Mais il est bien entendu qu'elle n'aura point varié par quantités égales dans l'intervalle, et qu'aux vertes époques du printemps, la vie aura été plus énergique qu'aux feuilles mortes; pour surprendre quelque chose dans son mouvement, pour les états intermédiaires, il faudrait prendre des intervalles de mesure très rapprochés; ce que je dis là, pour une plante, s'applique à l'idée générale de fonction. Accrois la variable, et divise l'accroissement effectif correspondant de la fonction par celui de la variable ; le rapport sera la tendance à croître, l'énergie d'augmentation, et tu es conduit pour obtenir cette tendance à un moment donné à prendre un accroissement très minime de variable ; si le rapport dont je te parle pouvait s'écrire en deux parties, l'une ne dépendant plus de l'accroissement, l'autre s'annulant en même temps que lui, cette partie constante serait bien le coefficient d'énergie pour une valeur donnée de la variable, avec laquelle la fonction tend à croître. *Coefficient d'énergie !* en vérité je suis heureux de ce mot qui fera image pour toi, et que j'invente à ton profit. Ainsi ce coefficient d'énergie que l'on appelle *dérivée, coefficient différentiel*, mot qui fait image aussi, etc. etc., sera la partie du rapport d'accroissement qui ne dépend pas de l'accroissement de la variable.

De chaque fonction donnée, supposons que des moyens pour ainsi dire mécaniques permettent de conclure la dérivée, tu auras des fonctions nouvelles déduites des premières qui seront admirablement propres à servir à l'exploration d'un phénomène, puisqu'elles scrutent pour ainsi dire son état intime ; l'idée de fait observable est liée à celle de changement, et par suite à la notion de dérivée ; aussi ce mode de formation a-t-il absorbé à lui seul le mot général de *dérivation*, qui implique toute manière de déduire une fonction d'une autre par un procédé régulier ; l'avenir réserve peut-être aux mathématiques l'invention de nouveaux modes utiles, mais il est difficile d'en comprendre qui pénètrent plus profondément dans l'élément loi. Cette sorte de conception pourra produire par elle-même une utilité pratique ; mais son cachet concret, celui par lequel elle ouvre à l'application un monde nouveau, consiste dans le retour à la fonction primitive ; et c'est là qu'à chaque pas, l'on doit créer de nouveaux symboles pour exprimer de nouvelles liaisons. Un accroissement très minime de la variable, multiplié par le coefficient d'énergie, donne l'accroissement minime de la fonction, et cela d'autant plus exactement que les accroissements sont plus ténus. — On ne tient compte ainsi que du moment précis où l'on considère un phénomène. — Ces accroissements ainsi considérés ont reçu le nom d'*infiniment petits* ou *différentielles*, et tu entendras par là des grandeurs indéfiniment décroissantes, dans un état de variabilité successive, au caprice de chacun, qui constitue comme un prolongement de la notion sur les changements ordinaires; en un mot, on introduit là, comme une sorte de continuité arbitraire et aussi complète que le veulent les besoins de chaque spéculation. Tout le calcul basé sur cet ordre d'idées, et qui a reçu le nom de *différentiel*, revient à dire que si $A + a = B + b$, est une relation toujours existante pour toute valeur de a et b, ces quantités s'annulant en même temps, et A et B ne variant point avec elles, on a le droit d'écrire $A=B$; il n'y a pas là compensation d'erreurs, comme le disait Carnot, mais extinction simultanée d'erreurs; ces différentielles que l'on désigne par la notation d en avant d'une variable, donnent plus de facilité de calculs pour la partie technique; mais ce sont de simples intermédiaires qui disparaissent toujours pour ne laisser subsister que les dérivées, et j'insiste sur ce que leur qualité d'indéfiniment variables préserve contre toute erreur.

Que dire, après cela, d'un membre actuel de l'Institut (Académie des inscriptions et belles-lettres) qui dans une traduction nébuleuse, de plus nébuleux Allemands, prétendait que le calcul différentiel devait sa puissance à ce que l'on introduisait *l'infini* dans les formules; l'infini ! Ce que nous appelons vrai n'est que ce qui y est vérifiable ou plutôt vérifié ; entre l'infini et les choses humaines quoi de commun? Je permets à chacun, sous tous les rapports, de faire son roman à cet égard, mais je l'arrête quand il veut pénétrer ainsi armé dans le sanctuaire des réalités.

Au moment où cette conception a pris pied dans le monde, le temps était encore aux nuages métaphysiques ; l'on dissertait sur le *0*, ou sur la goutte d'eau comparée à la mer (expression de Leibnitz). Le *0* n'est pas ; c'est un symbole, et si tu peux comprendre *rien*, te le peindre d'une manière concrète, explique-le moi. Rappelle-toi seulement un mot remarquable de M. Flourens de l'Institut ; *l'Histoire de l'Académie* (la vraie, celle dont le but est d'éclairer plus encore que de charmer) a-t-il dit, *est l'Histoire de la méthode expérimentale.* Plus tard je te montrerai le côté objectif qui a conduit Newton à systématiser cette doctrine ; mais si tu désirais approfondir ces notions, considère l'infiniment petit comme un rapide instrument dont la certitude se base sur un nombre incalculable de vérifications. — Au reste je serais fort embarrassé pour t'indiquer un bon ouvrage ; je connais un plan magnifique dont l'auteur n'a point formulé les détails, et aucun des traités actuels ne me satisfait.

La classification des fonctions permettra pour une variable, dans les cas les plus complexes, les plus *composés*, de donner des procédés qui constituent l'algorithme du calcul, et qui pour chaque fonction explicite ou implicite offrent la possibilité d'obtenir son accroissement différentiel. Dans le cas de plusieurs variables, on est conduit à montrer la marche de la fonction comme composée d'accroissements partiels, dont la réunion forme l'accroissement total, et qui sont indépendants les uns des autres; ce principe très fécond te donnera plus tard ce fameux principe de Bernouilli sur la co-existence des petites oscillations; tu peux en avoir une image dans le résultat produit sur l'eau par la chute de deux pierres; les ondes liquides se recouvrent sans se troubler; l'harmonie d'un orchestre, persistant à toute distance, peut s'y rattacher aussi.

Sachant comment pour chaque degré de complication de la fonction déterminer la dérivée correspondante, on pourra redoubler l'opération et obtenir des dérivées secondes, troisièmes, etc., d'une même fonction *primitive*; cela conduit à la considération, pour procédés manuels, de différentielles de divers ordres, et à leur élimination définitive. — Des symboles nouveaux seront inventés pour peindre ces vues nouvelles, et l'on pourra se poser le plus important peut-être de tous les problèmes d'analyse pure : passer d'une dérivée d'un certain ordre à son équivalent quand on change de variable. Ce problème que Legendre prétendait de son vivant n'être compris que par trois hommes en France est en effet immense, eu égard aux changements de forme à obtenir plus tard; ce sera la base du calcul intégral.

Pour obtenir les dérivées des fonctions simples qui seront les éléments analytiques, on suivra toujours la marche régulière qui se déduit de la définition; on cherche le rapport d'accroissement, et on le décompose en deux parties, l'une fixe, l'autre variable.

Voilà le calcul complet. Voyons ses applications : On saura

développer suivant les séries de Taylor ou Maclaurin, tout symbole de fonction ; on obtient cette forme effective

$$f x = A + Bx + Cx^2 + etc...$$

qui conduit à des développements immenses ; la génération des séries, leurs propriétés, leurs calculs, leur retour inverse ; ce sont des tômes. S'il existe plusieurs variables, la série se forme pour chacune d'elles séparément, et elle contient en plus des termes mêlés.

Ainsi $f(x, y, z) = A + Bx + c\,y + Dz + etc....$
Je suis effrayé de tout ce que je voudrais dire, en dehors des préoccupations habituelles du professorat. Si je n'avais pas eu peur de rompre plus encore avec tes minces souvenirs, et de m'enlever pour cette première partie quelques chances de compréhension, j'eusse débuté tout autrement. Franchis ces quelques lignes si leur aridité se trouve par trop grande.

1°——Génération des fonctions. Après avoir obtenu des types ax, ax^2, ax^7, $etc...$, pour lesquels la multiplication ne donne rien de nouveau, essayons de leur addition.

L'on a
$$y = a + bx$$
$$y + a + bx + cx^2$$
$$y = a + bx + cx^2 + dx^3$$

$$\cdots$$

$$y = a + bx + cx^2 + \ldots\ldots + gx^n + etc.,$$

fonctions toutes irréductibles dont la dernière est la plus générale ; il y a plus, c'est l'écriture en nombre d'un symbole y quelconque, et cette simple remarque constitue pour moi une véritable démonstration de la série de Taylor ; ce que l'on récite de pointilleux, de délicat, de difficile,

me paraît être dans le lot d'un professeur forcé de fonder ,
mais ne balance pas à mes yeux la valeur du sentiment acquis à un élève par ce point de vue. Il s'agit en mathématiques de sentir d'abord , et l'on précise après.

$2°$—— Fonctions inverses. En considérant y comme une
quantité littérale déterminée , chacune de ces relations
donne en x une nouvelle fonction qui reproduit tout le vaste
champ des équations.

Voyons maintenant les propriétés :

$1°$—— *Substitution*. A une fonction délicate, complexe ,
inaccessible, l'on substitue quelque chose de plus simple,
en différant aussi peu que l'exigent les pratiques correspondantes , et cela en se bornant à un ou plusieurs termes , de
la même façon que dans un calcul on néglige quelques
décimales.

$2°$—— *Comparaison* des fonctions. Elles sont exprimées
en termes élémentaires, accessibles à la numération ; on
peut les comparer, les classer.

$3°$—— *Interpolation*. Grand mot , grande chose! d'un
nombre de valeurs connues d'une fonction conclure d'autres
valeurs. Des grandeurs quelconques ayant quelques situations déterminées, on fixe la position des autres. C'est
considérable.

En vérité c'est là tout, et cela peut passer pour l'omniscience. L'analyse ou étude de la grandeur pure s'harmonise à tous les ordres de phénomènes, et son impuissance

provient toujours des milliers de variables d'où dépendent les inextricables questions des sciences complexes. Les fonctions représentent la forme ; donc on saura substituer une forme à une autre quand le demandera la pratique ; on saura comparer les formes, et de quelques linéaments déduire la suite d'un trait. Les fonctions représentent les mouvements ; donc on saura substituer un mouvement à un autre, on comparera les mouvements, on devinera leurs caprices par la simple connaissance de quelques-uns d'eux, etc., etc., etc. En histoire, les fonctions deviennent puériles en dehors des premiers termes, et l'on ne tient compte que du premier degré en acceptant, suivant l'époque, l'importance prépondérante de telle ou telle variable. Nous reviendrons sur toutes ces déductions, et je te supplie, au nom des harmonies mathématiques, de ne point précipiter ton jugement.

En général on donne un nom aux fonctions importantes, surtout à celles qui sont périodiques, et l'on étudie leurs propriétés ; l'évaluation en nombre se base sur ce qui précède, en comprenant que cette évaluation revient à passer d'un système de numération à un autre système qui pour nous est décimal.

On peut à la suite systématiser des théories donnant lieu jusqu'ici à des solutions partielles.—Trouver la valeur d'un rapport dont les deux termes s'annulent à la fois par la spécialisation d'une variable ; cela ressort évidemment de la conception de la dérivée.—Connaître la valeur de la variable ou des variables, pour lesquelles la fonction acquiert un état *maximum* ou *minimum*, c'est-à-dire plus grand ou plus petit que les états voisins. Cette question, qui nécessite la comparaison de valeurs pour ainsi dire successives, avait presque conduit Fermat à l'invention du calcul différentiel.

Ainsi comme rôle de cette branche d'étude : formation de fonctions que j'appellerai d'observateur; développements en séries ; recherche des valeurs des états singuliers de fonctions ou des moments où leur façon de varier offre des particularités. C'est en général la théorie même de la fonction.

Ces liaisons qui ont servi à caractériser, à formuler les observations n'ont qu'un but, celui de faire connaître la loi d'un phénomène, c'est-à-dire la fonction primitive, et voici un retour d'idée, qui constitue vraiment la valeur, l'ensemble du calcul différentiel ; il va nous conduire à des procédés techniques qui forment le *calcul intégral*, et tu vas voir la raison de cet adjectif qui fait image. ..

Revenons de la dérivée à la fonction qui lui a donné naissance ; les dérivées des quantités constantes sont nulles; par suite on peut et l'on doit ajouter une quantité constante à la suite de la fonction primitive, et cela est d'une énorme importance ; cette constante aura sa valeur déterminée par une vérification particulière ; elle signifie, par exemple, en image concrète, que l'on peut mesurer une longueur à partir d'un point arbitraire quoique fixe. Si l'on prend la différence entre deux valeurs de l'intégrale relatives à deux valeurs particulières de la variable, appelées *limites*, cette différence s'exprime par une série très particulière; chacun de ses termes est formé par l'accroissement différentiel de la variable, multiplié par la valeur *successive* qu'acquiert la fonction pour les valeurs *successives* de la variable comprise entre les limites. Cette somme de série qui correspond à un cas très particulier de la sommation des suites a fait donner l'épithète d'*intégrale*, et dans ce cas on la qualifie de *définie*, par opposition au simple retour à la fonction primitive que l'on nomme *intégrale indéfinie* ; les premières sont le but numérique véritable, et il y a d'immenses et de magnifiques travaux à leur sujet ; mais en général on ne peut les obtenir que par approximation, par calcul pratique ou par la con_ naissance préliminaire de l'intégrale indéfinie, et c'est alors affaire de substitution.

Cette nouvelle série de changements de forme va donner lieu à une question plus générale, que je vais immédiatement t'exposer. En ne considérant qu'une seule variable, tu peux avoir une relation, entre cette variable, la lettre qui représente la fonction, et les dérivées des divers ordres ; il s'agit de trouver la relation effective qui détermine le mode de variation de la fonction ; ces équations dites *différentielles* seront classées par ordre de complication, et tout d'abord, à part la classe que l'on appelle linéaire, on ne sait rien, moins que rien ; même pour ce cas, que l'on ne peut attaquer sous sa forme la plus complète, on est amené à la résolution d'une équation algébrique, ce qui limite la solution technique au 2° degré ; en dehors on n'a que des vues particulières, et l'on est réduit au point de vue numérique à exprimer la nature de la fonction par des séries à coefficients indéter- minés, dont on spécialise la valeur par des vérifications et qui créent une suite d'opérations arithmétiques. Notre impuissance intellectuelle provient en partie de la pauvreté des signes et des symboles, et si déjà cela nous arrêtait dans la pure algèbre, la complication croissante doit de beaucoup multiplier les difficultés. Prenons le cas le plus simple ; le pur retour à la fonction primitive, c'est-à-dire le cas où notre équation différentielle ne contient que la dérivée du premier ordre donnée en fonction explicite d'une seule variable. Hé bien, ce cas si minime, si particulier, si restreint, qui correspond à l'équation algébrique du premier degré, est encore dans l'enfance ; à part l'emploi des séries pour un calcul numérique, on n'a encore là que des travaux de détails ; comme application concrète, tu verras cette théorie base de toutes les *quadratures* ou mesure générale de la superficie.

En prenant les fonctions élémentaires seules, les trois couples algébriques, et en les classant par gradation suivant l'ordre d'extension du mot exposant, on obtient en général pour intégrale des expressions qui ne peuvent avoir d'équivalent algébrique, qui sont de véritables fonctions nouvelles que l'on désigne par une caractéristique et dont on étudie les propriétés ; si elles offrent une grande utilité au point de vue concret, on forme des tables arithmétiques ; c'est ainsi que presque au début, après avoir retrouvé les résultats algébriques, on est conduit à réinventer le logarithme, le sinus, à créer les fonctions elliptiques, Abeliennes et autres innommées ; ne te dissimule pas que la formation de ces tables ou calculs faits d'avance ne donne dans la pratique aucune infériorité d'usage en comparant aux fonctions élémentaires ; celles-là mêmes sont traitées de la même façon ; les carnets des ingénieurs ne sont que des tableaux courants d'opérations faites une fois pour toutes, et qui n'exigent souvent que le couple multiplication ou puissance. Leur introduction dans l'analyse n'aura lieu, je te le répète, qu'au point de vue d'opérations concrètes dont elles peuvent donner la loi, et heureusement celles dont on

fait usage jusqu'ici sont à peu près connues ; mais je dois
te faire une remarque importante ; à mon sens aucun détail
d'analyse n'est oiseux ; nos connaissances en tout sont à
peine ébauchées et telle fonction qui ne présente qu'un
intérêt d'amusement didactique sera plus tard le germe
d'une théorie physique ou mécanique précieuse ; le plan de
la nature se reflète tout entier en fonctions abstraites, et
nul ne peut être assez hardi pour dire : cela est de la science
pure, de l'art pour l'art, la pire espèce de choses.

Toute intégrale en général représente une fonction nouvelle, donnant lieu à des études que les précédentes peuvent faciliter, mais qui souvent n'ont pas d'analogie ; re-
double cette opération pour le simple retour d'une dérivée
seconde, les difficultés s'accroissent et sont toutes comprises
dans la forme générale d'équation différentielle d'un ordre
quelconque ; ces dernières, à plus forte raison, représentent aussi des liaisons sans analogie avec celles connues et
même avec l'ensemble de celles que l'on aurait pu créer par
la simple quadrature ; de même l'équation algébrique du
vingtième degré représente un mode de varier qui n'a aucun rapport avec les fonctions précédentes, ou même avec
la même équation moins complète.

Tu peux critiquer maintenant ceux qui cherchent une
intégrale algébrique comme une pierre philosophale. Dans
le siècle dernier, on avait classé les fonctions et fait de
vastes tableaux où chacune avait en regard sa dérivée ; alors
la lecture inverse faisait remonter à la fonction intégrale ;
cette marche ne pouvait rien donner, et l'enseignement
actuel a encore le tort, sous le prétexte d'être élémentaire,
de continuer à la suivre. Aussi pour pénétrer plus avant, on

est obligé de refondre son éducation, et sauf de magniques détails, je ne connais pas un bon traité.

Encore un pas; tout à l'heure nous considérions plusieurs variables et les dérivées partielles; leur retour à la fonction primitive peut donner lieu à une série de spéculations analogues, et malgré la gradation qui nous y amène, d'Alembert, le créateur de cette branche d'analyse, aurait eu le droit de lui imposer le nom de calcul nouveau. Ici plus de constante arbitraire introduite, c'est une *fonction arbitraire*. L'importance colossale de ces théories fait bien regretter l'impuissance où l'on se trouve de ne pouvoir les traiter que pour des cas très particuliers, et même en général ramenés à des quadratures; juge quelle somme immense de savoir reste à acquérir pour ces pauvres mathématiciens. Leur science quoique la plus avancée est encore bien jeune; mais elle traite de sujets épineux; on aime mieux faire résonner les forêts du nom d'Amaryllis, et appliquer les forces vives de son intelligence à des points plus agréables ou plus fructueux. Ici d'ailleurs, point de place au rhéteur, plus de surprise oratoire, plus de réputation à usurper, point de grands sentiments à étaler, point de dupes à faire. A chaque appréciation vient se joindre la preuve, et ce qui est acquis l'est pour toujours.

Je passe des milliers d'aperçus et j'entasse feuillets sur feuillets; un mot encore: Je t'ai montré, et avec beaucoup d'insistance, la quantité s'élevant graduellement, se *départicularisant* de plus en plus, si tu veux me pardonner ce mot, et arrivant enfin à être variable par nuances insaisissables; hé bien, prends la fonction: elle change de nature en passant d'un mode à un autre; considère-la comme progres-

sivement changeante, comme variable aussi par nuances
insensibles; ce sera certes bien là le plus haut degré de
mobilité dans lequel nous puissions concevoir la grandeur.
Lagrange a systématisé les procédés de calculs que fournit
ce point de vue, et c'est le *calcul des variations*. Il sert à
résoudre les questions qui demandent la forme même de la
fonction devant satisfaire à des conditions données.

Enfin me voilà au terme. Comme dernière remarque je te
prononcerai le grand mot d'*homogénéité* qui, sous son aspect le plus large, t'indique simplement que les équations
de l'analyse sont des fonctions purement abstraites, que ne
doit point altérer un changement d'unité, puisqu'elles ne
contiennent que des rapports; le passage du concret à l'abstrait ou thème pour l'établissement de l'équation, et la version ou retour opposé après l'application de l'analyse sont
les deux points importants pour ce grand mot, et c'est à ces
deux champs de bataille qu'il faut le suivre.

Dans tout cela, malgré la bonne volonté de ton pâteux
narrateur, bien des choses ont dû dépasser ta possibilité de
compréhension; ne crois pas à une injure et appuie sur ma
péroraison.

Etudions la formation graduelle de l'analyse : les hommes
observent des faits, trouvent des liaisons de rapports, qui
géométriques, qui mécaniques, qui physiques etc. etc., et
ce sont des fonctions abstraites; elles ont été dans l'origine
dispersées à leur lieu dans tous les traités spéciaux à chaque
art, et ce n'est qu'après leur accumulation qu'un esprit
systématique a eu l'idée de les classer à part et d'en faire
comme le portique de la science.

Ainsi chaque fonction concrète donne lieu à un type abstrait et par suite à un chapitre d'analyse qui doit se classer
à sa place d'après des vues d'ensemble; cette préparation
intellectuelle qui consiste à faire, ce qu'en chimie l'on appellerait l'opération du départ, permet à l'esprit de suivre
sa route sans être détourné par des soins d'un tout autre
ordre ; aussi vois-je avec peine, dans des monuments de
la science appliquée, de véritables cours de pure analyse
dispersés au milieu de recherches techniques; la séparation de ces deux ordres d'idées est, en réalité, celle du spirituel et du temporel ; elle a pour moi, au point de vue enseignant, une telle importance, que si j'étais fort je réédite-
rais de grands ouvrages pour y classer à part les travaux
analytiques. En prenant la question aussi abstraitement je
ne me dissimule point qu'il est difficile de bien saisir tous
ses linéaments; un jour sérieux sur les fonctions concrètes
qui ont engendré chaque fonction analytique est nécessaire,
et c'est pour cela qu'il faut étudier par couches totales ; les
images ou représentations matérielles des idées sont ici
d'obligation comme dans la poésie; si dans un cas c'est par
le brillant qu'elles doivent frapper, dans le second c'est par
leur exactitude, ou plutôt par leur correspondance intime.
La science est faite pour des résultats, et s'il y avait des
gens spéculant sur la science pure, je les blâmerais plus
encore que celui qui versifie pour versifier ; tu sais mon opinion à cet égard; j'aime le poète qui enchâsse une belle
pensée dans le joyau d'une harmonieuse expression; j'aime
le musicien qui sait traduire en vibrations sonores les plus
riches passions humaines; le peintre qui colore de réalités
une belle conception; mais quant à l'artiste qui fait du vers,
de l'harmonie ou de la peinture pour en faire, je le trouve
.... ou plutôt non, je ne le trouve pas. — En un mot,

le portique n'est pas le monument, le ciseau de Phidias n'est point la statue de Laïs.

Dans chacune des sciences assez simples pour donner lieu à des types abstraits abordables, j'insisterai beaucoup sur chaque point qui a dû servir à en créer, et sois sûr que le retour d'idées ne s'arrête pas à si peu ; pour moi la très minime valeur dont je puis faire preuve sur ces matières provient en grande partie de mon mince bagage zoologique. Ne ris pas, j'espère te convaincre.

Ainsi, relations concrètes dépendant de chaque spécialité, relations analytiques correspondantes que l'on classe à part, et pour celle-ci opérations numériques, dont on fait comme le parvis du portique. Ces dernières sont les plus générales, les plus simples, et l'on remonte la chaîne pour arriver au vrai. La systématisation ascendante et descendante, graduelle, se reliant par têtes de chapitre, a, sur l'intelligence qui se prend aux détails, le même pouvoir que la gamme pure sur le chanteur qui fait des roulades, il se retrempe là. Comprendre l'arithmétique, l'analyse sans connaître leur mutuelle progression est chose impossible ; de même, tu n'auras le véritable sens de cette lettre que quand les suivantes t'auront coloré d'images des idées qui jusqu'ici exigent une trop forte tension intellectuelle.

Je t'entends murmurer: *Dulcè ridentem, dulcè loquentem, Lalagen amabo.* Et moi aussi je subis le charme énivrant d'une douce voix et d'un frais sourire, moi aussi je préfère les délices de Capoue aux avalanches des Alpes ; mais pour pénétrer en Ausonie, il a fallu, dit l'histoire, fondre le roc avec du vinaigre ; rappelons-nous ce proverbe de notre inutile jeunesse, consumée dans l'ignorance du monde réel, au profit du passé. *Tès paideias è ridza mén picra, oi dé carpoi glukheis.* — J'utilise mon petit savoir et n'eus jamais d'autre occasion.

Allons, du courage, essaye de subir encore ma troisième lettre. Elle sera moins longue; les broussailles de l'analyse sont, non point traversées, mais franchies; la route est maintenant belle, et la forme nous invite.

Courage et amitié.

III LETTRE

—

FORME OU GÉOMÉTRIE.

Ta réponse, mon ami, me paraît fort indulgente ; je
préfère l'envisager sous cet aspect, et nier l'affectueuse
ironie qui peut-être contient son véritable sens ; je veux
croire à tes éloges ; cela me donne envers toi le pouvoir de
parodier Phocion, plaisir qui me serait interdit si je scrutais
davantage. Allons ! que sera-ce quand j'aurai chanté la
poésie de la forme, le charme du mouvement, et, quand au
but, je m'essaierai à rugir comme le Lion de la Grèce, le
vainqueur d'Eschine ?

Malgré ce pompeux début, je te l'avoue, par intervalles
je suis découragé. Pour manier mon sujet d'une façon
acceptable aux gens du monde, il faudrait l'esprit de Rivarol
et la grâce de Chénier ; quel dommage ! la verve, l'entrain,
la faconde de nos romanciers modernes se perd sur d'in-
dignes motifs, et parmi eux que d'agréables vulgarisateurs
il serait permis d'entrevoir. Hélas ! oui, pour courir sur les
épis de la forme, au lieu des pieds légers de Camille, je
n'ai que mes sandales de modeste horticulteur ; mes fleurs
sont objets de ménage, mes fleurs sont légumes utiles ;

quel vilain mot ! utile ! cela sert !! dirait une précieuse de
Molière ; cela sert ! dit encore............. Après ce gros sou-
pir je m'avance, et d'un pas inégal je vais tenter l'espace.

L'espace, c'est bien cela : la grandeur considérée sous ces
aspects les plus généraux est relative au temps et à l'espace,
à l'espace seul, et enfin plus abstraite encore sert de thême
à l'analyse. Ici nous considérons le second terme, la forme
pure ; notre but sera de l'apprécier, de la mesurer, de la
comparer sous tous les rapports. La question rétrécie au
début se rapportera seulement à l'espace limité.

Si l'on plaçait un corps dans un milieu quelconque, s'il
laissait une empreinte dans ce milieu, cette empreinte donnerait la notion la plus exacte du volume géométrique ; on
dépouille ainsi le corps de ses qualités réelles, poids,
couleur, chaleur, poli etc.; c'est l'objet extérieur, le plus
simplifié, le plus abstrait, mais très complexe encore.

En considérant seulement l'enveloppe extérieure, ce qui
termine, c'est-à-dire la surface, on va d'un degré plus loin
dans l'abstraction ; un pas encore, et l'étendue sous son
aspect le plus élémentaire sera ce qui limite la surface, sera
la ligne ; la ligne à son tour est terminée par le point, chose
idéale, sans dimensions.

Ainsi, ligne, surface, volume, voilà, en allant du simple
au composé, les qualités générales de l'espace, et la géométrie sera l'ensemble des spéculations sur ces grandeurs.

Tes souvenirs de collége, quelque pâles qu'ils soient, te
retracent sans doute encore ce traité sacramentel, que

l'autorité du nom, la consécration de l'usage ont conservé aux études ; à mon sens il est à refaire, et j'y trouve de nombreux défauts ; cherchons à esquisser la route.

Les lignes, les surfaces sont de toute forme ; la plus simple des lignes est la droite que connaît tout chasseur ; c'est une suite de points qui se cachent mutuellement dans une certaine position ; une expérience, base de la géométrie, nous apprend que le plus court chemin entre deux points affecte sa forme ; la raison nécessaire, l'idée d'axiôme est ici d'autant plus inutile que le chemin le plus court n'est pas la ligne droite, dès qu'intervient l'idée de temps ; ainsi, pour courir d'un point à un autre séparés par deux terrains, l'un très ferme, l'autre en sable ou marécage, le plus court n'est pas la ligne droite ; la lumière en traversant deux milieux sait cela, et infléchit sa route ; plus tard nous verrons que la ligne suivie par un corps pour tomber d'un point à un autre, quand ces points ne sont pas situés sur la même verticale, est une *cycloïde*.

La surface prend le nom de *plan*, quand une ligne droite y est toujours contenue, et dans tous les sens ; au début, nous parlerons seulement des lignes droites et des surfaces découpées sur le plan.

Les lignes droites ont une longueur et une direction angulaire ; notre premier soin sera la mesure de la grandeur linéaire, de la grandeur angulaire et de la grandeur plane.

Si les grandeurs, ligne, angle, surface, volume, pouvaient se porter les unes sur les autres, se pénétrer, se comparer de suite, la géométrie serait un ensemble de faits, prêterait

à l'érudition , ne serait pas une science ; mais cette comparaison directe est presque toujours impossible; de même que
pour toutes les grandeurs beaucoup plus compliquées dont
l'étude forme les autres sciences , il s'agit de remplacer la
recherche d'un rapport par un autre plus à notre portée;
tous les métiers, tous les arts pratiques dépendent de ces
vues, pourvu qu'on insiste avec force sur ce que l'on considère des quantités idéales qui ne sont jamais les quantités de
la pratique, mais qui peuvent les remplacer dans des limites
d'erreur suffisamment tenues.

On a au début un certain nombre de vérités expérimentales que l'on réduit le plus possible, et peut-être à tort ; ce
que l'on appelle axiôme sous l'empire de la métaphysique
doit être rejeté. La vérité *à priori* n'est pas; que sais-je ?
Peut-être que dans une planète où les habitants sentent les
couleurs et voient les odeurs, l'expérience a rejeté quelques-
uns de nos principes ; l'expérience dès le berceau nous a
pris par la main pour nous les faire palper, et ces phrases ,
partie plus petite que le tout , etc. etc...... sont ou bien des
heurtements de mots qui s'excluent mutuellement , ou bien
des vérités de la Palisse; je ne puis citer un axiôme prétendu,
sans avoir l'idée d'y joindre : *Un quart d'heure avant sa
mort l'on est encore en vie.* Tout ce qui choque gravement
le sens commun élémentaire peut et doit servir de base, de
point de départ ; je suis sceptique, j'ose le dire, en dehors
des principes, expérimentaux et de leurs déductions formant
une masse vérifiable; c'est alors seulement que l'on peut se
flatter d'imposer à d'autres ses propres chimères , mais sans
que cela puisse donner le droit de dédaigner les chimères
voisines ; je les vois passer souvent avec intérêt, souvent

avec respect, sans m'inscrire en faux, mais sans vouloir aussi en être le martyr.

Tu veux mesurer la ligne droite; tu prends un mètre, unité de convention qui se relie bien à une longueur naturelle, mais dont la valeur consiste surtout à être déposée dans toutes les mairies, et tu la portes sur la ligne; on apprécie en décimales avec le plus de soin possible, et le nombre trouvé représente la valeur linéaire. Cette question paraît simple; hé bien même dans le cas spécial de lignes théoriques, *faites exprès*, c'est l'opération la plus délicate, la plus difficile, et le savoir humain est obligé de se replier sur lui-même presque tout entier quand cette recherche exige une grande précision; on a des instruments, tels que le vernier, le micromètre qui aident à l'insuffisance des yeux, et le dernier surtout dépasse toute idée de précision concrète. Si l'on veut le rapport de deux lignes soit en différence, soit en quotient, l'on opère sur les nombres trouvés. Rappelle-toi bien que, quelle que soit la grandeur dont il s'agisse, la science terrestre n'a qu'un but, celui de la formuler en nombres. Ta ligne est incommensurable? Ce mot en pratique n'a pas de sens, il n'y a pas de quantités égales comme l'entend la métaphysique, et les grandeurs se substituent les unes aux autres toutes les fois que leur différence est négligeable; suivant la nature des questions, l'on en réfère à une unité plus petite, c'est-à-dire à une approximation plus grande, voilà tout. — Cette comparaison directe est impossible dans la plupart des cas, et l'on cherche à relier les longueurs entr'elles, pour que la connaissance de l'une puisse entraîner celle de l'autre.

Il faut donc étudier méthodiquement les lignes en allant du simple au composé.

Les droites présentent l'idée de direction et de longueur. — En direction, elles sont ou coupantes ou parallèles, premier chapitre à deux paragraphes où l'on remarque la position perpendiculaire et les angles formés par une sécante et deux parallèles ; sur ces huit angles, il n'y en a que deux qui diffèrent [et ils sont en relation très simple. — En longueur, les droites offrent un fait élémentaire de différence, d'égalité, ou bien un fait plus complexe de rapport par quotient; encore deux paragraphes, figures égales, figures semblables ou mutuel portrait soit en plus petit, soit en plus grand. Si nous sentons, quoique vaguement, la possibilité de dessiner sur un papier le portrait d'un terrain plan, toutes les lignes réelles non accessibles à une mesure directe s'obtiendront sur le dessin, et il suffira de multiplier le nombre qui les spécifie par le rapport de similitude, ou d'agrandissement, ou de diminution de l'image. — Le sentiment de cette vérité c'est la géométrie ; sa pratique, le détail technique, c'est l'art correspondant.

S'il s'agit de surfaces planes à comparer, la difficulté s'accroît ; là, impossibilité absolue de porter de place en place une grandeur analogue ; les arbres d'une forêt, l'appréciation des restes, mille choses forcent encore à incliner, à dévier, à rendre indirect le moyen appréciateur. — Le nombre n'a pas de nom ; si donc l'on peut obtenir un rapport de deux autres grandeurs qui ait la même valeur que le rapport que l'on cherche, peu importe le moyen, on saura baptiser le résultat. Les figures compliquées, terminées par des lignes droites, sont formées de triangles ; ceux-

ci se ramènent à être moitié de figures régulières équivalentes aux rectangles; ces surfaces analogues à une table,
à un plafond sont facilement comparables, et l'on trouve
qu'en faisant choix d'une unité particulière, le nombre qui
doit les représenter est le même que le produit de deux autres, résultats de la mesure linéaire des côtés. On remonte
la chaîne, et l'on déduit la cote numérique qui doit caractériser une superficie plane quelconque; si le contour n'est
pas formé de lignes droites, on découpe la figure par ban-
des suffisamment rapprochées pour que l'erreur soit minime,
et il existe des instruments tels que la roulette d'ingénieur
pour opérer avec vivacité. Soit dit en passant, le résultat
est du calcul intégral, pratique, concret. — Très souvent
dans les arts ces procédés sont remplacés par des moyens
physiques tels que le pesage de la figure et de l'unité de superficie découpée sur le même papier. — Pour te donner
une idée de la portée, de l'utilité de ces choses; je te citerai
seulement le fait d'une rivière pour laquelle on veut calculer le régime des eaux, la quantité de fluide qui passe dans
une tranche pendant un temps déterminé. Des sondes rele-
vées sur un papier donnent le profil du fond, sa forme, et
la superficie multipliée par la vitesse des eaux résoud le
problème.

Une remarque sérieuse. Fontenelle a dit : *La géométrie
est fille de l'intérêt*, et cela pour le fait si connu des inon-
dations périodiques du Nil qui imposaient aux maîtres du
sol l'obligation de retrouver leurs limites; ce mot peut s'appliquer à toutes les sciences concrètes, et dans le cas géométrique, la surface du quarré se trouvant par le carré d'un
nombre, ce côté pratique a produit l'idée de puissance qui
plus tard s'est généralisée; de plus, le carré étant l'unité

superficielle de convention, l'on a dit quarrer une surface plane, en faire la quadrature, et cette expression s'est appliquée à la recherche de l'intégrale simple qui n'est, au point de vue concret, que la recherche d'une superficie. — S'il s'agit de déterminer la longueur d'une ligne quelconque, la pratique offre peu de ressources ; l'on peut être réduit à piquer des épingles très pressées sur tout le contour, et à tendre un fil dont on estime la grandeur en unité métrique. La question en ce moment n'est pas abordable.

Les lignes non droites sont en nombre incalculable, et le trait d'une plume sait les varier à l'infini ; parmi elles, il en est qui jouissent de propriétés curieuses qui leur servent de définition, c'est-à-dire qui permettent de les reconnaître ; il en est d'autres qui sont très simples, très utiles, pour lesquelles on a des instruments de description fort commodes, et, dans ce cas, on étudie à part celles qui sont susceptibles d'un tracé net et précis. On remarque entr'autres l'éllipse que connaît tout jardinier, l'hyperbole, la parabole etc..... Cette dernière dans un cas singulier donne la circonférence que je n'ai pas besoin de te caractériser. Elle est simple, si facile à peindre, ses propriétés sont tellement élémentaires, qu'elle a pris d'autorité sa place au début des études.

On cherche ses propriétés par rapport à la ligne droite, par rapport à elle-même, on l'utilise à la mesure indirecte de la grandeur angulaire, et l'on cherche sa longueur et sa surface ; cette quadrature a longtemps joui d'une importance incroyable, et c'est avec raison que l'académie refuse tout mémoire sur cette question ; sa solution est aussi exacte au point de vue pratique que celle de toute surface rectiligne.

Si l'on voulait étudier d'autres lignes, l'on opérerait toujours
en comparant la ligne nouvelle aux précédentes bien connues ; mais le compas ou instrument de description, plus
précis, plus commode même que la règle à mener la droite,
donne à la circonférence une portée toute spéciale ; c'est
surtout le difficile maniement des outils de construction qui a
limité la géométrie dite élémentaire à ces deux traits ; à eux
seuls le droit de résoudre pratiquement tous les problèmes relatifs à la construction des perpendiculaires, des
parallèles etc...... toutes questions qui reviennent à déterminer un point ou intersection de deux lignes. Je m'oppose
volontiers à cette qualification d'élémentaire ; pour moi les
idées générales, plus simples, plus abstraites sont élémentaires, et les détails, les complications, les faits techniques
sont érudition, et ne peuvent être présentés aux débutants.

La question de mesure, ramenée à la construction de
figures semblables, utilisera donc, comme procédés techniques, la règle, le compas, le rapporteur, l'unité métrique
ou échelle de parties égales. Pour la rapidité des recherches
on construit des planches gravées, appelées *quartier de réduction*, qui remplacent ces quatre instruments ; ils permettent la construction immédiate des triangles ayant un
angle droit, et avec un quartier de trente centimètres de
côté l'on peut apprécier sur le terrain, à un mètre près, des
longueurs de cinq cents mètres ; c'est déjà considérable. —
Les procédés graphiques ont une précision limitée par la
grandeur des papiers, et l'on est obligé dans les cas où l'on
veut une erreur minime de recourir à des procédés de calculs ; il faut donc chercher entre les angles et les côtés d'un
triangle des relations analytiques qui puissent ramener le
problème à la détermination d'un pur nombre ; les angles

et les côtés sont des grandeurs de natures différentes et point comparables ; alors on remplace l'angle par un rapport numérique invariable pour un même angle , variable avec lui, et dont la correspondance a lieu par le moyen d'une table; les fonctions de l'angle sont précisément ces *sinus* inventés dans l'analyse par voie de continuité logique , et dont il est ainsi possible de donner une image concrète ; là encore la pratique a créé l'analyse. Ces fonctions s'appellent trigonométriques , à cause de leur principal usage relatif aux triangles, et grâce à elles la détermination d'une grandeur linéaire, d'une grandeur angulaire sera toujours possible. On dresse des types pratiques de calculs que l'on abrège au moyen de logarithmes, et la première partie de la géométrie, la partie plane , se trouve terminée.

Considérons l'espace plus concret, moins simple , plus réel, non plus restreint aux formes sur un seul plan; là , nous aurons à comparer les volumes, et les moyens directs ne permettent même pas , eu égard à l'impénétrabilité des corps pratiques , de tenter des essais; il faudra donc encore enchaîner méthodiquement les grandeurs volumes, et les ramener toutes à quelques types simples ne différant que par un élément, dont la valeur numérique pourra faire apprécier celle que l'on cherche. Tout d'abord se présentera la notion de corps régulièrement terminés par des faces planes, et les positions mutuelles dans l'espace, des plans, des lignes droites , nécessiteront un préambule analogue à celui de la ligne droite pour la première partie; les plans, les lignes droites sont comparés dans leur position de parallélisme, de perpendicularité , d'inclinaison mutuelle , d'angle multiple, et l'on peut presque calquer l'enchaînement des théorèmes sur ceux du début. — Les questions les plus graves de ce prolégomène, sont : la symétrie dont, ton image sur une glace ou la comparaison de tes deux mains te donnera l'idée nette et la condition angulaire que doivent remplir plusieurs droites émanant d'un point pour se trouver toutes dans un plan.

Ceci achevé, on classe les volumes en commençant par ceux dits prismatiques dont on ramène la mesure, la comparaison à celles de *parallélipipèdes* ou caisses ; le résultat traduit en unité numérique se trouve, en faisant choix d'une certaine unité, par le produit de trois nombres exprimant les longueurs linéaires des trois dimensions ; là, encore, pour le cube, est venue l'idée de puissance trois, fonction concrète, et le nom de cubature pour le but de ces recherches. — En remontant on obtient la cote numérique des prismes, puis des pyramides, et enfin des tronçons découpés dans tous ces corps par des plans particuliers. La mesure d'un corps quelconque, depuis les déblais et remblais nécessaires pour le percement d'une voie, le creusement d'un bassin, le tonnage d'un navire etc. se rattache à ces conditions ; quand les faces ne sont point planes, on les découpe en carreaux assez petits pour que l'erreur, provenant de ce qu'on les juge plans, ne puisse influer.

Voilà le cadre ; l'on étudie alors les questions de symétrie, de similitude ; celle-ci dans un plan est une abstraction énorme ; dans l'espace elle se trouve concrétisée, c'est la statuaire par rapport à la peinture.

Les surfaces non planes sont aussi en nombre indéfini et quelques types assez simples se prêtent aux recherches du début. On étudie trois types, la sphère, le cylindre, le cône ;

chacun s'aborde en coupant par des plans, et comparant successivement chaque cas à chaque autre déjà élucidé. —. Les lignes découpées sur la sphère par des plans jouissent de propriétés importantes ; ce sont des circonférences, et leurs *pôles*, ou point central, permettent de résoudre identiquement les mêmes questions que pour les lignes dessinées sur un plan ; elles ont une importance immense et sont la base de l'appréciation des angles plans ; fonctions concrètes créées pour des besoins astronomiques, elles amènent à la trigonométrie sphérique dont le but est analogue à la première.

Vois donc ! agrandis le rayon de la sphère ; dans une mince étendue sa surface sera presque plane ; agrandis-le hors de toute limite, rends-le infini ; alors le plan sera une sphère d'un rayon immense ; dans les deux cas, sphère et plan, les propriétés n'ont pas de rapports ; dès qu'on vient à des grandeurs inacceptables à nos sens, le c'amp du vrai se transforme ; nous ne pouvons toucher à l'*infini*.

Beaucoup d'autres surfaces pourraient encore prendre place dans ce premier aperçu ; mais la difficulté de leur représentation fait rejeter leur étude un peu plus loin, et l'importance de quelques-unes a donné lieu à une section important de la géométrie, la *descriptive* ; elle existait à l'état de faits épars, il y a soixante ans à peine ; le génie de Monge a su relier, coordonner, systématiser et faire une science de procédés techniques ; ses moyens consistent toujours à découper par des plans les surfaces utiles et à rechercher les propriétés des sections ; une surface se compare à toutes les précédentes ; et le plan sert davantage parce qu'il est plus simple; comme précieux auxiliaire, il a toutes les surfaces dites développables, ou déroulables sur un plan.

Hé bien! mon ami:

Coupe des pierres ou art des constructions, des voûtes etc., architecture, charpentage, fortifications, vaisseaux, etc., perspective ou dessin théorique, théorie des ombres etc., cynématique ou tracé des organes des machines, etc. Tout cela, c'est un monde dont les procédés généraux, nécessaires sont enfermés dans ce mot imagé: *Descriptive*. La perspective, base du dessin ou reproduction d'un trait plan devant remplacer pour l'œil l'effet d'un monument, ce n'est que l'intersection de toutes les lignes de vision aboutissant aux saillies de l'objet en vue, par un plan dit géométral, qui est celui du calque fidèle de la représentation.

Ainsi tu sais mesurer; tu sais combien une grandeur, ligne, angle, surface, volume, peut en contenir une autre de même espèce; mais est-ce là tout? — Jusqu'ici nous avons étudié la forme particulière, spéciale, isolée; nous devons chercher à plonger plus profondément sous son manteau varié, pour saisir ce que les procédés de mensuration peuvent avoir de commun, les généraliser, les englober.

Nous allons voir l'idée de fonction remplacer l'idée de forme, et l'analyse avec son cachet infinitésimal nous fera pénétrer partout; nous substituerons sa simplicité, sa précision à l'idée géométrique plus concrète, et nous jetterons un premier regard sur la magnificence des harmonies naturelles. — Là sera notre première assise pour élever un monument à l'étude de l'univers, et quelque pâle que soit le talent de ton interprète, j'ose croire que l'enthousiasme saura te gagner aussi en face des splendeurs du vrai.

Simplifions d'abord en ne traitant la question que sur un plan. La forme d'une ligne dépend de la suite des positions occupées par ses divers points ; la position est assignable en grandeur et susceptible par deux repères d'être cotée en nombres ; pour spécifier un point, il faut deux grandeurs que l'on a qualifiées du terme heureux de *coordonnées* qui indique leur indissoluble union ; tout moyen de fixer la position d'un point sur un plan est un système de coordonnées ; il y a des milliers de systèmes différents, et j'indiquerai plus tard le moyen de régulariser à leur égard le vague de l'imagination. — Suppose qu'entre deux lettres représentant les valeurs numériques de chaque coordonnée, il existe une liaison analytique ; en donnant à l'une des lettres une suite de valeurs, l'équation détermine pour l'autre des valeurs correspondantes, et chaque couple spécifie un point ; en tenant compte de l'idée de continuité ou de succession à aussi petites distances que l'on veut, cela donne bien l'idée d'une ligne ou trait contenant ces points. — Si à son tour une ligne est dessinée pour chaque valeur de l'une des coordonnées, sa sœur se trouve être déterminée par la courbe comme elle le serait par une certaine équation ; celle-ci dans beaucoup de cas est impossible à formuler, mais l'on ne sent pas moins vivement son objectivité, sa possibilité de réalisme extérieur ; au reste, le mode de varier que détermine la ligne pour la deuxième coordonnée peut être différent de ceux que peignent les symboles ordinaires ; à fonction, à liaison nouvelle, symbole nouveau, et l'impuissance technique est naturelle ; elle peut provenir du trop petit nombre de modes fonctionnels introduits dans l'analyse.

Ainsi l'idée de ligne sur un plan est identique à l'idée d'équation à deux variables. La fonction représente analytiquement la ligne, et celle-ci est la peinture géométrique de l'équation, image concrète, représentation sculpturale d'un phénomène modulé par la liaison analytique ; en vérité, ami, cela est immense. La plupart des phénomènes naturels sont appelés à dessiner eux-mêmes le trait continu qui caractérise leur allure ; et la fonction souvent inextricable, qui doit en donner la loi, se trouve avec tous ses changements, avec son originalité propre, saisie au vif, douée de la vie ; elle parle aux yeux ; une liaison abstraite, indéchiffrable, n'offrant rien à l'esprit, va surprendre le sens de la vue pour donner le mot de son énigme ; l'étude analytique à son tour faisant pénétrer dans l'essence même de la variabilité, il y aura, à chaque pas, oscillation, éclairement mutuel de l'abstrait au concret.

Tiens, le phénomène des marées qui deux fois par jour vient balancer la mer par pulsations inégales, et lui fait lécher la côte, ce fait qui avait si vivement saisi ton imagination d'artiste, cet Océan de Musset qui se soulève sous les baisers de la pâle Diane ; hé bien ! un style glissant sur un cylindre qui tourne en vingt-quatre heures vient marquer sur un papier tous les caprices de cette immense artère.— Ne crois point cet instrument borné à cela ; en principe c'est l'indicateur de Watt qui permet de lire dans l'intérieur des machines à vapeur, et tous les jours son application donne de féconds résultats.

Ne sont-ce pas là , dis-moi, des sources de haute poésie ;
n'a-t-elle donc pour but que de peindre la colère ou l'amour,
le sourire ou les larmes ; quand je pense qu'autour de moi
on a murmuré, on a écrit ! « *Avec une intelligence étroite
et une âme froide l'on peut arriver à la science, au
sentiment du monde extérieur.* » Médiocrité ! Sécheresse !
Étroitesse ! Oserais-tu le formuler ? Voudrais-tu attaquer la
base de l'édifice humain ? Crois-tu que le besoin de s'harmoniser avec le plan de la nature puisse jamais faire descendre
un homme au-dessous de son niveau ? Quelle belle occasion !
Si tu tenais la plume, quelles métaphores ! quelle vigueur !
— Celui qui patient et sagace jette la sonde dans l'inconnu,
médiocre ! ha ! ceux-là qui confinés dans les solitudes où
ils ne perçoivent que les échos attardés d'un passé impuissant par ignorance , et qui ferment leurs yeux aux splendeurs
des créations humaines , ceux-là peuvent s'appliquer la
fameuse phrase :

Le Dieu poursuivant sa carrière
Versait des torrents de lumière
Sur les purs versificateurs.

Un peu de gaz, une étincelle électrique , de la craie in-
candescente, un charbon dans le vide, ils sont aveuglés.

Revenons au calme et continuons. Le point en se dépla-
çant sur un plan pour dessiner une ligne obéit en quelque
sorte à un mouvement ; aussi l'on définit souvent une courbe
par l'idée complexe de temps et d'espace ; pour nous ce sera
un léger tort , attendu que nous dépouillons provisoirement
la grandeur de l'attribut temps pour ne considérer que
l'espace.

Un phénomène donnant lieu à la perception de quelques états isolés permettra de les représenter par des points épars; en reliant ces états par un trait continu, on pourra juger des états intermédiaires non observés ou non observables. C'est l'image tangible de cette grande théorie abstraite, l'interpolation, dont j'ai à peine prononcé le nom, et en bonne compagnie, je t'assure. La théorie du vrai, ici bas, du relatif, du contingent, de cela seul qui ressort de nos forces, n'est en réalité qu'une interpolation, une oscillation entre les vérités déjà conquises; la connaissance des lois en ce bas monde doit être le but, le rêve, le *summum desideratum* de toute la ruche sociale; ces lois dont la connaissance est approchée, dont l'existence est de raison, s'appliquent par couches pressées pour donner à la pratique ses prévisions de tout genre. — Je voudrais te faire saisir cela par une image numérique; tu trouves qu'un nombre doit être compris entre 200 et 300, premier jalon; puis entre 250 et 260, deuxième jalon; puis entre 257 et 258, troisième jalon; puis entre 257,3 et 257,4, quatrième jalon; c'est là en vérité le résultat des lois; elles limitent le vrai entre certains termes dont l'écart donne l'état de la science.

Ainsi l'analyse ayant appris à connaître la fonction, elle va par une heureuse et première application nous faire juges de la forme; l'espace dépend du nombre. — Si tu prends deux équations qui déterminent deux lignes, les couples des valeurs numériques qui satisfont à ces équations représentent les points communs, les points d'intersection. Ainsi deux courbes sont en réalité deux coordonnées qui, variant d'une certaine façon, peuvent permettre la mise à l'étude des différents systèmes. D'après cette vue générale nous allons chercher le plus simple des systèmes de coordonnées,

celui pour lequel le tracé graphique aura le plus de simplicité, de précision, et ce système de départ nous dirigera
pour la classification des autres; ce sera comme une langue
conventionnelle, un terme de comparaison, jouant pour
l'expression des formes le même rôle que le système décimal
pour l'appréciation des grandeurs analytiques ; ce sera
l'arithmétique de l'espace.

Les lignes droites sont les plus simples, les plus élémentaires, les plus maniables, et la circonférence seule peut
leur être comparée comme netteté du trait, comme construction pratique; de plus deux lignes droites n'ont qu'un
seul point d'intersection, ce qui sauve de toute ambiguité ;
d'autre part l'équation du premier degré est la plus élémentaire, et nous devons obtenir une correspondance entre ces
deux termes les plus simples; cela conduit aux coordonnées
rectilignes dans lesquelles le point se fixe par l'intersection
de deux réseaux de droites parallèles à deux directions; pour
la symétrie de l'espace on les prend à angle droit, et l'équation du premier degré, dans tous les cas, se peint par une
ligne droite. — En prenant une liaison analytique quelconque, on construit point par point les couples de valeurs
numériques, et l'on précise ainsi dans son esprit cette
importante correspondance de la ligne et de l'équation.

Ce premier jalon posé, je veux te généraliser de suite ce
que l'on peut dire indépendamment du système de départ;
celui-ci, au reste, peut n'être point le plus commode pour
une représentation spéciale ; il se peut que le mode de varier
qui caractérise la courbe ne soit pas exprimable en symboles fonctionnels connus, et ce mode pourrait être contenu

implicitement dans la nature même des coordonnées ; donc étude des systèmes.

Un trait que l'on définit par une propriété commune à tous ses points donne par cela même une liaison formulable de suite, et qui est l'équation en coordonnées naturelles ; passer de ce système à celui de convention est ce que l'on appelle chercher l'équation de la courbe ; ce sera un complément nécessaire, une précieuse application des moyens généraux de transformation. Fais effort pour bien me suivre : dans un système quelconque que j'appelle A, tu as deux variables coordonnées x, y ; une liaison entr'elles représente une courbe ; cette liaison contient certains coefficients ou *paramètres*, et d'après nos notations tu la représentes par $F(x, y, a) = 0$, a étant l'un de ces paramètres que nous spécifions ; si a varie, la courbe change, se déplace sur le papier ; adjoins une autre courbe représentée analytiquement par $f(x, y, b) = 0$, b étant encore un coefficient ; les deux lignes se couperont en certains points et les intersections se déplacent avec les lignes, c'est-à-dire avec la variation de a et b ; elles offrent donc l'image d'une nouvelle ligne dont la forme dépendra du mode de liaison etnre a et b, liaison que nous appellerons $P(a, b) = 0$. — Hé bien, cette dernière équation est celle d'une courbe donnée dans un système de coordonnées que nous appellerons B, système défini par les deux équations
$$F(x, y, a) = 0, \quad f(x, y, b) = 0$$
élimine a et b entre les trois équations F, f, P, il te reste une certaine relation $Q(x, y) = 0$ qui sera la traduction algébrique dans le système A de cette courbe représentée par $P(a, b) = 0$ dans le système B. — Si l'on donnait $Q(x, y) = 0$ dans le système A, l'élimination de x et y entre

F, f, Q, fournirait à son tour l'équation $P(a, b) = 0$ dans le système B. — Ainsi l'on saura passer d'un système à l'autre, tout au moins dans les limites fixées par l'imperfection de l'analyse au sujet de l'élimination. Pour étudier méthodiquement, nous prendrons successivement les équations du premier, du deuxième degré etc..., dans le système rectiligne désigné par A, comme fonctions F et f devant définir le système B, et chacun des coefficients tour à tour sera considéré comme variable, sera pris pour désigner a ou b : l'équation du premier degré a 2 coefficients, celle du second 5, et rien qu'en bornant là nos recherches, nous obtenons 27 systèmes différents; ce cadre est bien large, si large qu'il n'a pas été rempli; cette partie est à faire, et pour qui saura dignement la traiter, il y aura honneur et profit; c'est peut-être là que doivent se trouver toutes les ressources du calcul intégral comme changement de variable; pour mon compte c'est seulement après avoir formulé ces notions ainsi que j'ai compris l'excellence de la voie où était engagé l'un de nos savants actuels, M. Lamé. — L'une des applications consiste à déplacer les repères d'un système rectiligne, en lui conservant sa nature; cette question, cas où F et f sont du premier degré, et où l'on prend pour valeurs de a et b le coefficient isolé, est donné par là d'un trait de plume; les traités l'exposent fort mal.

Dans un système quelconque, on peut toujours construire point par point l'image des équations du premier et deuxième degré, et je voudrais le faire sentir comment il est possible de pousser cette étude aux liaisons analytiques suivantes.

Comparaison générale des lignes pour leur communauté, leur différence, tout cela ne ressort-il point de la série de

Taylor? N'est-ce point sa première application concrète? Deux lignes tracées sur un plan peuvent avoir une intimité plus ou moins grande, avoir une allure à peu près semblable ou divergente; le cachet de cette intimité, de cette allure sera précisé par la ressemblance des équations, par le nombre de leurs dérivées communes; donc, en utilisant les lignes connues, on pourra juger des traits caractéristiques de celles qui ne le sont pas; on pourra se demander la valeur à attribuer aux coefficients de l'équation d'une courbe, pour qu'elle soit le plus intime avec telle autre, et elle sera qualifiée d'*osculatrice*, mot heureux; baisers ou replis communs. — C'est immense; dans de petites limites dépendant des conditions pratiques, on substituera la ligne droite, la circonférence, etc., etc., à un trait impossible à réaliser par des instruments; substitution d'une forme à une autre forme, correspondant à la substitution d'une fonction à une autre fonction.

En tenant compte, comme objet intermédiaire, du nombre de points suffisants pour déterminer la position d'un trait, on reconnaît que l'équation du premier degré à deux coefficients ne peut assujétir la ligne correspondante qu'à deux conditions; intimité du premier ordre. Pour la circonférence on pourra obtenir une intimité du deuxième ordre, pour l'ellipse du cinquième ordre, etc. Cette théorie très large, très élémentaire, a passé dans l'enseignement supérieur sous les auspices de Lagrange, et pour moi je la voudrais tout au début.

Autre aperçu général : si dans un système quelconque tu as une liaison *algébrique* ou polynôme entre les coordonnées, cette liaison peut se classer par termes de même degré, et pour des valeurs considérables des variables, les plus hauts termes sont seuls à considérer ; cela donne lieu à la détermination de rapports en nombre égal au degré de l'équation ; cette vue suivie découvre un énoncé très curieux : une courbe quelconque dans un système quelconque, tend toujours à se décomposer en autant de lignes du premier ordre, ou représentées dans le système dont il s'agit par l'équation du premier degré, qu'il y a d'unités dans le degré de son équation ; les racines imaginaires en général donnent des feuillures, et c'est là sans nul doute qu'est le germe des classifications des courbes en familles naturelles. Cette théorie, quand on la restreint aux coordonnées rectilignes, amène le mot nouveau d'*asymptotes*, ou lignes droites avec lesquelles les branches lointaines de la courbe tendent à se réunir, sans jamais se complètement confondre.

Toutes ces généralités posées, on étudie les courbes système à système, et je vais t'esquisser la marche pour celui que nous avons reconnu le plus simple : en coordonnées rectilignes rectangulaires, on cherchera la transformation des coordonnées, ce qui permettra de simplifier les équations en posant les repères à son gré ; puis la recherche des *osculatrices* formera, pour la ligne droite, la théorie des *tangentes* ou *touchantes*.— L'on créera la notion de diamètres ou droites jouissant de la propriété de couper par moitié un réseau de cordes parallèles. — La théorie des centres ou points milieux de toutes les cordes qui y passent. — La théorie de la similitude en insistant sur ce que la grandeur du papier ou de l'échelle n'altère en rien l'équation quant à sa nature propre, quant aux détails picturaux qu'elle symbolyse. — La théorie de la rec-

tification, en cherchant la dérivée de l'arc considéré comme
fonction d'une variable, ce qui ramène la question à la
recherche d'une pure intégrale. — La théorie de la quadrature, en cherchant la dérivée de la surface, et demandant encore le résultat numérique au calcul intégral. En
fait, ce côté concret a engendré la partie correspondante du
calcul, et quand ce dernier est impuissant, c'est par une
véritable quadrature ou recherche géométrique d'une superficie que l'on parvient à aider l'analyse.

Quand tout cela est sérieusement esquissé, on entreprend
ligne par ligne l'étude spéciale de chacune, et suivant son
importance pratique on s'appesantit. Ainsi dans le deuxième
degré les propriétés de l'ellipse, de l'hyperbole, de la parabole, sont les bases de notre système solaire; l'astronomie
défend sa porte à quiconque n'a point l'usage de leurs
vérités. L'ellipse spéciale qui s'appelle circonférence fournit
à *l'osculation* tout un monde ; la théorie d'Huygens sur les
développées et *les développantes*, c'est la naissance de
l'horlogerie ; cela conduit à cette fameuse *cycloïde*, la roulette de Pascal, sur laquelle ce vigoureux penseur s'est
épuisé pour quelques minimes propriétés que peuvent maintenant indiquer quelques Lycéens avancés (cela dit en passant
comme témoin du progrès). Cette ligne a une importance
pratique considérable, et dans les arts on lui substitue
une circonférence se confondant assez avec elle pour que l'erreur, dans de faibles limites, soit inappréciable. C'est cette
courbe dont Galilée avait trouvé la superficie en pesant des
lames de plomb d'égale épaisseur ; ce moyen quoique non
géométrique s'applique encore tous les jours, et je te l'ai
dit, c'est là qu'est le cachet de ces mots : *mesure indirecte*.

Je serai fier, je l'avoue, si quoique inférieur à ma thèse j'avais pu te faire comprendre comment en dehors des conditions empiriques où l'on ignore tout, en dehors des habitudes manuelles, des instincts développés par les travaux de chaque jour, habitudes, instincts, auxquels l'on est forcé d'en référer, l'analyse et la science appliquée sont comme ces deux soleils des Orientales qui chaque soir, en rois amis, vont au devant l'un de l'autre; nous pourrons ainsi donner une forme tangible, extérieure, palpable à des vérités abstraites qui exigent une trop forte part d'imagination; car de tous les travaux de pur intellect, c'est certainement le sujet nombre qui demande au cerveau le plus de tension, de bouillonnement; ton sourire moqueur m'interdit l'appui du nom d'Euler.

Bon! encore! voilà que les analystes sont poètes! Voilà que nous reléguons au second rang ces charmants conteurs qui nous emportent sur les ailes du caprice, en nous berçant dans un doux langage de délicieuses et fugitives émotions! Voilà que nous comparons l'ennui à la gracieuse fraîcheur! Le sourire intérieur qu'éveille le nom de Musset, ou la surprise des mots heureux de l'excentrique mais *truculent* Théophile (l'adjectif est de lui), se trouve balancée par la gaîté d'un style ou l'$(a + b)$ se marie à l'$(a - b)$; force intellectuelle, soit encore, dans son genre, mais imagination!

Quand on se répand au loin dans la plaine, on peut recueillir une ample moisson de fleurs; mais pour qui circule sur un sol aride, pour qui peut s'appliquer le *Ergò ægrè rostris terram rimantur*, si la vue ne se repose pas sur de vertes prairies, elle contemple du moins des sites grandioses; même pour l'homme impuissant à creuser son sillon dans une sphère trop large, sous la coupole immense où s'abritent nos êtres, où s'agitent en mêlée nos sentiments multiples, il est bien quelques grappes à cueillir, et quelque pâle et débile que soit une nature, il est encore pour sa lèvre avide quelque doux fruits négligés dont le suc saurait la rafraîchir.

Cela ressemble-t-il ? Le pastiche est mauvais, soit ; c'est toi qui l'as nommé ; puisse-t-il, aidé par ta vive ironie, suffire à son rôle protecteur et nous conduire sans encombre hors de notre labyrinthe. Je reviens à mon langage, à mes allures.

Quand les notions sur un plan sont suffisamment nettes, on s'attaque à l'espace et l'on voit que trois conditions ou trois grandeurs coordonnées suffisent et sont nécessaires pour fixer la position d'un point ; la surface en général sera représentée par une relation entre trois variables, et pour toute liaison analytique il y aura une forme correspondante ; ainsi les idées d'espace terminé, d'enveloppe d'un volume, et d'équation entre trois lettres sont similaires ; profil scuptural d'une équation, symbole analytique d'une forme extérieure. Nous entrons dans le domaine plus pratique, plus concret, plus détaillé, plus difficile, des corps ayant une existence réelle.

Deux surfaces se coupent suivant une ligne, trois surfaces suivant un ou plusieurs points ; une surface ayant un élément variable est donc une véritable coordonnée, et comme au début, cette remarque va nous conduire à un système de convention avec lequel nous pourrons juger et comparer les autres. Les surfaces planes sont les plus saisissables à l'esprit ; la sphère, le cylindre etc....., permettent sur leur

enveloppe de dessiner certains traits, mais sans la précieuse
simplicité des moyens de construction acquis aux plans;
trois surfaces planes seront donc choisies pour déterminer,
un point par leur commune intersection, et ce point unique
sauvera, là aussi, de toute ambiguité; il faut que le plan
corresponde à l'équation du premier degré, et l'on est conduit à choisir trois plans rectangulaires qui se coupent deux
à deux suivant des *axes*. Les distances comptées sur ces
lignes fixent la valeur de chacune des trois coordonnées;
si l'on ne se trouvait en face d'une grave difficulté de représentation, il serait utile alors de s'essayer à construire le
portrait de quelques équations, afin que l'esprit se puisse
bien pénétrer de cette correspondance complète entre le
nombre et l'espace. Comme pour le plan, on passe en
revue les systèmes divers, leur génération, leur mutuelle
transformation. On établit la comparaison des surfaces, leur
osculation, leur intimité, leur contact, et pour toutes ces
recherches, la complication analytique multiplie les difficultés. Dans le système de convention l'on crée des théories
générales analogues aux premières : plans diamétraux,
centres, similitude, superficie, volume ou cubature générale, ce qui conduit à une intégrale triple.

Je te l'ai dit, l'impuissance des yeux pour saisir l'aspect
général de la forme, à moins de construire avec des corps
solides, enlève à ces questions la clarté du fait; aussi
l'important dans cette étude consiste-t-il à déterminer les
sections de chaque surface par d'autres bien connues, et à
préciser la nature des lignes que l'on obtient ainsi.

Une ligne est représentée analytiquement par deux équations à trois variables, et de même que sur le plan on

établit une série de déductions sur les courbes *osculatrices*; on substitue une forme linéaire à une autre forme, et surtout et toujours la ligne droite ou la circonférence. — La descriptive vient à chaque instant s'éclairer, s'enrichir de points de vue, et tous les arts qui demandent à l'espace le secret de ses allures vont se coordonner, se généraliser, se condenser, puis à leur tour reportent à l'analyse un jour tout nouveau que le dédale algébrique empêche souvent de discerner. C'est le tracé des organes des machines, des engrenages; l'étude des courbures linéaires qui plus tard, sans aucun doute, résoudra les questions de sonorité pour les salles de spectacle ou de parlement; les lignes de plus grande pente, de niveau qui correspondent aux travaux des ingénieurs; c'est cette hélice, levier formidable sur lequel pivotent les vaisseaux, etc..

Monge, en créant la géométrie descriptive, s'est trouvé conduit forcément à systématiser aussi la branche parallèle d'analyse; les surfaces pour lui sont le résultat de la trace laissée dans l'espace par une ligne *génératrice* qui se déplace en suivant une ligne *directrice*; ces mots sont bien choisis, mais ce n'est que par un retour mécanique que cela peut être compris; le classement des surfaces par familles résulte de cette vue d'une surprenante façon; l'équation aux différences partielles, qui contient implicitement une forme arbitraire, réunit en groupe toutes les surfaces ayant un organe commun, et c'est un monde à manier, une Afrique au centre inconnu, dont les bords seuls sont explorés.

Comme plus haut dans un système particulier, on étudie les équations du premier degré, du deuxième etc., en s'élevant de proche en proche, et il est à remarquer que

le 2ᵉ degré contient presque tous les cas d'application, sept
à huit surfaces constamment utilisées ; au reste notre
remarque générale sur la substitution des formes les unes
aux autres dans des limites pratiques peut faire comprendre
comment ce nombre restreint suffit aux besoins.

Enfin nous voilà au terme; sauf les détails qui pour nous
étaient inacceptables, tu as pu en quelque sorte palper cette
représentation concrète des fonctions ; elle ne s'étend qu'à
trois variables, sans compter les auxiliaires souvent intro-
duites dans le calcul pour la simplification des symboles
fonctionnels. Plus tard il nous viendra en mécanique, en
physique, des images concrètes de fonctions de quatre et
même de cinq variables; mais ce nombre rend les équations
souvent inextricables, et il n'y a plus alors cette oscillation
entre les deux points de vue pour les avancer tour à tour. Il
y a plus ; pour un phénomène de la vie végétative par
exemple, il intervient cinquante variables, je suppose, pour
la vie animale mille, pour les mouvements historiques des
millions; en supposant donc que les fonctions correspondantes puissent être algébriquement symbolisées, l'analyse
ne serait qu'un leurre inutile, et plus tard, l'étude des fonctions compliquées ne pourra se faire jour, peut-être, que
par la connaissance approfondie des faits, en partant de
procédés spéciaux, singuliers, relatifs à chaque ordre de
recherches; alors l'analyse sera étudiée par les propriétés de
ses symboles, indépendamment d'artifices numériques, et
elle sera la déduction d'observations particulières sans leur
porter aucun secours. *Les sciences* peuvent se *classer* par le
nombre des variables contenues dans leur représentation
analytique; au fond, toute systématisation sérieuse, efficace

des choses qui constituent le savoir humain doit satisfaire ou revenir à cette vue.

Une dernière remarque : il existe une curieuse hostilité entre deux catégories des chercheurs de vérités géométriques ; les uns veulent des réflexions partielles relatives à chaque cas, déductions isolées, d'autres préfèrent les procédés généraux ; j'avoue qu'à mon sens une querelle de ce genre est puérile ; tel fait n'est pas abordable par le côté général auquel il ressort, et l'analyse, par son impuissance technique, rend souvent impossible l'élucidation des circonstances qui simplifient ce fait particulier ; alors que l'on ait recours aux recherches spéciales ; les idées générales dominent, régentent, dirigent, rien de plus.

Je voudrai surtout insister sur la différence entre les moyens dits analytiques et ceux des arts spéciaux correspondans ; te montrer l'influence des cadres complets, élargissant le cercle minutieux de pratiques routinières, traditionnelles, souvent saines mais isolées; conservant tout ce qu'elles ont d'utile, de fructueux, sans rien dédaigner, mais aussi sans vouloir rejeter au loin tout ce qui n'est pas consacré par une longue expérience. Sans me lasser, je te dirai l'impossibilité où est l'homme qui ne sait pas la géométrie de pénétrer dans d'autres sanctuaires intellectuels; sous cette forme absolue, l'affirmation peut paraître exagérée et mon but est de la reproduire à chaque pas. La géométrie n'est que le simple bon sens appliqué à un ordre de faits qui ne dépendent que de deux ou trois conditions, et l'on pourra raisonner, trouver, procéder de la même manière pour tous les cas analogues; je connais des hommes très distingués, très éminents, qui astronomes, qui géolo-

gues, etc., bridés par l'insuffisance de leurs premières notions scientifiques; il en est qui m'ont dit : ha! si mon éducation était autre, et cela en me consultant pour des vétilles.
— A coup sûr on n'a pas l'esprit juste parce qu'on sait la
géométrie, mais on l'a moins faux qu'avant; c'est un côté
par lequel il y a harmonie avec le monde extérieur, un côté
d'où dépendent toutes les réalités d'ici bas, et vibrer harmoniquement sous un rapport de plus ne peut jamais nuire;
c'est la fameuse horloge de Mallebranche à régulariser sous
tous ses aspects; nous autres gens, durs laboureurs, revê-
tus d'un *œs triplex*, nous voulons fonder sur quelque chose
de solide, nous ne comprenons point le sable mobile pour
base d'un monument qui doit être *œre perennius*; l'aile du
papillon et ses fraîches couleurs résistent le temps que le
souffre la brise, et le parfum délicat mais fugitif de la fleur
est dispersé plus vite encore que le manteau nuancé de sa
corolle.

Allons, ami, voici bien de l'emphase à la fin, comme au
milieu, comme au début; pour terminer dignement, et
c'est encore de l'harmonie, je te dirai comme au beau temps
de notre rhétorique : montons au Capitole déposer sur l'autel du dieu de l'espace l'encens qui lui est dû; ne blasphémons plus le Jupiter moderne; Saturne sera l'analyse et
les autres dieux, leurs sujets dans l'Olympe, ayant une domination moins étendue, mais plus sentie par nous, vien-
dront chacun à leur tour réclamer tes hommages. Cette
rassurante mythologie te montre combien j'aime les jouets
de notre enfance.

Cordial sourire et amitié.

IV° LETTRE

—

MOUVEMENT OU MÉCANIQUE.

Allons, ami, invoque ta muse la plus chérie, taille ta plume, et fais-lui produire une ample moisson de jolis mots, de gracieuses pensées pour préambule du mouvement. Raconte comment, emporté par d'éternels déplacements, tout ici bas s'assujétit à des lois ; peinds le voyageur qui, naguère péniblement transporté par le coche, traverse maintenant, d'un bond, les plus grands états, et bercé par un libre sommeil rêve dans sa course l'hymne au progrès ; tu diras comment au désir d'une amicable demande, à mille lieues d'intervalle, la réponse vole sur l'aile du télégraphe. Le plomb du chasseur, le boulet du soldat, la fleur qui grandit, le bouton qui fait éclater l'enveloppe ; l'aiguille de la brodeuse, le bois qui fuit dans l'âtre, les migrations, les révolutions, perpétuel mouvement ; tout le secret de l'agitation humaine est contenu dans ce fait : le plus de chemin dans le moins de temps.

Pour moi débutant sur un ton plus modeste, je veux, te faire pénétrer dans cette mécanique générale à laquelle la pression d'idées sur l'absolu avait imposé le titre de rationnelle; on peut lire en tête de plus d'un traité que les sciences se subdivisent en deux catégories: les unes tirant leurs éléments de notions nécessaires, n'empruntant rien à l'expérience, analyse rationnelle, géométrie rationnelle, mécanique rationnelle; les autres contingentes, pratiques, purement expérimentales. Pour nous les sciences ne diffèrent que par leur degré d'abstraction plus ou moins grand, par leur simplicité, par le nombre des quantités variables qu'elles exigent, et nous causerons des états généraux dûs aux mouvements sans pénétrer dans le détail des effets particuliers qui caractériseront chaque science partielle.

Ici j'éprouve un grand embarras; les notions à t'exposer sont plus concrètes, plus réellement existantes, si je puis parler ainsi, et l'on sent à chaque pas le besoin d'en référer aux deux premières branches des mathématiques; plus d'images sans nul doute, mais que de complications encore à rejeter; la plupart des détails sont inabordables pour mon trop complaisant auditeur; tout d'abord il faut abstraire l'air, la pesanteur, causes spéciales d'influence et démêler leur rôle dans les effets produits pour plus tard le formuler en lois.

Je m'enhardis par l'invocation de ton chantre bien aimé des vins de Falerne. *Audaces*......... Ce n'est que sous le couvert d'une défiance personnelle hautement exprimée que j'ose dire : là encore point de traités; il existe deux monuments, l'un dû au génie de Lagrange, l'autre qui forme le premier volume de la mécanique céleste; mais ils ne sont abordables qu'après une longue préparation, et à moins de se destiner à un concours, à un examen ou à un noviciat de praticien, on n'a, comme exposition, que des mémoires cousus à la suite l'un de l'autre.

Lorsque j'étudiais ces notions sous des maîtres célèbres, chefs scientifiques actuels de l'Europe, j'étais par intervalle écrasé. Préoccupés du progrès de détail, ayant sans doute profondément réfléchi sur les origines, ils ne cherchaient pas à montrer la route et laissaient l'esprit de chaque auditeur s'ingénier pour coordonner leurs nombreux matériaux; cependant c'est surtout dans l'acquisition bien nette, bien franche des notions premières que consiste la portée réelle des doctrines, et je songeais involontairement à ce bon Lhomond qui refusa, dit-on, des chaires élevées pour continuer à déposer dans les têtes neuves des germes complètement sains; les inventeurs, les chercheurs n'ont pas toujours les qualités d'esprit nécessaires pour une bonne exposition; mais actuellement, le professorat n'est pas le fait d'une vocation; c'est un gagne pain, et c'est avec quelque justice que les choix favorisent ceux qui ont apporté de nouvelles lumières; pour moi le génie inventif, quelque élevé qu'il puisse être, ne doit pas être consacré par le nom du professeur; c'est autre chose, autre rôle plus humble peut-être, mais sans analogie.

Après le nombre pur ou la quantité la plus idéalisée, après la forme ou enveloppe des corps existants, vient l'étude étroitement liée aux deux premières, des déplacements produits dans l'espace et dans le temps. Ces notions d'espace et de temps sont unies si intimement que leur séparation préalable est peut-être le plus grand effort possible d'abstraction, et ce premier pas coûte davantage que celui qui mène à l'analyse. Plus encore que par le passé, l'idée

d'absolu doit se chasser avec énergie; tout est relatif, tout
est rapport, et tout ce que nous pouvons saisir est ceci : un
temps, un espace, est un certain nombre de fois plus grand
qu'un autre temps ou espace. — La donnée expérimentale
intervient davantage; l'analyse déjà lui empruntait son premier pas, $a + b = b + a$, la convention des signes, etc., la
géométrie ses axiômes, et c'est ce fait qui relègue l'absolu
dans les sphères sans bornes de l'immensité, comme quali-
fiable de *rudis indigestaque moles*; c'est pour moi d'une
importance capitale, et quand je me reporte aux temps de la
scholastique, à ces époques où Abeilard, Guillaume de
Champeaux etc... élevaient les fondements de ce qui devint
plus tard les quatre facultés, procédaient aux luttes des
nominalistes et des réalistes qui plus d'une fois ensanglan-
tèrent les cours, et furent closes par le meurtre de Ramus;
quand des mots enchaînés, sous le nom de logique, domi-
naient les esprits, sans base, sans moyens de vérification,
je regarderai le jour, où dans les intelligences cultivées il
n'y aura place que pour les déductions et inductions basées
sur les certitudes expérimentales, comme celui à dater
duquel le progrès ne reculera plus. Chacun sera guidé par la
notion des lois inflexibles de l'ordre naturel, il y aura
communauté d'efforts, synergie d'action.

Avec l'idée de temps intervient la notion nouvelle d'effort, de poussée, de pression; dès qu'il y a déplacement,
cette sensation se fait jour, et nous allons expérimenter à son
propos, l'esprit tout d'abord saisi par les grandes choses
qui vont s'embrasser dans cet incommensurable panorama.
— Le mot n'est point exagéré; tout se résume en efforts;
lois astronomiques, lois physiques, lois vitales, lois historiques, tout se transforme dans le temps sous la pression

d'énergies intérieures ou extérieures, et les aspects généraux déduits de la notion de force sont applicables à tout. Voilà bien les mathématiciens! ils veulent............. ha! je t'arrête court et cette fois avec quelque colère : je ne prétends point à l'honneur de cette dénomination, et ne défends que mes propres idées; tu es bien hardi de préjuger ainsi; laisse donc achever; nous avons pour but l'enseignement, et ceci n'est que l'allée qui doit nous conduire; qui te dit que bientôt, à quelques pages d'ici, peut-être, je ne serai pas plus sévère que toi-même sur cet esprit étroit et arrogant de chaque spécialité qui prétend tout dominer, tout enlacer? Ne juge pas sur un lambeau de phrase qui veut pour appui tout ce qui suit, tout ce qui précède; dès le début je t'ai franchement accusé les limites de la sphère mathématique; au reste dans un combat amical le premier soin doit être d'attribuer à son adversaire les idées saines que l'on croit avoir, toutes les fois qu'il n'y a point opposition flagrante, et cette large hospitalité de la raison nécessite la courtoisie des mœurs féodales, ou bien il faut recourir aux armes émoulues; certes, j'aurais voulu te sabler le chemin que tu parcours avec moi et te l'ombrager de chaque bord de haies vives, fraîches et odorantes; mais le sol est rocailleux et ton aménité doit ménager mes forces.

Voyons les axiômes, les points de départ : je prends cette pierre et la jette à quelques pas; l'effort que je suis obligé de faire dépend de la nature du projectile, mais non de son volume, car un morceau de bois plus gros serait plus aisément projeté. Si je veux lancer plus loin, faire parcourir un plus grand espace, aller plus vite, l'énergie de mon action doit augmenter encore; mon effort dépend de la nature du projectile et de l'intensité du déplacement; il varie avec le corps, avec le temps ; la *vitesse*, la rapidité du parcours s'apprécie par le chemin fait dans un temps déterminé ; le rapport des espaces est le rapport des vitesses.

Ceci posé, je vais t'indiquer les trois lois expérimentales, bases de la mécanique, résumé général de toutes les vérifications qu'elle comporte.

1° ——— Loi de Kepler. — Connue sous le nom de *loi d'inertie*, elle doit perdre ce dernier nom qui comporte une notion métaphysique *à priori* que je rejette. Je lance ma pierre sur cette prairie aux herbes élevées ; elle roule peu ; je la jette sur ce sol inégal, mais moins résistant, elle roule plus loin, sur la route elle ira plus loin encore. Je suppose la bille d'un enfant poussée par son doigt sur un terrain raboteux, sur un sol uni, sur un plan de marbre ; dans cet ordre elle s'arrête de plus en plus tard ; sur un billard, plus le tapis est fin, plus le même effort du joueur donne de course. Tout cela veut dire que si quelque chose n'arrêtait point le projectile une fois lancé, ce projectile irait toujours, et de plus toujours dans la même direction ; le frottement dû aux corps en contact, la pesanteur du mobile, la résistance de l'air sont des causes d'arrêt, et plus on les diminue, plus on obtient de continuité de mouvement ; fais osciller ta canne dans cette eau, elle s'arrêtera plus vite que dans l'air, et si par la pensée tu pouvais supprimer ce dernier, tu pourrais induire que la canne continuerait son mouvement. Ainsi, partant de l'observation, en abstrayant les efforts toujours existants dans la nature, qui s'opposent à la perpétuité d'une impression, l'on arrive par une induction *énorme*, je te l'accorde, à accepter ceci : un corps ne se déplace jamais que sous une impulsion provenant soit de l'intérieur, soit de l'extérieur. L'énergie du mouvement dépend de la substance du corps et de la puissance de l'impulsion. Un corps lancé ira toujours en ligne droite, et toujours de la même allure si rien ne l'arrête.

Les causes sont en rapport avec les effets, rien n'arrive sans motif, et il est puéril de chercher l'origine d'une révolution dans un verre d'eau. Pour faire de grandes choses il faut de grandes puissances, etc........ Le point de départ expérimental a été le corps physique; mais partout l'observation dénote la même vérité; l'on n'a pas au reste le droit d'en rien conclure pour tous les ordres de phénomènes sur lesquels on n'a pas expérimenté. La plus belle application de cette loi ce sont les chemins de fer. Ainsi : — *Conservation des mouvements.*

2° — Loi de Newton. — Elle s'est longtemps énoncée : l'action égale la réaction, toujours idée d'absolu, de faits nécessaires. Elle sera pour nous le résumé de ce fait que rien ne se perd ici bas; qu'un effort produit se transmet tout entier, que des efforts identiques et opposés se détruisent; que toujours, à une force donnée qui ne produit pas d'effets apparents, correspondent des dislocations ou déchirements intérieurs qui en sont l'égale mesure; qu'une énergie qui ne se fait pas jour doit être contrebalancée par une égale énergie, et la mesure de cette action, de cette énergie, viendra distinguer chaque ordre de sciences; l'appréciation des puissances en astronomie, en physique, en histoire, en politique, viendra seule différencier les applications de cette loi. Là, vient se classer la négation du mouvement perpétuel au point de vue de notre terre; puisqu'une force doit vaincre des résistances provenant soit de l'air, soit du poids, soit des frottements, etc... Elle ne peut transmettre que la part d'action qui n'est pas absorbée, et cela indépendamment de l'usure des organes; une machine quelconque rend, en réalité, toujours moins que l'on n'y met; seulement elle disperse ou concentre des efforts séparés sur des points d'appui relatifs. En définitive, tout effort se transmet tout entier et la matière n'absorbe rien; ceci est très grave, et c'est encore une induction énorme; appliquée aux faits pour lesquels cette loi est reconnue vraie, elle donne de magnifiques lueurs : en histoire, par exemple, un mouvement dans un sens procède par oscillations analogues à celles du pendule. Mouvement catholique : ascension sous Constantin, descente sous Julien, ascension moyen-âge, descente luthérienne, ascension sous Louis XIV, descente au 18° siècle, ascension *actuelle*. Mouvement militaire : violente explosion pendant la vie de nos pères, oscillation descendante, et d'ici à peu, quelque cataclysme violent. Ainsi : - - *Opposition des mouvements*.

3° —— Loi de Galilée. — C'est peut-être cette vue expérimentale qui donne le plus de résultats puissants, comme négation de l'absolu, comme rivant l'homme à l'anneau de fer indissoluble qui se nomme le relatif. Prends une table et pousse-la devant toi; suppose qu'une mouche de son côté courre sur la table; ton mouvement n'arrêtera point sa marche, et elle se trouvera au même endroit du plan mobile que s'il fût resté en repos; *les deux mouvements sont indépendants*. Mais par rapport à la chambre où se trouve la table, la mouche n'occupera plus la même position dans les deux cas, et il s'agit, connaissant les deux translations séparées, de conclure celle unique qui eût produit le même résultat. Fais marcher la table d'abord, puis ensuite la mouche, le point d'arrivée sera le même. Si la table et la mouche ont marché dans le même sens, les déplacements s'ajoutent; si c'est en sens contraire, ils se retranchent. Si les directions font un angle, les efforts simultanés se remplacent par les efforts successifs, et le point d'arrivée serait le même si l'on avait donné pour mouvement unique, en grandeur et en direction, la diagonale du parallélogramme construit sur les chemins isolés. *Indépendance des mouvements relatifs* : sur un bateau ton geste, tes changements de place ne sont en rien gênés par la translation; pour toi tout se passe comme s'il était en repos. Sans cela, mon ami, quand de très grands effets se combineraient avec nos mouvements, nous serions étrangement maltraités; en chemin de fer par exemple, tes mouvements de langue ne seraient point les mêmes dans tous les sens; tu parlerais trop vite dans quelques circonstances, trop doucement dans d'autres, et de côté tu parlerais de travers.

Ce principe connu sous le nom de parallélogramme des forces et des vitesses a été démontré *à priori*, surtout par Laplace, Ampère et Poinsot; à mon sens une démonstration de ce genre ne fait qu'admettre le principe sous un détail, et cela sans aucun avantage; je dois respectueusement me découvrir en face de ces trois noms, et je ne puis me permettre cette humble remarque qu'en appuyant sur ce que le progrès scientifique rend accessible aux organisations les plus inférieures les idées qui ont exigé dans le passé les efforts considérables des hommes les plus éminents; cette loi ne s'applique qu'aux seules translations, et pas aux rotations; aussi dans les chemins de fer sommes-nous fatigués par les balancements transversaux et les petits chocs.

Un fait très singulier, c'est que le principe de Galilée, celui-là même dont la vérification expérimentale était la plus facile, a soulevé à son apparition le plus de rumeurs et les plus énergiques négations; cependant partout il montre sa généralité; l'organisation d'une nation, d'une armée, n'a qu'un but: rendre parallèles et non point divergentes les forces individuelles. En tout et pour tout, l'esprit pénétré de son extension à tout résultat d'énergie verra jaillir des lumières sur ses conceptions. Sa vérification peut se baser en partie sur le mouvement de la terre, et ce mouvement une fois admis sert à son tour de contre-épreuve à la première vérité; c'est ainsi, je te le répète, que la science du vrai oscille perpétuellement entre des limites que le progrès rapproche davantage. Ainsi: — *Composition des mouvements.*

Ces trois lois admises n'auraient que l'avantage de faire cesser l'état déplorable dans lequel les études ontologiques ont laissé beaucoup des meilleurs esprits, que déjà ce serait immense; c'est *le verbe* de la loi, la conviction de son existence en tout et partout qu'il s'agit de faire germer dans les têtes; j'ai entendu un homme fort distingué nier l'existence de toute chaîne, de tout régulateur; les faits étaient pour lui des grains de sable isolés, sans lien, sans rapport; l'un des auditeurs lui lança ce mot: hé bien! Monsieur, pendez-vous par les pieds; le sang qui vous étouffera vous empêchera seul alors d'affirmer la pesanteur.

C'est ici, mon ami, que j'ai peut-être, et à ton insu, le plus à lutter contre ces idées *à priori* que je crains chez toi; je ne puis, à ce propos, résister au désir de citer l'une des pages les plus remarquables d'un remarquable ouvrage

d'Herschell; j'écris de mémoire : « Les premiers pas de celui
» qui débute dans l'étude d'une science doit être de pré-
» parer son esprit à recevoir la vérité par l'abandon de
» toutes les notions fausses et imparfaites qu'il peut avoir,
» concernant les objets et les rapports qu'il va examiner;
» c'est le premier pas de préparation vers cet état de pureté
» mentale aussi nécessaire à la perception de l'harmonie
» physique qu'à celle de la beauté morale, et c'est seule-
» ment alors que nous serons à même de saisir les linéaments
» du plan de la nature, » *La nature!* Certes, je crois entrer
dans l'esprit de l'écrivain en acceptant ce mot avec toute son
extension.

Les notions combinées de temps et d'espace nous avaient
conduits à l'idée nouvelle d'effort ; la spéculation sur l'effort
pur, en faisant abstraction de ce temps qui pour nous en
était l'idée mère, peut et doit former comme une sorte de
préambule que l'on appelle *Statique*, par opposition au cas
réel, nommé *Dynamique*. A vrai dire, c'est une pure étude
géométrique qui sera pour nos nouveaux points de vue ce
qu'était l'arithmétique pour l'analyse, la géométrie partielle,
de mensuration spéciale à chaque cas, de détail en un mot,
pour la géométrie générale, ce qu'était pour cette dernière le
choix d'une langue, ou coordonnées rectilignes. Cette partie
de la science qui doit être une conclusion, un état singulier
des moyens généraux de la mécanique, doit aussi se borner,
à mon sens, à ses strictes limites de question bien posée.
On peut dire que toute entière elle est contenue dans le
principe de Galilée, et dans la notion nouvelle de *couple*,
création de M. Poinsot, à laquelle nous allons venir.

Dans ces derniers temps, il y a deux ans à peine, il s'est

produit un revirement dans l'enseignement mécanique, précisément dans le sens dont je te parle ; j'ai pour mon compte vivement applaudi à des bornes posées à un préambule indispensable, mais qui doit se diminuer d'autant plus que la plupart des détails que l'on s'efforçait d'y annexer se déduisent de l'énoncé le plus large que nous puissions invoquer. Substitution d'une seule force équivalente à plusieurs, ou inversement; telle sera la première partie de la statique.

Le principe de Galilée a été soumis par Laplace à un autre ordre de vérifications. — La quantité du mouvement, sa grandeur, la puissance d'impulsion est proportionnelle à la vitesse qu'il procure, et le facteur par lequel il faut multiplier la vitesse pour chaque corps différent, afin d'obtenir l'énergie de l'effort, s'appelle la *masse* de ce corps.— Cela donne la relation $f = m.v$ qui revient expérimentalement à la notion de mouvements indépendants, et à la négation que voici: Un promeneur ne se fatigue pas davantage en allant dans l'est qu'en marchant dans l'ouest, malgré le mouvement de la terre. — Ce point de vue, est-il assez humain, assez terrestre? Nous ne savons pas si dans une autre planète ce principe subsiste encore, et en supposant toute autre relation entre l'impulsion et la vitesse, Laplace a indiqué en quoi et comment toutes les lois générales de la mécanique seraient changées.

Cette relation $f = m.v$ contient trois choses et sert à résoudre trois problèmes; ainsi au moyen de ressorts, on pourra étudier les coefficients de masse de chaque corps; ce seront de purs rapports, de purs facteurs numériques; plus tard d'autres moyens plus pratiques seront indiqués

pour cette recherche, et c'est le cas d'appuyer sur l'utilité
des vues théoriques ; un moyen qui paraît simple est souvent inacceptable eu égard aux causes d'erreurs inhérentes,
et la théorie ne doit en quelque sorte qu'indiquer à l'expérience le choix des coefficients numériques dont la recherche
est plus profitable ou plus précise. J'ai tenu à te présenter
ainsi ce mot nouveau de masse, que l'on a l'habitude de
définir une réunion de points matériels, en acceptant un
je ne sais quoi que l'on ne peut affirmer ; dernièrement un
homme hors ligne, M. de Boucheporn, dont les ouvrages
n'ont pas encore eu tout le retentissement qu'ils me paraissent mériter, jetait comme larges inductions des aperçus
qui pouvaient peut-être faire inscrire en faux sur cet agrégat
de points appelés matériels sans que cet adjectif fût très
clair.

L'impulsion unique conserve le mouvement d'après la
loi de Kepler, la vitesse est régulière, le mouvement est dit
uniforme. Si la cause d'action fait persister son influence,
on aura la notion d'effort en général, qui donne au mobile
une vitesse variable ; ainsi, temps, impulsion simple, effort
continu sont les trois nouvelles grandeurs dont la mesure,
la comparaison, la réduction en nombres constitue la mécanique. Le temps se mesure par la comparaison des espaces
dûs à un mouvement uniforme, agissant sur le même corps.
— Les horloges ou instruments de cette mesure indirecte
se règlent sur le seul mouvement complètement régulier qui
existe en ce bas monde, celui de la voûte céleste. Tous les
arts mécaniques cherchent à obtenir des mouvements
réguliers, et quand on réussit, l'on a de véritables horloges ;
ici la mécanique s'éclairera par un retour astronomique, et
à son tour lui servira de pouvoir exécutif. — Mesure indi-

recte ; l'idée d'espace bien étudiée se substitue à l'idée de temps. Les impulsions se comparent par les vitesses, appréciation encore indirecte qui exige la simultanéité de deux autres mesures , celle du temps, celle de l'espace ; elle utilise à la fois le premier début mécanique , et la géométrie.

Passons aux efforts continus ; ici c'est plus grave encore ; nous n'avons sur cette terre qu'un seul effort complétement soumis à notre domaine expérimental ; c'est la pesanteur ; le poids est son effet appréciable , et il s'agit de ramener à cette notion accessible à tous, les cotes numériques qui doivent faire juger les autres. Les poids s'apprécient par les balances, par ces dynamomètres à têtes arabes sur lesquels, aux Champs-Elysées, tu as vu s'exercer la vigueur physique du poignet des promeneurs, par mille autres instruments ; en choisissant une unité spéciale , on pourra transformer en nombre tous les poids possibles.

Cela posé pour tout effort continu , on cherche dans un temps déterminé la grandeur d'accroissement de la quantité du mouvement ; si par l'appréciation des vitesses à deux moments différents, on peut obtenir la valeur numérique des deux $m.v$ correspondants , leur différence fera bien juger dans l'intervalle de la puissance d'action du moteur ; pour bien suivre les caprices de la force dans toute l'étendue de ses variations, il faut choisir un minime intervalle , et l'on a pris la seconde pour unité pratique ; en théorie ce sera la grandeur infinitésimale, et nous revenons au différentiel. Pour la pesanteur le gain de quantité du mouvement est régulier ; des expériences précises par lesquelles la physique vient baser la mécanique indiquent que les vitesses s'accroissent de quantités égales par moments égaux ; cet accroissement à Paris, dans une seconde, est de 9,8 etc., ce nombre s'appelle g et $m.g$ représente le poids d'un corps ou la quantité dont s'accroît la grandeur du mouvement par seconde ; les procédés utilisés pour la mesure des poids permettent la comparaison des masses ; dans un même lieu le rapport des poids est le même que celui des masses. Pour un autre lieu g varie, les poids, les masses changent, leur rapport reste invariable.

Ainsi, comparaison indirecte du temps, des impulsions, des masses, des poids, tout cela basé sur quelques expériences préliminaires de physique et d'astronomie, voilà notre point de départ.

La quantité de travail, produit qui dépend à la fois du déplacement et du poids, s'exprime par le résultat de la multiplication des nombres qui spécifient ces deux grandeurs.

Après cette esquisse, essayons d'aborder la comparaison d'efforts quelconques ; ils n'auront pour nous aucun sens s'ils ne sont traduits par un certain nombre de kilogrammes ou unités de poids. — Là, va intervenir encore cette grande vue sur la série de Taylor, qui montre la génération progressive des grandeurs, leur mutuelle substitution pour l'évaluation numérique, leur comparaison permanente au moyen de symboles échelonnés pouvant exprimer un mode quelconque de varier. Avec notre instrument analytique nous allons pénétrer dans l'intimité du phénomène, expression qui rend trop bien ma pensée pour ne pas souvent la reproduire.

1° —— Cas où la direction de la force reste la même, où son intensité varie seule avec le temps. Pour cette page encore je réclame de ta complaisance un peu de tension intellectuelle, ce sera ma dernière formule.

Le corps mobile suit une ligne droite, et les espaces qu'il parcourt sont variables comme la cause d'action, il s'éloigne plus ou moins vite. — Sa distance à un point fixe dépend du temps, est une fonction de cette variable que nous appellerons t ; cette fonction développée peut s'écrire :

$$A + B.t + C.t^2 + D.t^3 + etc., etc.$$

Pour un autre effort, liaison analogue, les coefficients changent seuls ; tu pourras donc comparer deux puissances d'action comme deux formes en géométrie, comme deux fonctions en analyse.

Quels sont dans les cas naturels les mouvements auxquels nous pourrons rapporter les autres? Il n'y en a que deux assez connus : le mouvement uniforme représenté par $A + B.t$, le mouvement d'accélération constante représenté par $A + B.t + C.t^2$; le coefficient B s'appelle *vitesse*, le coefficient C *accélération*, les autres n'ont pas de nom parce qu'ils correspondent à des mouvements dont nous n'avons pas la possibilité d'apprécier la variabilité ; l'exemple nous manque. La quantité du mouvement à un moment déterminé sera $m.B$, l'effort moteur sera $m.C$.

Vois bien : le mouvement céleste le plus simple de tous a joué le rôle de ligne droite, le mouvement pesanteur celui de circonférence osculatrice ; nous pouvons suivre cette vue et constituer *l'osculation* des forces d'une manière analogue à *l'osculation* des courbes ; cette théorie n'est pas faite, et il est singulier que Lagrange, l'auteur de l'une, n'ait pas poursuivi sa conception pour l'autre, autrement que par une mince remarque perdue dans son livre.

En divisant la valeur numérique de $m.C$, à une instant spécial, par le nombre $m.g$ relatif au même corps, on a le nombre de kilogrammes qui, à cet instant, caractérisent l'effort moteur; ainsi la puissance d'action est $C : g$, nombre. B, C, représentent précisément les dérivées premières et secondes de la fonction analytique qui donne la loi du déplacement; B, c'est la vitesse que prendrait le mobile, si la loi de Kepler seule continuait son influence, si les forces cessaient d'agir, et C apprécie l'accélération constante que prendrait le mobile, si la force restait uniforme, persistait dans son influence, mais sans caprices.

Le problème le plus général que nous puissions nous proposer consiste à donner une relation entre le temps, l'espace décrit, la vitesse, l'effort moteur; cela revient donc à une équation différentielle du second ordre, puisqu'elle doit contenir B et C; tantôt elle te fera connaître la loi des espaces connaissant la force, tantôt la loi de la force, sachant celle des espaces. — Les difficultés techniques de calcul pourront nous arrêter, nous arrêteront même trop souvent, mais par la faute de l'analyse et non point par la faute de la mécanique; celle-ci a satisfait à son rôle qui est de ramener au pur nombre, tout en pouvant regretter l'état d'enfance de l'analyse. Au reste, ce sont précisément ces questions qui ont poussé vivement à la solution des problèmes de calcul intégral; les lois étaient contenues dans le retour aux fonctions primitives, quand les fonctions d'observateurs avaient fait leur rôle; encore une citation : « L'homme ne s'ingénie pour résoudre des difficultés qu'autant que la nécessité d'une solution se fait plus vivement sentir; la possibilité d'une découverte s'accroît par cela même, mais moins vite que l'accroissement des difficultés. »

2° —— Cas général où la force varie à la fois en direction et en intensité. Le mobile décrira dans l'espace une ligne quelconque, analytiquement formulée par 2 équations à 3 variables ou 3 équations à 4 variables. Il s'agit de trouver une relation entre le temps, la vitesse, l'effort moteur et la forme de la ligne parcourue; alors trois de ces grandeurs étant connues, la quatrième pourra se déduire du calcul. Le mouvement total d'après le principe de Galilée pourra s'apprécier séparément suivant trois axes correspondants aux trois sens de l'étendue et qui serviront d'axes coordonnés pour les équations de la ligne. Sur chacun de ces axes, si l'on donnait la loi du déplacement, la force composante et le chemin parcouru seraient une facile conséquence ; à son tour la loi de la force donnerait la loi des espaces ; le problème est ramené au précédent sous trois influences séparées, équivalant ensemble à l'influence unique. Parmi les mille manières de décomposer la force agissante, il en est une plus importante que voici : on a eu l'idée de choisir la tangente pour l'une des directions composantes, et c'était naturel puisque, d'après la loi de Kepler, le mobile livré à lui-même tendait à chaque instant à suivre ce chemin ; l'autre direction représente la partie de la force dévoyant, infléchissant la route, et se compte sur la perpendiculaire. Sa grandeur porte le nom de *force centrifuge*; c'est elle qui tend le fil d'une fronde quand l'on fait parcourir une circonférence à la pierre que l'on veut lancer ; c'est elle qui retient l'écuyer penché au-dedans du cirque debout sur un cheval, et cela, au grand étonnement de la foule qui ne sait pas que l'écuyer autrement placé serait]projeté sur les spectateurs, et avec d'autant plus de violence que le cheval irait plus vite. Ainsi, pour faire décrire une courbe au moyen d'un effort qui ne serait point son intime, c'est-à-dire qui tendrait de lui-même à faire parcourir une autre ligne si la première n'offrait pas de résistance, on voit que cet effort se perdra en partie dans une direction où il tend à arracher la courbe, en partie dans le sens où il doit neutraliser l'influence de la force centrifuge, et fera courir le mobile dans la direction d'une tangente constamment déplacée; à chaque effort correspond une courbe déterminée qui a sa force centrifuge, sa force tangentielle; et en sens contraire, à chaque courbe donnée correspond une nature particulière d'effort susceptible de la faire librement décrire. N'est-ce pas une magnifique harmonie entre la forme et la puissance motrice, toutes deux soumises à des lois numériques qui nous révèlent leur nature?

Tous ces problèmes sont insolubles en général, je te l'ai dit, le calcul intégral est à l'état d'ébauche.

La notion de vitesse a paru tellement primordiale que certains esprits l'ont jugée plus élémentaire que celle d'espace; les vitesses décomposées en deux directions ont servi à Newton de base à sa création du calcul différentiel, et les mots de *fluxions* et de *fluentes* sont les synonimes des termes consacrés par son rival plus heureux, Leibnitz.

Si l'on cherche le produit numérique du coefficient de masse par le quarré de la vitesse, l'on trouve un résultat qui s'appelle *force vive* et dont l'importance, la haute valeur utilitaire provient de ce que la différence entre deux de ces produits représente, pendant un laps de temps, cette quantité de travail qui nous faisait apprécier la portée pratique d'un effort; quand la force satisfait à certaines conditions indiquées par le calcul, la force vive a la curieuse propriété de se reproduire identique toutes les fois que le mobile repasse par des positions identiques. — *Conservation des forces vives;* nous y reviendrons.

Jusqu'ici nous avons considéré l'effort opérant librement une pure translation; mais si par une cause quelconque le corps mobile ne peut que tourner autour d'un point fixe en parcourant la circonférence dont ce point est le centre, on obtient une *rotation;* la quantité du mouvement devient le produit de la vitesse angulaire par le rayon de la circonférence ou bras de levier; car la vitesse linéaire ou arc parcouru sera précisément le produit du rayon par l'angle décrit. Cet effort particulier avait reçu le nom de *moment;* il n'était que l'expression analytique d'une mesure, un résultat de l'étude sur la simple force, et depuis peu il a pris rang dans la science sous le nom de c *ouple,* de par l'autorité de M. Poinsot; il l'a concrétisé, en a donné le type géométrique, et si la valeur de sa création se bornait à cela, ce serait minime somme toute, seulement une heureuse image. Ce genre d'expression compliquait les formules à les rendre souvent inextricables; c'est maintenant une unité de force de rotation prenant place à côté de l'unité de translation; c'est un signe général de fonction particularisé, comme une transcendante nouvelle introduite dans la mécanique, correspondant en analyse à l'invention du logarithme, du sinus, de la tangente, des elliptiques etc... Ce n'est rien que d'inventer une fonction nouvelle, c'est-à-dire que d'imposer un nom, mais là , où se montre le génie , c'est à savoir formuler des fonctions qui simplifient les rouages. Pour ce genre d'effort nous allons brièvement reprendre tout ce qui a été dit, suivre pour la transcendante couple la marche de tout à l'heure.

Composition et décomposition des couples , ou loi spéciale de Poinsot analogue à celle de Galilée; seconde partie de la statique. La quantité de mouvement dû à une impulsion se mesure par $b.m.v$, b étant le bras du levier. La loi de Kepler s'applique , le mouvement se conserve , et ce fait se traduit d'ordinaire par un nouveau mot; en spéculant sur les surfaces décrites par le rayon mobile, le mouvement conservé donne la constance aux aires décrites; *principe des aires.* C'est au reste cette dernière forme, lumineuse découverte de Kepler, mère de ses idées astronomiques, qui vaut à cette loi, pour son aspect général, cet immortel patron. Gain des quantités de mouvement, ou efforts rotatoires. Comparaison des impulsions tournantes, des efforts giratoires, *osculation*, *substitution mutuelle*, comme pour les fonctions, comme pour les formes, comme pour les efforts translatoires.

Ainsi en résumé :

I.
TRANSLATION.
- 1°— Loi de Kepler, conservation du mouvement.
- 2°— Loi de Newton, destruction des efforts.
- 3°— Loi de Galilée, composition des efforts—— Statique.
- 4°— Mesure d'une impulsion——$m.B$.
- 5°— Mesure d'un effort ———— $m.C$.

II.
ROTATION.
- 1°— Loi de Kepler, principe des aires.
- 2°— Loi de Newton.
- 3°— Loi de Poinsot, composition des couples— Statique.
- 4°— Mesure d'une impulsion giratoire ———— $b.m.B$.
- 5°— Mesure d'un effort giratoire. ———— $b.m.C$.

La vitesse se rapporte à l'espace, à l'unité métrique ; l'impulsion se déduit de la vitesse ; l'effort moteur se traduit en poids, en kilogrammes.

Je puis pour un instant sortir de mon cadre de généralités en t'indiquant les quelques cas physiques, parmi les plus simples, auxquels ces notions peuvent s'appliquer : mouvement d'un corps libre assujéti à la seule pesanteur dans le vide ; mouvement sur un plan incliné, sur les machines à ralentir, etc..... La solution dans l'air, en tout autre milieu résistant, ne peut s'indiquer encore ; cela rentre dans les conditions de frottement, dans la théorie des fluides, théorie dont on ne peut même pas dire qu'elle est en ébauche. Mouvement des projectiles dans le vide ; c'est le cas où une force d'impulsion s'ajoute, se combine à la pesanteur ; le mobile décrit une parabole. Le mouvement sur une courbe, la théorie du pendule avec le rôle immense joué par la cycloïde, rôle deviné par Huygens, et qui conduit, par la longueur d'une verge battant la seconde, au moyen le plus précis d'estimer les variations de g, de la force pesanteur pour tous les points du globe ; vois ce qu'est le génie ! ce qui échappe au vulgaire, ce que l'observation nous fait toujours négliger par l'habitude de trouver naturel ce que l'on voit souvent, de ne pas même remarquer les faits ordinaires qui sont les plus importants, un Galilée le constate et remanie la science ; un jour, dans la cathédrale de Pise, il vit osciller les lampes ; leurs battements étaient isochrones ; lumière ! c'est le point de départ des recherches d'Huygens.

On étudie, pour la translation, puis pour la rotation, chaque force successivement classée d'après son type analytique, et parmi les questions que la simple curiosité peut produire et qui seront jetées à la science de par l'autorité des faits, il en est une très vaste qui consiste à étudier le rôle d'une force émanant d'un point fixe et se combinant avec une translation. Ce cas des *forces centrales*, en lui appliquant les ressources indiquées , fera connaître :

1° —— La trajectoire ou courbe parcourue connaissant la force.

2° —— La force attractive ou répulsive du point fixe connaissant la trajectoire.

Tout d'abord la courbe ne peut être que plane, et c'est réciproque. Les difficultés seront souvent grandes, eu égard à l'insuffisance de l'analyse; on étudie les cas les plus simples où les calculs peuvent se faire, et entr'autres le cas des sections coniques, ellipse, hyperbole, parabole. Pour une trajectoire de ce genre, il se trouve que la force varie en raison inverse du quarré des distances au point fixe, et réciproquement; si telle est la loi de la force centrale, toute impulsion primitive fera décrire une courbe du 2° degré. Il y a là des mondes d'idées à manier; les cours ont tort de mélanger ces théories de notions astronomiques qu'elles doivent aider sans se confondre. Ce colossal aperçu qui nous dévoilera la plus grande loi des cieux se déduit-il de jalons assez simples? est-ce là du vrai beau? l'enthousiasme à cet égard peut-il être ridicule?

Pour terminer cette délicate exposition, il me faut dégager une abstraction de moins et arriver au cas plus complexe où des forces s'appliquent sur divers points pouvant

agir les uns sur les autres par l'intermédiaire de liaisons inflexibles ou variables ; nous sommes aux portes de la réalité.
Je serai très bref et veux seulement te faire envisager du
dehors cette large zône de lumière.

Tout d'abord, dans un système quelconque, la loi de
Newton s'applique ; les efforts se transmettent tout entiers
par l'intermédiaire des liaisons ; rien ne se perd. — Si tu
concevais la possibilité d'exprimer à chaque instant la puissance d'action de chaque point mobile, toutes ces *puissances
d'action* devraient s'entre détruire pour qu'il y ait nullité de
mouvement ou équilibre, et s'il résulte un mouvement pour
tout l'ensemble d'un système réuni en faisceau ou à liaisons
complètes, cela ne peut être qu'une tendance à un déplacement sous deux rapports spécifiés par nos deux unités,
l'une de translation, l'autre de rotation, chacune dans un
seul sens.

J'ai à dessein prononcé le mot de tendance; car eu égard à
la mobilité du système, la puissance d'action ne doit s'examiner qu'à un moment précis, que pour sa *tendance* à croître ou à décroître, à varier en un mot. Nous mesurons
l'énergie d'un effort par le produit de la force et du chemin
fait sous son influence; cette tendance à varier, cet état
instantané que nous voulons surprendre pour voler son
secret à notre univers, nous sera donc donné par notre instrument si puissant d'analyse, et ce mouvement infinitésimal
qui ne fait, pour ainsi dire, qu'exprimer la volonté capri-
cieuse, changeante, arbitraire d'un effort se qualifie: *vitesse
virtuelle* ; Prométhée moderne, il dévoile le secret de la vie ;
son vautour est le pur rhéteur. La *vitesse virtuelle* sera le
produit d'une force par la différentielle du chemin fait dans

une direction déterminée, et l'on arrive à cet énoncé général, point de départ de la conception de Lagrange : *Principe des vitesses virtuelles* ; pour l'équilibre, les vitesses virtuelles de tous les points du système doivent donner une somme nulle ; c'est-à-dire que les tendances à palpiter de toutes les énergies d'action doivent s'équilibrer. Présenté ainsi, ce principe est clair, et j'avoue que les longues démonstrations que l'on en donne me paraissent aussi amères que le fameux brouet de Sparte ; c'est une longue sauce noire qui n'éclaircit rien, loin de là, et lorsque Lagrange cherchait à transformer les efforts au moyen de poulies de renvoi pour faire comprendre le jeu des forces, il ne donnait qu'une image de ce que j'ai cru suffisant à dire ; c'est la loi de Newton appliquée.

Au reste, en mathématiques surtout, il faut sentir qu'une chose est vraie indépendamment de toute démonstration ; il faut que l'esprit pressé par le tableau des vérités connues constate en lui-même l'existence forcée d'un autre point brillant ; la démonstration, donnant plus de rigueur, plus de netteté, mettant en garde contre les faux aperçus vient après, et même, je voudrais être original en te l'affirmant, cette couture de mots échelonnés que l'on appelle raisonnement me paraît souvent superflu ; je lui préfère le sens droit et vrai.

S'il y a mouvement, il y aura une puissance d'action pour le mouvement de translation, une autre pour le mouvement giratoire, et deux efforts opposés, identiques, amèneraient l'équilibre, ce qui permet de les préciser tous deux ; c'est toujours la loi de Newton, et cette déduction porte le nom de principe de d'Alembert, eu égard au puissant esprit qui le premier l'a comprise et utilisée. Ces conditions de l'équilibre ou du mouvement seront donc traduites par deux seules relations analytiques correspondantes aux deux unités mécaniques ; mais l'espace ne peut se formuler en nombres que par l'intermédiaire d'un système de coordonnées ; alors la représentation numérique sera constituée par trois équations pour le mouvement de translation, trois équations pour le mouvement de rotation, en tout six.

Quelles sont les principales conclusions que l'on a pu tirer de ces hautes généralités? D'abord, un préambule qui constitue la troisième partie de la statique ; si l'on considère des efforts agissant dans des directions parallèles sur un système de points dont les positions relatives sont immuables, il arrive que toutes les forces peuvent se remplacer par une composante unique appliquée à un point particulier auquel le cas utile de la force pesanteur a imposé le nom de *centre de gravité*. — Les questions de stabilité, le soulèvement des fardeaux, etc... donnent un cachet pratique très important à la détermination précise de ce centre ; au point de vue calcul, elle n'offre que des difficultés de pure intégration, et dans les arts on se voit souvent obligé de recourir à des procédés spéciaux à chaque cas. — Encore un retour d'idée ; nous avons vu combien étaient compliqués les moyens d'effectuer la cubature des volumes, la quadrature des surfaces ; cela provient de ce que les formules qui les expriment sont fonctions de grandeurs qui obstruent les équations ; Guldin a eu l'heureuse pensée d'utiliser pour ces recherches le centre de gravité, et les théorèmes qu'il a donnés, outre leur véritable élégance, montrent surtout ce que peut un bon choix de variables. La pure géométrie tire des ressources de la pure mécanique. Les équations géné-

raies du mouvement sont différentielles, et quelques inté-
grales générales ont pu être obtenues ; ce sont autant de lois
que nous allons passer en revue.

1° —— *Conservation du mouvement du centre de gravité*. Newton. —— Si les forces agissant sur un système se
font équilibre quand on les transporte en un même point par
la pensée, le mouvement du centre de gravité du système
reste invariable.—Les forces passant par le centre de gravité
d'un système ne changent que son mouvement personnel,
le mouvement giratoire n'est pas altéré. La portée du premier énoncé qui rentre en quelque sorte dans la loi de Kepler est immense. Dans un système planétaire, les explo-
sions, fractures, déchirements intérieurs, n'ont aucune action sur le déplacement du centre de gravité ; si les étoiles
sont sans action sur notre monde, il y a conservation du
mouvement ; cela a été indiqué par M. Comte, comme pouvant servir à vérifier la nullité d'action des étoiles.

2° —— *Conservation du mouvement de rotation ou
principe des aires*. Kepler, ou Laplace, ou Poinsot. ——
Dans le cas général où un système n'est soumis qu'à des
forces intérieures, le mouvement de rotation se conserve
sans altération ; la somme des aires décrites est constante.
— Des forces ne passant pas au centre de gravité d'un système changent à la fois la translation et la rotation. Le premier énoncé convient encore au système solaire, dans le
cas où les étoiles n'agissent pas du dehors, et cela conduit
à la détermination d'un plan immuable dans notre ciel ; M.
Poinsot, le premier, a proposé ce moyen pour vérifier la non
action des étoiles.

3° —— *Conservation des forces vives*. Huygens. — Si le temps n'influe [pas sur les liaisons d'un système, que les forces soient assujéties à certaines conditions indiquées par le calcul et auxquelles satisfont les grandes puissances d'ici bas, la force vive du système reparaît identique dans les mêmes positions. Ce principe éclaire la théorie des chocs ; tout choc donne une perte de force vive ; vérité reconnue aussi pour les cas historiques ou révolutions ; elles sont désastreuses. — Il faut bien se prémunir contre l'application erronée de ce principe, d'autant plus que dans de nombreuses circonstances, même de chocs, les forces agissantes ne se trouvent pas toujours dans les conditions exigées par la liaison algébrique.

Un système étant donné, on étudie toujours ainsi : 1°—Recherche du mouvement du centre de gravité. 2° — Recherche du mouvement de rotation. — Ces deux choses sont complètement indépendantes et la seconde conduit à une section importante formant un chapitre à part, la théorie des moments d'inertie ; créée par Euler, elle mène a des calculs très compliqués, mais qui fournissent peut-être l'occasion la plus sérieuse de montrer cette influence des images géométriques destinées toujours à éclairer, à guider. Au reste, pour tout ce qui regarde la rotation, les vues si neuves de M. Poinsot ont aminci les difficultés à tel point qu'il a pu parler mécanique en français ; c'est peut-être le plus bel éloge à faire de lui ; il est encore le seul à bien connaître sa transcendante, et quoique entrée de suite dans le domaine classique, elle n'a rien donné par d'autres que par le grand maître de la science contemporaine.

En appliquant ces moyens au cas où un système contient

soit un axe fixe, soit un point fixe, soit d'autres conditions restrictives, on obtient des résultats pratiques, pour l'hélice, la balistique, etc... Je pourrais parler encore du principe de la moindre action, ou de Maupertuis; à l'origine on admettait volontiers que la nature, en bonne ménagère, économisait ses forces et faisait tout le plus simplement possible; ainsi du temps de Ptolémée, on disait: La circonférence est la courbe la plus parfaite, la Providence ayant toujours satisfait au plus haut degré de perfection, les astres doivent décrire des circonférences; bien des gens, sous beaucoup de rapports, raisonnent encore ainsi, et c'est une légère garantie de vérité. Pour nous ce principe signifiera que la quantité qui exprime la grandeur de l'action satisfait en général aux conditions d'analyse traduites par le mot *minimum*.

Si l'on veut essayer ses forces sur le mouvement et l'équilibre des masses fluides, on a une partie de la science tellement abstruse, que malgré de grands efforts on ne sait presque rien; ces questions sont d'ordre physique, et la mécanique générale aura toujours envers elles bien peu de puissance. — Pour les questions d'équilibre, on a le principe des surfaces de niveau; dans ce cas la surface est en tous ses points normale aux forces qui la sollicitent. Sur terre cela donne l'équilibre dans les vases communiquants, et l'horizontalité des eaux d'un petit espace. — Pour les questions de mouvement, la pratique est réduite à utiliser des formules empiriques, et trop insuffisantes; elles s'établissent en partant d'hypothèses que les faits ne justifient point. Je ne puis qu'émettre le fameux principe de Bernouilli sur la co-existence des petites oscillations; les ondes formées sur l'eau par deux pierres se croisent, se superposent sans se troubier; les sons d'un orchestre se transmettent à toute distance sans nuire à l'harmonie, etc.... Ce sera pour nous une déduction de la série générale de Taylor qui, pour de petites valeurs des variables, voit son accroissement total marqué par la somme des accroissements séparés; le rôle de chacun se joue à part. — Les travaux de Fresnel, de Lamé, etc... sur la lumière sont les plus importants pour tout ce qui concerne la théorie élevée des fluides.

Encore un dernier mot; tout système non soumis à des efforts extérieurs ne contient que des mouvements périodiques, c'est-à-dire qui se reproduisent au bout d'un certain temps.

Voilà enfin terminé ce long réseau mécanique; la mathématique est close ou à peu près; faut-il donc, je m'adresse à ta franchise, une nature d'intelligence particulière pour percevoir ces vérités? Personne n'a jamais dit: *Je suis nul, je manque de facultés*, et bien souvent on entend répéter: *Je n'ai jamais rien pu comprendre aux mathématiques !* Cela avec un ton de laisser aller qui semble ne pas donner à cette affirmation un droit d'infériorité; je conçois que par la faute du professorat actuel, trop spécial, trop partitif, trop engagé dans les détails, cette étude puisse ne pas plaire, et même provoquer un ennui profond; mais dussé-je mériter ton blâme, je nie hautement, énergiquement, l'intelligence de tout homme qui n'a pas *pu*, après avoir *voulu*.

Au reste ce n'est que l'aspect général du temps et de l'espace; ces notions forment les limites de la grande cage où s'agite le lion humain; la mathématique s'applique à la prévision de quelques cas simples, et partout ailleurs, au milieu de ces complications croissantes, de ces variables sans nombre, de ces efforts multiples dont le réalisme extérieur ne peut être analysé quoique vaguement senti, chaque ordre scientifique se fera jour par des moyens d'investigation personnelle; mais partout, cette rigueur, cette netteté de vue, cette précision du raisonnement qui n'est lui-même qu'une expérience, qu'une sorte d'analyse, instinct pratique créé par le sens mathématique, saura imprimer son cachet. Partout nous aurons à saisir des faits particuliers, à chercher en quelque sorte la courbe qui peut les contenir et qui servira pour déduire les états inobservables. Toujours interpoler; induction ou loi générale conclue de quelques états particuliers; déduction ou autres états particuliers obtenus par la loi générale. C'est surtout pour l'induction que le rôle du chercheur de vérité devient dangereux et difficile; ne pas donner sans raisons puissantes dans l'esprit de système qualifié sévèrement à bon droit, et qui consiste toujours dans l'ignorance des faits particuliers; c'est par là que le génie, le mérite, le talent se dévoilent, et les mathématiques font l'éducation de l'autre levier de recherche, de l'esprit de déduction.

Tout dans notre ensemble est basé sur ce fait que la quantité, longueur, angle, surface, volume, temps, impulsion, effort, fonction quelconque, peut toujours se remplacer par quelque chose de plus simple qui en diffère d'aussi peu que l'on veut; que dans la méthode infinitésimale, cette substitution, et c'est là son cachet, laisse au seul caprice le soin de disposer de l'erreur; tandis que dans les applications le progrès consiste à en diminuer la réelle et persistante influence; un homme est supprimé de la terre, le poids de celle-ci n'est pas changé, ou si peu que l'on en sourit ; infiniment petit pratique ; rapport trop ténu, insaisissable, mais qui n'est pas arbitraire. Il n'y a de quantités égales que par une abstraction, une induction énorme ; en théorie, elles le seront pour une différence variant à notre gré ; en pratique, quand les sens ne pourront témoigner de l'erreur ; l'égalité est fictive comme toutes les lois ; c'est une abstraction qui sert de passage aux cas réels pour lesquels l'entité nombre entier ne subsiste pas. — Les vues théoriques négligent les influences secondaires, spéculent sur un milieu idéal ; elles s'efforcent de rendre compte des conditions pratiques dans des limites plus ou moins resserrées, mais jamais sans erreur.

Il faut savoir les choses terrestres, s'harmoniser avec le monde objectif ; le sens n'est bon, n'est droit que parce qu'il s'équilibre avec le vrai ; il ne provient que de perceptions simultanées, instantanées, développées dans l'intellect par les réalités extérieures. Or les choses terrestres, bras d'acier obéissant à la volonté de l'homme, histoire ou lutte des passions et des choses, végétation ou flot montant de la sève, tout dépend du temps, de la force, de l'espace, du nombre.

Celui qui reprendra l'histoire, la philosophie ancienne, avec une saine appréciation de l'atmosphère de faits qui nous enlacent, celui-là saura faire surgir des aperçus utiles, puissants, moins vides quoiqu'aussi sonores que les productions métaphysiques ; la faiblesse des historiens, c'est leur ignorance des lois inorganiques.

Il faut m'arrêter ; j'ai dû pour aujourd'hui combler la mesure de ton amitié. Si tu voulais te reporter à ma première lettre, tu verrais qu'elle contient en germe toutes les suivantes, et le difficile, dans les minces développements que j'ai offerts à ta curiosité, consistait à choisir un petit nombre de sillons lumineux ; tentative presque impossible ; comme le coq, j'ai fouillé, j'ai emprunté partout ; et si je n'ai pu jusqu'ici te défendre de l'ennui, daigne au moins me savoir un gré sincère de cet essai plus périlleux que celui d'Icare.

A quel dieu dédierons-nous? quel mythe payen saura nous représenter cette immense trilogie? sera-ce la triple unité indienne, Bhrama, Wishnou, Shiva? Sera-ce Isis? Non Isis, c'est tout, et la science mourra inachevée, longue asymptote des sociétés humaines. Pour te plaire, je choisirai Neptune au *mobile* élément. Son *quos ego!* saura fléchir mon adversaire, et d'ailleurs qui l'ignore?

Le trident de Neptune est le sceptre du monde.

Indulgence et amitié.

Vᵉ LETTRE

DU MONDE EXTÉRIEUR.

Quel titre ambitieux! J'avais à choisir entre philosophie
naturelle et causerie errante; le premier, anglais d'origine,
exigeait trop de talent, indiquait trop de présomption; le
second rappelle le cachet amical de notre entretien, et
j'eusse préféré son abri sans la nécessité de faire ressortir
l'objectivité de notre étude. Pour connaître le sujet enseignement, il me faut, après avoir esquissé la pure mathématique, montrer comment tous les témoignages des sens,
germes de toutes les généralités dites scientifiques, bases de
toutes les applications techniques, se classent après les vues
précédentes, et dérouler devant toi le tableau des phénomènes naturels; plus j'irai, plus les objets de notre attention
seront complexes, plus il y aura d'images pour les faire
saisir, mais plus aussi de crainte que chaque image ne donnant jour que sur un seul point particulier, ne puisse
induire en erreur sur le but total, sur la portée. Malgré le
préjugé contraire, je crois qu'il est plus facile de donner des
notions précises sur les mathématiques que sur toute autre
branche de la cognition humaine; on perçoit aisément les
choses comparables aux deux faces d'une médaille; et l'éru-

dition devient nécessaire pour un prisme aux facettes sans nombre. En commençant, nous avons cherché des rapports, et la loi de ces rapports, leurs liaisons constituaient l'analyse; la mesure, la comparaison, la conversion en nombre sera toujours notre but, et l'analyse ne pourra nous aider quand ses fonctions seront inextricables ; nous verrons que partout où les rapports sont liés par une équation d'ordre supérieur, la plupart des efforts de l'empirisme humain consisteront à ramener au cas simple du premier degré.

Littérateur, tu inclinais ta superbe pour t'enquérir auprès de ton humble ami, et ce faisant, tu le traitais du haut de ta grandeur, de mille choses se passant ici-bas ; avisons au moyen de t'en donner un léger aperçu ; penchons-nous dans une pose recueillie, prêtons une oreille attentive aux bruits du dehors, et cherchons à saisir les linéaments de ce grand cadre légué à l'éternelle admiration des hommes. Dire en quoi et comment les sciences peuvent donner à notre enthousiasme la sensation de singulières beautés ; en quoi et comment elles dominent l'ensemble des prévisions et des satisfactions matérielles de tous nos légitimes besoins ; en quoi et comment elles développent certaines parties de notre intelligence restée en quelque sorte sourde ou muette sans cette acquisition préalable. Jamais de raisonnements, des faits ; toujours ce point de vue général des connaissances à déposer dans chaque tête, pour substituer le vrai sûr au douteux, au possible, à cette étude exclusive du grec, du latin, des formes, des catégories, de la logique, enfin à cette éducation du temps de Philippe-le-Bel, legs précieux sans doute, mais relatif du vieil Aristote. Quelle œuvre grande, quel service à rendre, si l'on pouvait exposer sans lourdeur, sans pédantisme, ce large réseau plus inextricable que les mailles de Vulcain; pour moi j'en désespère, et n'ose m'adresser à autrui que sous le voile tutélaire de ta sincère et chercheuse amitié.

Nous n'essayerons de nos forces qu'à propos de vérités expérimentales, et s'il en existe au-delà, ce que j'ignore, (je te déclare qu'à mon sens il serait tout aussi téméraire de le nier que de l'affirmer), nous laisserons chacun donner à ses nuages d'imagination une forme pittoresque ou gracieuse, grandiose ou ridicule, acceptable ou repoussée, et nous n'irons point à la suite de Caïn, sur l'aile de Lucifer, quêter dans le chaos d'impossibles pourquoi. Vivant sur une sorte d'orange lancée à travers les espaces, nous chercherons les conditions de son être, ses modifications possibles, rien de plus.

En science, je te l'ai répété, tout ou rien; un détail n'est pas; il n'y a qu'un ensemble; les principes généraux ne sont que le résumé succinct, rapide, complet, une large induction obtenue par les faits particuliers. — Les trois lois, bases de la mécanique, en sont l'*ultima ratio*, et témoignent de sa réalité comme science; les besoins de détails font élucider ensuite les questions plus complexes, qui sont classées à part pour servir de guide et de soutien à ceux qui entrent dans la carrière quand leurs aînés n'y sont plus. L'esprit de la loi consiste à déterminer les cas fictifs, abstraits, dans lesquels les faits s'accompliraient d'une certaine façon qui sert de partage, de fixation, pour l'erreur provenant des circonstances différentes de la réalité; on néglige des influences secondaires, sauf à saisir la loi séparée des corrections partielles. La formule n'est en quelque sorte que la consécration légale d'un empirisme constant dont elle ne donne que l'approximation , et c'est dans cette connaissance des limites du vrai que consiste le pouvoir des prévisions scientifiques.

Cherchons autour de nous les faits soumis seulement au temps et à l'espace ; nous les nommerons : *faits astronomiques* ; les instruments d'investigation seront : le mètre pour mesurer la pure longueur ; l'arc gradué pour mesurer les angles ; la lunette pour préciser les alignements ; l'horloge pour compter les temps écoulés. C'est par le rôle de ces instruments que l'astronomie dépend des sciences suivantes , et son progrès sera comme fécondé par celui de la physique pour tout ce qui ressort des secondes approximations ; la mesure métrique , indépendamment des verniers, micromètres, qui aident à l'insuffisance des yeux , ne peut se compléter que par l'appréciation de la température ; l'optique intervient pour l'usage de la lunette , et l'horloge ne peut se régler que le thermomètre à la main ; même avec les appareils compensateurs les plus délicats, il y a des différences d'allure d'heure en heure.

Je t'ai dit que le temps ne pouvait se comparer à un autre temps que par la mesure indirecte de deux espaces parcourus d'un mouvement uniforme ; c'est là l'exemple le plus saillant , le plus simple , et l'un des moins aperçus, qui montre cette substitution de rapports égaux servant à calculer la valeur de l'un d'eux que l'observation directe ne peut fournir. L'horloge ou cadran gradué, qu'une aiguille parcourt d'un pas uniforme, sert de mètre au temps , et nous saurons là régler au moyen du pendule à battements réguliers, isochrones : je ne veux pas d'érudition sur ce sujet ; mais que dire à propos de ces moyens légués par

Galilée, Huygens et les anciens clepsydres, sabliers, etc!
Au reste tout phénomène à retours réguliers peut s'utiliser;
ainsi, dans une certaine mesure, l'appétit d'un animal bien
dressé; le caractère particulier de l'horloge, c'est sa précision plus parfaite qui, pour d'habiles observateurs, laisse
apprécier jusqu'à deux dixièmes de seconde; en réalité c'est
le bruit provenant des battements du pendule que l'on distingue pendant un petit intervalle, cela met deux sens à
notre service; l'ouie est un auxiliaire qui, par les dissonances de notre organe et de la voix du pendule, apprécie les fractions de ses battements.

Je te fais remarquer de suite qu'une ligne ne détermine
qu'une direction, et que deux points sur l'alignement de
l'œil font pour lui le même effet; ils s'équivalent. Ainsi,
sans rien préjuger sur les distances, nous pouvons supposer autour de nous une sphère aussi étendue que notre
caprice, et remplacer tous les objets vus dans le ciel par
ce que j'appellerai leur équivalent astronomique, ou intersection de leur ligne de vision par cette sphère idéale; plus
tard nous étagerons les points suivant leur éloignement;
au début, cette image d'une sphère céleste nous sera plus
commode.

Tu examines les étoiles, le jour au moyen de lunettes, la
nuit en plein éclat; je suppose qu'ayant remarqué leur mouvement, leur lever, leur coucher, leur apparition, dispari-
tion, etc., tu aies cru voir l'une d'elle immobile à sa place.
En curieux aussitôt, tu disposes le mieux possible dans cette
direction une tige en fer bien fixée par ses extrémités, et
tu la prends pour support d'une lunette pouvant faire
avec elle divers angles. Tu fixes ta lunette sur une étoile et

regarde l'heure ; le lendemain, tous les jours suivants tu recommences et, chose singulière, il s'écoule le même temps entre chaque retour, si ta lunette est restée dans une position inébranlable ; je ne parle pas des erreurs provenant de maladresse personnelle, des déplacements de la tige, de direction mauvaise pour l'instrument, etc. — Je prends tout cela comme l'héritage précieux que nous ont légué deux mille ans d'efforts.—Ainsi le monde emploie le même temps chaque jour à se remettre en place.

Si l'on essaye toute une nuit de suivre une même étoile, en faisant pivoter la tige en fer sur elle-même, et marquant à chaque instant l'heure à la pendule et l'angle dont tourne la tige, on voit que la lunette conserve le même angle avec cette tige, et que le mouvement est régulier, uniforme ; cela revient à dire que l'étoile paraît se mouvoir dans un plan perpendiculaire à notre axe de fer, qu'elle décrit une petite circonférence de la sphère, et tout enfin donne lieu à cette affirmation. — Tout se passe comme si les cieux étaient une sphère immense tournant autour d'un axe, d'un mouvement régulier, constant, uniforme, et les étoiles semblent clouées sur cette voûte.

On n'admire pas cela, mon ami ; réflechis un peu, suis ce mouvement et si tu n'as pas un étonnement enthousiaste, si tu ne trouves pas que cette grandiose majesté, à l'allure ferme et tranquille, est plus colossalement belle que les *terrible comme la nuit, noir comme le danger* de l'aveugle grec, ne continue pas et déchire ; comme beau, c'est ce que j'ai de plus beau à t'offrir.

Cette grande loi, une fois reconnue, sera le moyen pratique de régler les horloges; la vingt-quatrième partie du jour sera l'heure que l'on partage en soixante minutes, la minute en soixante secondes, et l'on détermine expérimentalement la longueur de la tige d'un pendule dont une oscillation a la durée d'une seconde; ainsi des moyens complexes font apprécier un phénomène qui à son tour simplifie les utilisations de ces moyens.

Un astre ne diffère d'un autre que par l'angle de la lunette avec la tige et l'écart transversal compté par l'angle dont la tige a tourné. — L'on substitue à cet angle l'idée du temps employé à le décrire, quand la tige est immuable, et peu nous importe les noms barbares ou poétiques imposés à ces deux grandeurs coordonnées qui fixent la position relative dans le ciel. Prends une boule noircie; reporte sur cette boule les résultats de tes observations en plaçant chaque astre côte à côte, et tu auras ainsi une carte du ciel que tu décomposeras en zônes, constellations etc.; l'on réunit par une figure les étoiles groupées, et toutes celles qui sont comprises dans le trait portent le nom de la constellation; ces noms sont mythologiques en général, et je ne t'en occuperai point. Maintenant nous remarquerons qu'il est des astres qui se déplacent, qui changent de voisinage; ceux-là, nous les appellerons errants, *planètes*, et notre machine en les observant tous d'une manière suivie, jour par jour, nous les fera reconnaître; c'est le seul procédé pour découvrir ces vingt-neuf planètes actuelles dont s'entretiennent par instants les journaux, et qui en 1800 se trouvaient au nombre de dix ou onze seulement.

En posant tous les jours les astres errants sur notre boule noire, nous verrons la route qu'ils semblent suivre dans le

ciel, et les plus importants méritent une mention spéciale.
Causons du soleil ; pour lui comme pour tout autre l'on ob
serve chaque jour la grandeur de ses deux coordonnées, et
l'on joint par un trait toutes les positions qu'il semble occuper sur la voûte ; chose curieuse ; c'est une circonférence de
la sphère. Le soleil se promène dans l'espace, et la courbe
qu'il décrit est plane. Pour la lune mêmes phénomènes,
même conclusion, quoique avec moins de netteté dans les
lignes tracées. Pour les autres planètes on trouve sur la
sphère des lignes à peu près renfermées dans un plan, et
l'astre paraît à certains intervalles, tantôt rester en place,
tantôt revenir sur ses pas, tantôt reprendre sa course en
sens direct.

Voilà le premier aperçu : s'il s'agit des faits généraux, les
moyens sont alors seulement assez simples pour que tout
le monde soit capable de saisir la marche de découverte ; il
n'est pas un enfant qui ne puisse lui-même obtenir seul ces
résultats. Peu nous importe encore que ce soit à ces moyens
ou à d'autres plus délicats que s'appliquent les contempla-
teurs des cieux ; je te l'ai dit, la précision dans l'observation est tout ici ; on lui sacrifie tout, et le détail des com-
pensations d'erreurs est le véritable talent du pur astronome ;
ce sont des gens qui comptent des temps, mesurent des angles, et vois combien c'est difficile, puisque la sagesse des
nations a imposé une haute valeur à ce genre d'ouvrier ;
mais je ne veux point dire que cette faculté mécanique soit
le seul attribut des astronomes, et ce n'est pas seulement
avec leurs yeux et leurs oreilles que les Hipparque, les Tycho,
les Kepler, les Bradley, les Herschell, etc., etc., ont créé,
fondé, développé l'astronomie et sondé le vide sans fond
du ciel ; ceux-là seuls qui ont fait de grandes découvertes

étaient des esprits où la synthèse groupait un monde d'idées autour de chaque point.

Pour nous, jusqu'ici, tous les astres appartiennent à la sphère céleste, c'est-à-dire que nous n'avons considéré que leur équivalent astronomique; cherchons à juger les distances. Nous n'avons qu'un seul moyen géométrique, indiqué pour tous les cas où les objets sont inaccessibles : mesurer une base et construire ou calculer trigonométriquement le triangle correspondant. Cette base n'est pas à notre choix; nous sommes sur terre, et c'est de sa grandeur prise comme point de départ que nous pourrons déduire une jauge des espaces célestes ; nous sommes donc arrêtés par une étude préliminaire, celle de la figure de notre globe, de ses dimensions.

Quelle que soit la forme de la terre, elle ne peut être devinée qu'en la comparant aux formes les plus simples ; ainsi nous la couperons par des plans pour étudier les sections; nous la rendrons *osculatrice* à une sphère, à un ellipsoïde, etc., en allant du simple au composé; la couper par un plan n'est pas chose facile; qui nous assurera que nos déplacements ne nous écartent point de droite ni de gauche? Une première induction nous éclaire ; plusieurs vues que je pourrais t'indiquer rendent probable la forme sphérique à très peu près ; alors des plans passant par le centre couperaient la surface par des circonférences ; lignes que leurs propriétés font vite reconnaître; admettons que la direction d'un fil à plomb soit celle du rayon; le plan qui passe par notre tige et ce fil à plomb prend le nom de *méridien*, et l'invariabilité de direction de notre axe de fer, ou axe du monde nous permet de marcher dans un sens invariable aussi. Un picard, Snellius, eut l'idée de parcourir la route de Juvisy à Amiens qui est précisément orientée dans la direction méridienne, en comptant les tours de roue de son cabriolet; il put en conclure en toises le chemin fait, et ce procédé fort ingénieux est beaucoup plus précis qu'il ne semble au premier abord; au départ, à l'arrivée, il mesura l'angle de l'axe du monde et du fil à plomb, et la différence de ces angles fut en degré l'arc parcouru; ayant l'angle et l'arc, il eut le rayon, et par suite la circonférence entière; cela résultait de la plus simple géométrie; cette importante opération fut refaite en trois points fort éloignés : en Laponie, au Pérou, au cap de Bonne-Espérance, et l'on trouva, qu'à très peu près, les longueurs étaient proportionnelles aux arcs, propriété spéciale à la circonférence, et la seule, l'unique preuve complète de sphéricité. — Cependant cette vérification n'est qu'approchée; pour les résultats peu précis, cela suffit, mais en réalité les chiffres trouvés donnent des ellipses pour sections méridiennes, et l'on a cru pouvoir en conclure que la terre était un ellipsoïde aplati; la différence entre le plus grand et le plus petit rayon est de 1 sur 305 à peu près; c'est une deuxième approximation souvent négligée dans la pratique; remarque en passant que les plus hautes montagnes ont à peine 2 lieues, que le rayon de la terre est d'environ 1500, que par suite il n'est pas d'orange qui ne soit moins lisse que notre terre avec ses creux et ses aspérités apparentes. Cette question de mesure était si grave que de nos jours elle a été reprise avec toutes les ressources de la science; elle consacre les noms de Legendre, Delambre, Méchain, Borda, Biot, Arago etc. C'est du moderne, la science est jeune.

En partageant la circonférence entière en 40,000,000 de

parties, l'on a obtenu en toises une certaine longueur que l'on a prise pour unité ; c'est le *mètre* ; dans la pratique il n'offre aucun avantage sur le pied dont le souvenir commence à s'éteindre. On avait voulu éviter l'inconvénient des mesures grecques qui, ne se reliant à rien de naturel, ne permettent pas leur reconstruction ; le choix n'a peut-être pas été aussi heureux que possible ; vérification difficile, et qui le sait ? La terre se contracte peut-être ; on avait proposé l'élévation de l'eau dans les pompes, ou la longueur du pendule battant la seconde ; tout cela au fond revient au même, et l'importance de l'opération ne consiste pas dans le résultat qu'elle donne pour unité conventionnelle.

En cherchant pour chaque lieu l'angle de la verticale et de l'axe du monde, puis l'écart transversal ou angle du méridien avec celui de Paris, on obtient la *latitude* et la *longitude*, mots connus, qui servent à dessiner sur une boule la représentation de tous les points de la terre ; ce sont encore deux grandeurs coordonnées dont la détermination précise est tout le but de la géodésie, de l'hydrographie, et d'une grande partie de la géographie. Comme les globes massifs sont difficiles à manier et sont un portrait trop réduit, l'on cherche à représenter sur des plans la situation respective des lieux terrestres, et suivant le but, la construction varie ; les cartes sont ou terrestres ou marines, et dans les deux cas n'ont aucun rapport ni d'usage, ni de facture. Grâce à elles, on peut estimer les distances et arpenter au propre toutes les dimensions du volume qui nous sert de demeure.

Acceptons tout cela ; nous pourrons de deux points écartés observer simultanément l'astre dont on veut évaluer l'éloi-

gnement, et la trigonométrie nous fournira encore les côtés
d'un grand triangle dont la base est précisément la distance
des deux observatoires. Pour les étoiles le résultat est si
grand que l'opération ne donne rien qui vaille ; nos points
de vision sont tellement rapprochés qu'ils paraissent confondus ; pour le soleil on a 35 millions de lieues ; pour la lune
80 mille ; pour les planètes des nombres différents qui éche-
lonnent leurs positions. A part les étoiles, voilà donc notre
sphère céleste dûment qualifiée d'abstraction ; elle n'existe
que pour la commodité de l'exposition, ou du moins, jusqu'ici, nous n'avons pas tenu compte du lieu réel des astres,
mais d'un équivalent.

Autre point de vue : si tu observes l'angle que font les
deux directions qui aboutissent aux deux extrémités d'un
objet, tu as la seule grandeur qui puisse te faire juger de la
grosseur de cet objet ; cet angle porte le nom de diamètre,
et pour un même corps il varie en raison inverse des distances. Ainsi la grande opération trigonométrique étant une
fois faite, une pure exploration de diamètre suffit dans tout
autre cas pour apprécier la nouvelle distance. Je puis te
faire remarquer que du diamètre et de la distance on peut
conclure de suite la grandeur réelle de l'objet ; le soleil est
un million quatre cent mille fois plus gros que la terre, la
lune quarante-neuf fois plus petite, et les planètes varient
depuis de légères fractions jusqu'à sept fois notre globe.

Utilisons tout cela : je prends une feuille de papier sur
laquelle je représente le cercle où le soleil semble orbiter ;
sur les rayons disposés d'après le mouvement angulaire, je
porte des longueurs proportionnelles aux véritables distances ; j'ai ainsi, en joignant tous les points par un trait,

le portrait de la ligne décrite par le soleil ; elle se trouve
être une ellipse presque ronde dont la terre occupe le foyer ;
cette ellipse bien connue nous permet de prévoir, d'escompter à l'avance les positions. Oui ou non, est-ce beau ?
en vérité, les coursiers d'Apollon sont pour nous Rossi-
nante ; nous trouvons leur démarche boiteuse et devançons
leur vol ; nous mandons au soleil : à tel jour, à telle heure,
tu seras là !

Pour la lune, résultats analogues ; elle décrit autour de
la terre une orbite elliptique.

Les observations grossières que je t'indique suffiraient
en réalité à une première ébauche ; mais quand on veut
davantage approfondir, on trouve qu'elles doivent être soumises à de nombreuses corrections. — Nous regardons de la
surface de la terre, il faudrait être à son centre ; cette cause
d'erreur n'influe pas sur les astres éloignés, mais elle agit
sur le soleil, la lune, les planètes ; rapporter une valeur
angulaire à ce qu'elle serait, vue d'un autre lieu, est une
question de *parallaxe* ; on sait la résoudre. — Le rayon visuel qui conduit à un astre n'aboutit pas à sa véritable place ;
tu connais le fait d'un bâton mi-plongé dans l'eau, il semble
brisé ; l'air qui nous entoure infléchit de la même manière
la direction lumineuse et la théorie physique de la réfraction
donnera, par son retour, une précision peu nécessaire pour
un simple trait. Je ne parle pas des erreurs d'instruments,
d'observateurs, c'est un monde, mais un monde pratique.

Si nous savons réduire les observations au centre de la
terre, nous pourrons les rapporter au plus beau des corps
célestes ; cette *parallaxe* dite *annuelle* transporte notre

centre de vision à 35 millions de lieues d'intervalle, et de là, voici ce que nous pourrions contempler :

1° —— Toutes les planètes circulent dans des plans peu inclinés en général, qui tous passent par le soleil.

2° —— Toutes les courbes qu'elles décrivent sont des ellipses dont le soleil est foyer.

3° —— Les surfaces décrites par un rayon d'ellipse sont proportionnelles aux temps écoulés.

4° —— Le temps du parcours total ou l'année de chaque planète a son quarré dans le rapport des cubes des demi-grands axes.

5° —— Toutes tournent sur elles-mêmes en un temps invariable pour chacune, différant de l'une à l'autre, qui est leur jour. —— Elles présentent successivement leurs diverses faces au soleil, et s'en font éclairer.

6° —— La terre, dont le bon sens n'est point troublé par des chimères, va humblement, modestement, sans réclamer, tourner à sa petite place la troisième dans l'ordre des distances ; son jour nous sert d'unité de temps, son année compte 365,2422 jours.

7° —— D'autres petits corps dits *satellites* circulent dans les mêmes conditions autour des planètes ; la lune est celui de la terre ; il est des astres qui en ont sept ; l'un d'eux a un anneau. etc..... etc.....

Ces lois dont trois portent le nom de Kepler sont fictives, ce sont les premières approximations qui donnent le moyen de prédire à peu près, dans l'espace relatif, les positions relatives des corps célestes, en supposant le centre fixe; si le soleil se meut, comme cela est probable, ces courbes sont incessamment déplacées dans l'espace, produisant en réalité des spirales aux anneaux sans nombre; je te le répète, nous n'avons que des rapports et peu nous gêne la zône du ciel immense où nos évolutions s'accomplissent.

Les objections à faire au point de vue des apparences de rotation, de translation, etc, ne sont pas à réfuter pour ton esprit; j'expose d'autorité; crois-moi, elles sont facilement levées; la grande importance de ne plus considérer la terre comme le centre de l'univers, comme le point où doivent converger toutes les forces de la création, t'a sans doute frappé; c'est par là que sont mortellement atteintes toutes les théories des âges précédents, faisant de l'homme et de sa demeure le but unique de toutes les merveilles des cieux; ce spectacle grandiose n'est pas fait pour nous seuls, et ce n'est que par une incroyable exagération d'orgueil que l'homme a pu se forger des systèmes que sa personnalité seule emplissait tout entiers. Je ne veux pas te reproduire cette histoire tant rebattue de Galilée, l'un des premiers martyrs de la foi nouvelle, de la foi scientifique; mais je dois insister sur ce que les prévisions utiles de l'astronomie gagnent peu, somme toute, à ce changement de centre pour le monde; c'est surtout une école pour la moralisation humaine; c'est aussi pour ce motif que les éclipses, phénomène où le soleil se trouve caché par un astre, et dont les superstitions anciennes ont abusé, acquiert une valeur pour tout ce qui tient au supernaturel, à ce qui est *après les choses physiques.* Au reste, une série de faits étant appréciés, on cherche à les relier par une hypothèse, loi que l'on propose, et que l'on n'accepte qu'après vérifi- cation, c'est-à-dire prévision de l'avenir et explication de tous les nouveaux faits qui se rattachent à la même origine ; c'est ainsi que les questions de *précession,* de *nutation,* d'*aberration*...... Avec mes nouveaux mots j'irais trop loin.

Avançons ; en se fondant sur les lois de la mécanique générale on conclut :

1° —— De ce que l'orbite est plane, *force centrale aboutissant au soleil.*

2° —— De ce que c'est une ellipse, *la force varie en raison inverse du quarré des distances.*

3° —— De ce que les quarrés des temps sont propor- tionnels aux cubes des demi-grands axes, *la loi est de même nature pour tous les astres,* et l'on dit alors avec Newton : *Les choses se passent comme si les grands corps célestes s'attiraient en raison inverse du quarré des distances, et en raison directe d'un multiplicateur constant pour chacun qui est sa masse.*

Ainsi, appuyé d'une main sur les généralités mécaniques, de l'autre sur les observations astronomiques, on émet une des plus hautes conclusions humaines, ce qui faisait dire à Lagrange que jamais personne ne dépasserait la gloire de Newton.

Ne te semble-t-il pas voir cette imposante figure de Char-

lemagne, le monde dans une main, le glaive de la science
dans l'autre, déchirant les voiles, pénétrant la nuit sombre,
sondant le ciel sans bornes et prédisant l'avenir.

Les successeurs de Newton ont cru pouvoir conclure que
la matière représentée par une molécule, sorte d'entité dan-
gereuse, manière d'atôme crochu, obéissait à cette loi; M.
de Boucheporn a dernièrement attaqué cette déduction avec
une grande hauteur de vues, et l'un de ses arguments sérieux provient de l'impuissance des prévisions basées sur
elle. La matière s'attire, est une proposition que, jusqu'à
nouvel ordre, nous reléguerons dans l'inconnu; l'attraction
n'est pas un fait, c'est une entité, c'est de la métaphysique. Quelle que puisse être la cause plus haute d'où dérive la loi de Newton, elle convertit l'astronomie en un problème de mécanique souvent inextricable comme calculs,
mais bien posé en principe, et qui par ses vérifications
presque incroyables de chaque jour, ses divinations séculaires, donne à proprement parler la plus puissante, la plus
irrécusable des preuves pour les principes généraux de la
mécanique. On voit alors que les lois célestes de Kepler ne
sont que des jalons destinés à poser les astres à leur place,
dans des limites d'erreurs que l'on corrige par les perturbations dues aux actions des autres corps, et qui toujours
sont secondaires; on vérifie par les grandes vues sur la conservation des aires, le mouvement du centre de gravité, etc.,
la nullité d'action des étoiles qui, à des distances inchif-
frables, parce que le nombre ne peint plus rien à l'esprit,
sont les limites de notre petit monde; la faible longueur
de 70 millions de lieues, diamètre de notre orbite, est insaisissable pour les étoiles même les plus voisines; elle peut
se masquer par un fil.

Les travaux de pure analyse ont été fécondés surtout par la difficulté des recherches relatives aux perturbations ; la lune qui est, suivant l'expression d'Herschell, la grande aiguille d'une montre pour les marins, n'est pas à la rigueur suffisamment connue dans tous ses capricieux Méandres ; malgré de très grands travaux, c'est à peine si le savoir actuel répond aux exigences de la navigation; l'écart transversal des méridiens correspond au temps que met le soleil à passer de l'un à l'autre, et il s'agit d'observer l'heure de chaque lieu à l'apparition simultanée d'un même phénomène ; or, des tables donnent quatre ans à l'avance les distances de la lune aux principaux astres ; en observant en pleine mer et cherchant dans la table l'heure de Paris pour le résultat de l'observation, on obtient la longitude; quatre ans à l'avance ! Depuis cinquante ans, les progrès sont tels que les tables lunaires guident loyalement tout en laissant à désirer. Pour n'être point trop volumineuses, elles nécessitent l'usage de l'interpolation. Ce qui revient, entre les termes de la table, à calculer les intermédiaires par le redoublement d'une opération dont la forme la plus simple est celle-ci: de trois quantités connues en déduire une quatrième.

Un mot encore sur les marées: Descartes a deviné le premier qu'elles étaient le résultat des influences combinées de la lune et du soleil sur les eaux pouvant glisser, rouler sur la terre ; sans nous inquiéter de théories encore attaquées comme détails, je veux t'analyser ce phénomène et te montrer le cachet bizarre, singulier de l'ondulation marine.

La mer change de hauteur, et ses variations de niveau sont suivies, dessinées par un instrument, le maréographe;

le dessin permet à chaque heure de lire la hauteur correspondante, et l'on remarque les instants où il y a *étale*, c'est-à-dire le moment du jour où la mer est la plus haute; c'est ce que l'on appelle l'*heure de la marée*; à ce moment la hauteur n'est pas la même tous les jours, et l'élévation au-dessus d'un plan fictif, niveau moyen, est la *grandeur de la marée*. Ainsi deux faits distincts, chacun dépendant de deux conditions séparées, le lieu, l'époque.

1° —— Question d'heure; elle est périodique et se reproduit par quinzaines ; l'heure s'obtient en ajoutant un terme variable suivant l'époque seule à un terme constant pour un même lieu ; les influences de lieu et d'époque sont nettement séparées et leur mutuelle addition légifère le phénomène.

2° —— Question de grandeur; elle est périodique ; la grandeur s'obtient en multipliant un terme variable suivant l'époque seule par un terme constant pour un même lieu ; les influences de lieu et d'époque sont encore séparées; leur multiplication les combine pour donner le résultat; ainsi deux seules observations dans un lieu peuvent y fixer toutes les particularités de la marée, pourvu que dans un port quelconque l'on ait eu le soin d'observer le phénomène avec continuité. Quant à l'assiduité, l'instrument a le moral fort et ne se fatigue point. Ceci est purement expérimental, s'obtient en vérifiant les chiffres de plusieurs lieux et de diverses époques et sert de contrôle aux théories essayées.

Cette ébauche astronomique est trop informe pour mériter à peine le nom de canevas, de squelette du sujet; il entre seulement dans mon but de te faire sentir comment on avait fait toutes ces grandes choses, et cela non pas avec de petits moyens; c'est un tout, un ensemble qui nécessite la connaissance de mille détails. J'aurais pu t'amuser par des chiffres énormes, ou bien en te narrant les faits merveilleux que nous ont appris les observateurs dévoués qui s'épuisent à la studieuse contemplation des cieux; des ouvrages élégants tels que le Cosmos satisferont à ce rôle, mais il n'est possible de démontrer, de suivre la chaîne, qu'à un homme bien armé sur les notions précédentes; il faut savoir l'analyse, la géométrie, la mécanique pour pénétrer au loin dans cette enveloppe extérieure, pour apprécier les conditions immuables, indépendantes de notre volonté, au sein desquelles nos êtres se perpétuent. Les sciences suivantes sont utilisées, mais comme retour d'idées, comme précision dans la détermination d'erreurs dues à de petites influences sans action sur les faits astronomiques eux-mêmes.

La science astronomique n'exige que le concours des yeux, l'observation pure; on compte des temps, l'on mesure des angles, et si l'on est obligé d'aider les sens trop imparfaits pour préciser les mesures, on sort de l'astronomie. C'est le berceau de la faculté d'observation; c'est là seulement où elle existe dans toute sa pureté; vouloir l'appliquer autre part sans connaître ce que j'appellerai ses conditions solitaires, est à mon sens tenter un prodige; elle est applicable partout, mais son essence est là; le génie seul peut la démêler dans les autres branches de la science humaine.

En passant à ce magique ensemble, mon ami, quelle facilité l'on aurait à manier les phrases, à entasser les volumes; au point de vue littéraire, je te laisse le champ libre, trouvant au reste qu'il est peu nécessaire de gêner l'admiration qui naît de la grandeur des objets par le contraste d'une expression toujours pâle.

Je ne parlerai point cosmogonie ou hypothèses sur l'origine des mondes; c'est un terrain presque religieux que l'état actuel de la science ne permet pas encore de sainement apprécier; peut-être ne saurons-nous jamais atteindre jusque-là; les vérifications des opinions émises sont en partie géologiques, et ce progrès dépend d'un autre progrès. Qu'un corps immense tournant sur lui-même ait laissé, à diverses distances, se condenser des anneaux réunis en globe et formé ainsi un monde planétaire, ou bien que ce grand corps ait projeté de sa ceinture des fragments énormes pour jalonner sa route et escorter sa marche, etc., toutes ces idées peuvent séduire l'imagination, mais leurs preuves actuelles sont des doutes, des vues brillantes. L'on peut en dire autant des aperçus stellaires; chaque étoile peut être un soleil escorté lui aussi de planètes, ses sujettes; rien ne sy oppose, c'est probable, mais est-ce assez pour affirmer? L'idée se perd au milieu de ces créations grandioses; loin de rapetisser l'homme, ces conceptions l'élèvent; l'aigle ose contempler le soleil.

Si tu savais, ami, combien d'hommes et des plus éminents doivent, à leur ignorance complète de ces choses, une insuffisance de jugement. Je veux te raconter un fait : Il y a quelques années, je me trouvais en relation avec un abbé fort distingué, et malgré le désaccord de nos opinions, comme je respectais le détail de ses croyances, en n'essayant que des oppositions de synthèse, nous nous liâmes. Ayant constamment vécu dans la comtemplation du *daimon* de Platon, de l'être incréé, de l'absolu, il niait bien des réalités. Il affirmait qu'ici bas il n'y aurait jamais qu'empirisme, qu'habitudes pratiques ; tout en étant d'accord avec lui pour certains faits, je pensais que cet empirisme tend graduellement à s'éteindre, ou du moins que la loi, dans son esprit, donnait les limites entre lesquelles il oscille, et que c'est connaître le vrai relatif que de saisir les digues qui le contiennent ; pour lui les faits étaient isolés, sans rapports, sans liens ; il niait le progrès historique, et tout en reconnaissant que nos besoins matériels avaient beaucoup gagné en facilités de satisfaction, il rejetait dans l'absolu de la parole divine toute notion d'amélioration ; il ne voyait que des accidents qu'un hasard providentiel pouvait seul reproduire, et dans les événements rien n'était loi, périodicité, prévision. Pour lui le progrès catholique n'était pas humain, mais un progrès en soubresaut ; le monde à cette époque, subissant une influence extérieure, avait été en quelque sorte désorbité ; du jour au lendemain un choc moral incalculable avait tout changé ; l'humanité s'était réveillée sous le coup d'une transformation, etc. Son habitude de masser ses idées autour d'une arête commune, avait fait de son esprit quelque chose comme un frère du mien, et nous causions beaucoup, mais en exposant ; c'étaient des tableaux de corrélation. Quand nous étions sur le terrain des causes, il prétendait que nous, gens pratiques, ne cherchant que des rapports, ne voulant en ce bas monde que gravir échelon à échelon, nous rapetissions le problème du grand tout, et qu'ils étaient bien plus larges, eux qui s'élevaient jusques aux causes ; à mon tour j'essayais de faire comprendre que donner à l'imagination une part trop grande, en la lançant à la poursuite de choses non vérifiables, devait amener pour plus tard le doute et le

scepticisme, et que bâtir un monument utile sur des fondations peu sûres était d'autant plus dangereux qu'un premier orage, renversant l'édifice, nous laisserait sans abri;
que ses convictions sur les causes pouvaient être vraies,
mais qu'engager sur une probabilité sa vie, sa pensée, plus
encore, la vie, la pensée des autres, était, sinon téméraire,
du moins peu imposable; l'esprit humain peut se forger
mille systèmes, il se plaît à courir sans frein au milieu de
choses que personne ne peut démentir pas plus qu'affirmer;
il se retranchait sur l'autorité; alors nouveau champ, distinction sur ce mot à triple ambiguité, etc. Je n'en finirais
de te montrer le dualisme entre deux natures ainsi faites,
toutes deux franchement simples, toutes deux franchement
vraies, sans calcul, sans arrière-pensée, l'une bercée dans la
foule, l'autre dans les nuages des temples.

Un jour il vint à moi et me parla d'un personnage de passage dans la ville; c'était un grand vicaire, je crois, d'une distinction exceptionnelle même dans l'église, et appelé sans sa
modestie aux plus éminentes fonctions; le sacerdoce de charité était pour lui le mobile, l'appât; il ne voulait rien être,
etc. Après ce portrait flatteur, il me proposa de me présenter
à lui et j'acceptai son offre avec empressement. J'arrive auprès
d'un homme à cheveux blancs qui me reçoit avec une paternelle indulgence, et la causerie s'établit. N'ayant nulle prétention de traiter d'égal à égal avec un vieillard devant plus
savoir puisqu'il avait plus vu, je posai bien modestement quelques jalons au sujet des lois et pris de suite la question à
son vrai point, *esprit des lois*, en m'efforçant d'expliquer
ces quatre syllabes; voici la réponse que j'obtins et que je
te prie de méditer : « Mon enfant, du temps de Ptolémée
» la mode était de croire que la terre était centre et que

» tout orbitait autour d'elle; la mode est maintenant pour
» Newton ; cela changera. » Je n'avais rien à dire ; des
cheveux blanchis, un cœur d'or, un dévouement de chaque jour, une belle nature ; je m'inclinai profondément et,
coupant court, m'efforçai de montrer qu'en dehors des
réalités d'ici bas il est un côté par lequel les gens de cœur
peuvent toujours mériter le respect profond, l'affectueuse
sympathie de ceux-là mêmes qui plus jeunes se dévouent à
d'autres dieux.

Je te livre sans commentaires cette anecdote très caractéristique à mon sens, et la considérant comme un repos, je
vais poursuivre notre route.

Concrétisons encore : prenons les corps de notre terre
avec leur poids, leur état solide ou fluide, les bruits qu'ils
occasionnent, leur température, leurs couleurs, leurs saveurs, leurs odeurs, leurs propriétés de toute nature ; la
connaissance des lois générales suivies par ces propriétés
sera la *physique*. C'est une branche d'étude de la nature qui
se subdivise par voie d'abstraction, de simplicité décrois-
sante, de complications graduelles, en chapitres divers.
Nous embrasserons des phénomènes étrangement complexes qui nécessiteront un retour d'idées perpétuel, soit
pour connaître les conditions dans lesquelles l'abstraction
doit se placer pour deviner les modes de variations, discerner l'influence plus ou moins considérable de chaque cause,
soit encore pour préciser les mesures et là, comme partout,
on peut affirmer que pour commencer à apprendre il faut
déjà savoir. J'indiquerai seulement, dans un narré rapide,
quelles sont les conditions d'utilité pratique, de possibilité
d'étude, de beautés correspondantes et d'action spéciale sur

l'intelligence ; pour nous ces fluides impondérables , pesanteur, calorique, lumière , magnétisme, électricité , seront
des mots , des agents extérieurs incompréhensibles introduits pour le besoin d'explications fictives. Notre drapeau
portera ce mot de Newton : *Physique*, *défie-toi de la mé-*
taphysique.

Commençons par détacher tous les témoignages des sens
en conservant seule l'impression de ce poids, de ce clou
qui nous tient attaché ici bas, de cela seul qui forme notre
prison , qui nous empêche de courir dans l'espace sans
bornes sur les ailes du caprice sans bornes. Ce fait qui nous
rive à la terre comme un forçat à sa chaîne est tellement
général que l'on n'y accorde aucune attention. Nous ne verrons que des effets , des poids , nous mesurerons, nous
chercherons la loi suivie par les résultats, sans nous demander si la déité , la personnification pesanteur, anime ou
fait penser ce qui obéit à son joug, et sans nous perdre à la
suite de Voltaire sur le mot nébuleux de force, entité
moyen-âge substituée à l'entité payenne.

La sensation de poids est la seule réellement complète
que nous ayons d'un effort, et sous ce rapport ce chapitre
sert de base à la mécanique numérique. Les poids ne peuvent se comparer , se mesurer directement que par l'instrument appelé balance ; dans la plupart des circonstances ,
pour ne pas charger les supports d'un double fardeau, l'on
a recours à des moyens détournés qui font apprécier le poids
par une longueur métrique ; telles sont les différentes sortes
de romaines, bascules, dynamomètres, etc...; le peson ramène la recherche à celle d'un angle.

L'on voit en expérimentant qu'à volumes égaux les corps n'ont pas le même poids ; cela conduit à la notion et au chiffrage des densités ou rapports des poids à volumes égaux ; ici toute la difficulté s'attache à la précision manuelle de l'opérateur, et l'on fait un tableau pour les corps solides, liquides et gazeux. Le poids constituera dans la plupart des cas comme une sorte de prolongement de la pure géométrie, et très souvent même, le seul moyen pratique d'arriver à la comparaison de volumes irréguliers.

L'idée de pression exercée par un poids sur le support conduit pour les fluides à envisager la poussée sur les parois du vase qui les contient et sur un corps quelconque plongé dans son milieu ; cette poussée dans ce second cas est égale au poids du volume fluide déplacé, et ce principe expérimental a reçu le nom de principe d'Archimède ; grâce à lui, les applications de toutes natures pour toutes les industries qui se rattachent aux eaux, aux gaz etc... ont un fil conducteur ; le navire, l'aérostat, cet autre navire aérien, mille moyens d'entrer dans le domaine du poids, de l'étudier, de le scruter, l'explication de phénomènes sans nombres, font de cet énoncé l'un des plus utiles, des plus pratiques, des plus généraux de la physique.

En passant au gaz l'on est amené à considérer l'air qui nous entoure comme un fluide pesant, et l'on cherche à évaluer sa pression en l'équilibrant par une colonne de liquide ; les hauteurs sont en raison inverse des densités, et le mercure à cause de son poids s'utilise seul pour les *baromètres;* ici encore c'est une longueur linéaire qui donne la jauge indirecte de la pression atmosphérique ; l'eau exigerait des tubes de 10^m, fort incommodes, tandis qu'une longueur de 0,80 suffit. — Il y a deux cents ans à peine que l'on sait cela et que l'on ne fait plus rire les écoliers intelligents par l'horreur que le vide inspire à la nature. Le baromètre est pour nous l'indication des changements aériens, et quand le temps est lourd, suivant l'expression vulgaire, c'est que l'air pèse moins; c'est un pur phénomène physiologique qui laisse dilater tous nos ressorts moins comprimés du dedans et du dehors; pressé d'ordinaire entre deux forces équilibrées d'un kilogramme par centimètre carré, notre système organique se gonfle par suite de la diminution de cette force, et nous éprouvons une gêne. Cet instrument doit varier suivant la hauteur à laquelle on observe, et en effet il sert à mesurer l'altitude des montagnes; il ne peut s'utiliser que pour de grands déplacements verticaux, et certes, tu conviendras que cette appréciation de la pure longueur est un bel exemple de l'*indirection* des procédés. Si l'on conçoit un espace, non pas vide, car je ne sais si ce mot représente une réalité, mais privé d'air, on a précisément la notion de ce que l'on appelle la chambre barométrique ou partie du tube laissée vide au-dessus du mercure; pour de nombreuses recherches il est utile d'obtenir de grands espaces dans les mêmes conditions, et la machine pneumatique satisfait à ce rôle; c'est une pompe à air qui n'a sur la pompe ordinaire que l'avantage d'une construction très délicate. Ici la physique amusante commence à trouver un large champ.

Nous avons étudié le poids en dehors du temps; si l'on fait intervenir cette autre notion, l'on a trois sujets d'étude:

1° —— Lois de la chute des corps, dans le vide, dans les liquides, dans les gaz. — Machines à ralentir le mouvement, plans inclinés, machines d'Atwood, indicateur de

Vatt utilisé dernièrement au conservatoire etc... Je te l'ai dit; c'est la base de la mécanique.

2° —— Lois des mouvements des liquides sous l'influence de la seule pesanteur ; toutes les applications pratiques au mouvement des pompes, aux canaux, aux rivières, aux navires etc... dépendent de là, et toutes sont en enfance ; de l'empirisme modifié par l'expérience personnelle, quelques tentatives insuffisantes cherchant à créer pour ces cas la relation de l'abstrait au concret, c'est là tout notre bagage, et pour les plus simples questions d'écoulement, l'on marche encore à l'aventure.

3° —— Lois des mouvements des gaz, théorie des vents que l'on peut à peine ébaucher ; par suite des causes nombreuses qui concourent, on sait moins encore, et tout se réduit à quelques résultats pratiques pour les gazomètres. —— La résistance que les gaz offrent à un corps en mouvement, la force avec laquelle ils pressent sur une paroi donnée sont des questions capitales qui, malgré de nombreux essais, demandent à être reprises d'ensemble à un point de vue large, et celui qui voudra pénétrer dans cet arcane devra envisager la question de bien haut. Le tir des projectiles a servi à baser quelques inductions, en comparant la parabole théorique à la courbe réelle obtenue par le moyen de filets verticaux coupés de distance en distance par le projectile en mouvement ; l'on a supposé que les résistances croissaient proportionnellement au quarré des vitesses, et cette loi empirique suffit en général pour la première approximation. Ces résistances qui dépendent encore de la nature du fluide et de la surface du corps en mouvement peuvent convaincre tout esprit impartial que la question des ballons est loin d'être résolue ; un oiseau pèse à peu près 700 fois le poids de l'air qu'il déplace , car sa densité est à peu près celle de l'eau sur laquelle il surnage à peine ; ainsi la perdrix frappée par un plomb tombe comme une masse et n'est point, comme dans le cas de l'aérostat, retenue par la poussée de l'air d'après le principe d'Archimède ; l'oiseau qui s'envole fait effort sur son jarret pour s'élancer à une hauteur qui lui laisse la liberté de ses ailes et une couche d'air inférieure assez épaisse pour que son élasticité produise par le battement des plumes une force de suspension et de locomotion; le ballon sera pour les chars aériens ce qu'est la patte de l'oiseau, et n'aura qu'un effet contraire au mouvement toutes les fois que l'on ne marchera pas dans la direction d'un courant d'air; la direction et la vitesse seront fournies par des puissances mécaniques utilisant l'air à la fois comme soutien d'un parachute, et comme doué de force élastique.

La plupart des questions qui se rattachent à la pesanteur sont classées dans e s cours de mécanique ; à moins que ce ne soit au point de vue mécanique industrielle , c'est un tort pour moi. Il me reste à humilier ta dignité d'homme en te montrant comment la notion de travail mécanique appliquée à la pesanteur peut utiliser le plus puissamment le roi de la création ; à Vincennes, pour des travaux de terrassement, deux plateaux ; l'un chargé de fardeaux , l'autre d'un homme supérieur en poids , étaient unis par une longue corde s'enroulant sur une poulie ; le poids de l'homme faisait monter le fardeau, et notre roi abaissé jusqu'à terre gravissait les escaliers pour redescendre sur un nouveau plateau. — Cela était juste et sage ; la plus grande valeur mécanique de l'homme c'est son poids, et ses jambes permettent d'en redoubler l'usage.

Nous avons négligé, abstrait, toutes les autres conditions d'existence des corps. — Restituons une seule de ces propriétés, ce fait de chaleur qui nous vivifie, cette sensation générale que nous éprouvons tous, à laquelle nous ne pouvons pas nous soustraire plus qu'à celle du poids, et cesser de la percevoir c'est mourir ; un aveugle peut nier la lumière, mais quel que soit son pyrhonisme, il accepte forcément la pesanteur qui l'attache, la chaleur qui le fait palpiter ; cherchons dans une impression chaude ou froide des moyens de comparaison, et pour un temps les corps ne sont ni pesants, ni gros, ni lumineux, ni etc., ils ne sont que chauds.

En personnifiant la chaleur, *un fait*, dans l'entité calorique, on en avait inventé un très grand seigneur à saluer chapeau bas, ayant son caractère, ses allures propres ; plus encore, on avait opposé le chaud au froid, deux messieurs toujours l'épée au poing, se disputant fort, orateurs à la tribune, Pitt et Fox au parlement. Ce temps n'est plus ; cherchons les effets, apprécions la manière dont nous les sentons ; puis, comme ils sont très complexes, il nous faudra les produire par des moyens variables à notre gré, abstraire, abstraire, abstraire encore.

Le premier fait est celui-ci : un corps plus ou moins chaud est plus ou moins long ; la main, l'impression du toucher, dans de très faibles limites, permettent de dire : cela brûle, cela gèle, cela est plus chaud, cela est plus froid, et cette vague estimation doit être remplacée par une comparaison précise; en un mot, il faut coter la chaleur en nombre comme nous avons coté la longueur, la surface, le volume, l'impulsion, l'effort, etc.; mesure indirecte de la chaleur par la mesure directe d'une étendue: comparaison de deux orateurs calorifiques par le rapport de deux longueurs; voilà la base. — Tout ce qui revient à la même longueur, dans les mêmes conditions de température, est un *thermomètre;* on place deux points obtenus par l'effet de deux énergies de température conventionnelle, et l'on divise l'intervalle en parties égales qui permettront, par une échelle fixe, de traduire en nombre un effet de chaleur, sans que du reste nous puissions savoir si ce nombre a quelque rapport avec la puissance d'action du phénomène. — Les corps qui varient le plus en longueur pour un même changement de température sont les thermomètres les plus commodes, et c'est pour cela que le mercure est utilisé; de plus le verre ne se dilate presque pas, et le tube qui contient le mercure peut servir d'échelle graduée ; je ne veux pas entrer dans les détails de graduation, sauf à y revenir plus tard. Ayant un premier thermomètre, tu cherches à comparer les dilatations correspondantes de tous les autres corps, solides, liquides, gazeux, et les expériences te feront, suivant les circonstances, choisir comme thermomètre plus avantageux telles ou telles de ces substances variables; pour les basses températures, où le mercure se congèle, on emploie l'alcool; pour les cas où le verre entre en fusion, on choisit le fer, ou même de l'argile qui se contracte, sans que l'on puisse toujours établir le rapport qu'il y a entre les divers modes de nombrer la chaleur.

La comparaison des dilatations en longueur et en volume fournit autant de lois empiriques qui permettent de prévoir l'état d'un corps dans des situations déterminées; le rôle pratique de ces connaissances est véritablement incroyable; je t'en citerai un curieux exemple relatif à l'énergie musculaire que le fer développe dans son accroissement ou son retrait; les murs du Conservatoire tendaient à s'écarter; pour les rapprocher, on a traversé le bâtiment par une forte tige de fer chauffée dans l'intérieur; des boulons maintenaient les murs aux extrémités de la tige, et quand elle fut refroidie, la barre en diminuant de longueur a rapproché ces murs.

Il faut insister avec force sur ce que ces lois, ainsi obtenues, ne sont relatives qu'aux conditions générales où nous sommes placés. Elles seraient peut-être différentes si la moyenne de nos températures variait fortement, et nous n'avons le droit de les appliquer que dans les limites circonscrites par nos expériences; autrement le vague, ou bien des inductions restées à l'état de question et ne pouvant être que le support d'hypothèses exigeant des vérifications particulières; cette remarque, dont s'écartent trop volontiers de jeunes esprits, peut seule nous prémunir contre de téméraires déductions. Cela seul, introduit dans la question poids, densité, la change complètement; les volumes varient, donc il faut indiquer à quelle température on opère, et si pour beaucoup de cas la pratique peut se passer des corrections qui en résultent, elles ont dans d'autres une grande importance; pour le baromètre, les hauteurs de mercure, les règles, subissent l'effet de la chaleur, et la plus minime question de géométrie, celle qui consiste à mesurer directement une ligne droite, ne peut être complétée, malgré l'aide des micromètres, verniers, etc. que par l'appréciation du thermomètre; il faut opérer dans les mêmes conditions, ou corriger les rapports. Sans cette faculté d'abstraire, quelle serait notre impuissance en face de ces millions de causes agissantes pour le plus minime effet? Chacune à son tour apporte sa correction cotée à part, et suivant le degré voulu de précision on la néglige ou on l'accepte.

Je ne tiens pas à ce que chacun puisse mesurer une longueur, mais si les procédés deviennent familiers au point de vue purement intellectuel, je croirai difficilement qu'il n'y ait pas dans l'esprit quelque chose de plus qu'avant.

Suppose maintenant que l'énergie de l'action *chaleur* croisse, et tu verras la plupart des corps solides fondre ; c'est un changement d'état ; ils deviennent liquides ; à leur tour les liquides se transformeront en vapeurs, et l'on peut croire que les gaz ne sont que des vapeurs permanentes dues à des actions calorifiques énormes par rapport aux conditions d'existence du même corps à l'état solide. Le phénomène inverse, qui consiste à diminuer l'énergie de la chaleur, liquéfie le gaz ramené à l'état *vapeur*, le solidifie même sous des moyens réfrigérants assez puissants. C'est un ordre de faits unique ; ce n'est que la chaîne immense du milieu dans lequel existent les corps ; leur caractère solide ou fluide ne constitue qu'une seule de leurs propriétés, et tel que nous palpons l'hiver nous sert de boisson l'été. Cela a conduit à deux séries de questions importantes :

1° —— Chercher quelle est la quantité de chaleur nécessaire pour rendre liquide ou gazeux un solide donné.

2° —— Chercher quelle est la quantité de chaleur à enlever pour rendre liquide un gaz, solide un fluide.

Les comparaisons pour chaque cas des chaleurs absor-
bées ou dégagées donnent lieu, en faisant choix de certains
corps pour unités, à des théories pratiques sérieuses, et
l'on qualifie ces faits de chaleurs *spécifiques*, c'est-à-dire
spécifiant par leur allure la nature des corps. Les points de
fusion, de vaporisation, de solidification apportent une
singulière remarque ; elle consiste en ce que la température
reste invariable pendant toute la durée du changement d'é-
tat ; c'est la base de la graduation des thermomètres en leur
fournissant des points de repère.

Dussé-je te fatiguer, je veux te répéter encore combien
notre existence et celle de tout ce qui nous entoure est ici
bas relative, contingente. Sur notre terre les conditions
d'organisation sont comprises dans des limites d'une cen-
taine de degrés en dehors desquelles chaque être se dété-
riore, périt ou change. L'homme ne peut supporter, sans
briser tous ses ressorts, une extension de limites de plus
de 80 degrés. Le lézard est plus tenace, le fer plus encore, et
en fait de races, l'on peut presque chiffrer la supériorité par
la délicatesse d'organes qui restreint les limites de vitalité.
Essayons, dans deux cas différents, d'une image frappante:
je prends une planète très rapprochée du soleil et dans laquelle la température soit assez haute pour que le fer y soit
liquide, et l'eau un gaz permanent et très raréfié. Je ne
dis pas qu'elle existe, mais rien ne s'y oppose ; les êtres
organisés sauront sur une autre échelle habiter cette demeure et satisfaire à leurs sensations ; peut-être boivent-ils
le fer en guise d'eau, et respirent-ils l'eau en façon d'oxigène et d'azote? les pierres réfractaires de nos plaines gla-
cées leur servent de métaux malléables. Si nous repor-
tons notre pensée sur les planètes situées au loin du centre

de chaleur, là peut-être, on boit l'oxigène ramené à l'état liquide, et l'on se bat avec des armes d'acide carbonique durement trempées ; la glace remplace notre platine ; le cimeterre de Mars servirait de neige aux mains de nos enfants, et la foudre de leur Jupiter nous arriverait en pluie.

Il me sera difficile de te mieux faire sentir que dans l'immense échelle de la nature, placés entre des échelons voisins, nous ne pouvons que sonder les limites en tout sens de notre milieu, et chercher à le bien connaître pour l'utiliser et l'améliorer. Fais de l'absolu maintenant, raisonne *à priori*, arrive au vrai ; je t'en défie !

Les questions de vapeur se rapportent à l'une des plus considérables des applications modernes ; les machines à vapeur méritent un poète, mieux que l'on n'a fait ; pour moi je passe.

La chaleur se communique d'un corps à un autre et traverse l'intérieur d'une substance avec des nuances, des modifications nombreuses. Les lois de cette transmission importent, et l'on mesure la conductibilité pour chaque corps, pour l'air, etc. Si tu tiens à la main une barre de fer chauffée par l'autre extrémité, la chaleur te sera sensible ; elle le serait moins ou même pas si la barre était en brique, ou substance réfractaire. La façon dont deux corps échangent leur température, se refroidissent, dépend de la surface, du poli, du milieu environnant ; l'émission, l'absorption, le rayonnement, etc. donnent lieu à des mesures, des lois, des prévisions, qui s'appliquent depuis les phénomènes de la rosée jusqu'à ceux du chauffage dans les pays froids.

La chaleur dirigée sur une plaque polie, sur un miroir, se réfléchit suivant certaines lois; elle se réfracte, c'est-à-dire incline sa direction quand elle traverse un milieu; c'est par ce fait qu'un verre de montre peut concentrer les rayons solaires au point de brûler et d'allumer; sans remonter jusqu'à la fable d'Archimède, Buffon a enflammé des planches de chêne à 300 pas de distance au moyen d'un miroir parabolique.

Ces questions ont donné lieu à des travaux analytiques énormes, qui dans la plupart des cas ont pour but de chercher parmi les effets naturels quelles sont les quantités numériques, les constantes dont la connaissance permet plus facilement de conclure d'autres quantités numériques pratiques. Fourrier, entr'autres, a été dans ses recherches un véritable créateur, et s'il était permis à un obscur causeur d'exprimer un regret, ce serait de voir dans son œuvre un mélange continuel de théories analytiques, géométriques, mécaniques, physiques, où les découvertes relatives à chaque ordre se croisent pêle-mêle. — Vois bien le rôle de l'analyse, elle ne peut qu'indiquer au physicien les coefficients dont ses expériences doivent chiffrer la valeur; elle ne vient qu'après, sert beaucoup par moments, mais le plus souvent l'enfance du calcul ne permet pas de dépasser la *fonction* d'observateur. Dans la chaleur l'élément différentiel nous fait encore pénétrer dans l'intimité du phénomène; la vitesse avec laquelle varie la température, son énergie de variation, correspond à la notion de dérivée d'une façon presqu'aussi primordiale que la pure vitesse mécanique; l'on peut établir la théorie de l'*osculation* des températures, et faire entrer la série de Taylor dans la comparaison des mouvements calorifiques.

Quant aux sources de chaleur, les moyens de production,
cela fait la moitié de l'industrie, et c'est à des actions chimiques qu'il faut se reporter presque en totalité. Ces théories
ne peuvent donc être complétées que par la chimie, retour
d'idée, effort d'une science plus partitive, moins générale,
composée de notions plus variables, et cela indépendamment
de lois considérables devinées par des analogies avec la
lumière.

Je pourrais, sur ce chapitre des applications, discourir
longuement et curieusement; la satisfaction de tous nos
besoins, depuis la plus simple cuisine jusqu'aux larges
conceptions sur la vapeur, le chauffage, dépend de cet ordre
d'idées; toi-même sous l'aspect matériel tu n'es qu'une sorte
de machine où l'aliment réparateur est le charbon qui
entretient la production calorifique.

Plus que partout ailleurs je t'ai fait sentir notre relativité;
déjà, dans certaines limites, nous influons sur les phénomènes, presque au gré de notre caprice; ils sont plus variés,
plus instables et par suite plus *libres*; accorde à ce dernier
adjectif toute son extension. Mon but est presque atteint,
sur les autres branches je vais courir.

Parlons d'acoustique, c'est-à-dire du son; il a trois qualités : le timbre, la hauteur et l'intensité; on n'a point
encore pu mesurer le timbre; il flatte l'ouïe ou l'affecte
péniblement, mais rien en dehors du plus ou du moins.
L'intensité se trouve dans le même cas; un son nous paraît
plus ou moins violent, c'est du plus ou du moins sans degré
de précision. Quant à la hauteur du son, ce qui le rend
harmonique, les résultats obtenus sont tellement magnifi-

ques que cette branche de la science est presqu'aussi complète que l'astronomie.

Le son résulte de vibrations dans un milieu donné; le nombre des vibrations, dans un temps déterminé, fixe la hauteur ou la gravité, l'acuité; on distingue parfaitement à l'oreille ce que l'on appelle l'unisson; des instruments spéciaux tels que le sonomètre, la roue dentée de Savart, la sirène de Caignard-Latour, etc., sont établis en accord avec le son produit, et le nombre de vibrations se lit sur l'instrument. — On peut apprécier jusqu'à 48000 vibrations par seconde pour les notes élevées, 8 pour les plus basses; ces limites dépendent de l'auditeur; on peut donc convertir en nombres et constituer la théorie de l'harmonie par son côté le plus important; l'intensité, le timbre jouent un rôle ignoré. Je me contente d'une seule remarque : *ut, mi, sol*, qui forment l'accord parfait, sont en relation de 4, 3, 5; le rapport du nombre de vibrations appelé intervalle musical est ici très simple; de plus, les quarrés sont 16, 9, 25 qui ont cette bizarre propriété que $25 = 16 + 9$. Or les quarrés des vitesses correspondent aux forces vives, c'est-à-dire au travail mécanique produit sur l'ouïe; la sensation agréable peut provenir de la valeur si élémentaire, si perceptible à la fois des énergies d'action; les effets sonores se superposent sans se troubler.

Le son se communique par les divers milieux, air, eau, bois, métaux, etc., et dans le vide, il ne se produit point; on mesure sa vitesse dans toutes les circonstances, et voici les chiffres obtenus : dans l'air 340^m par seconde, dans l'eau 1400^m, dans le bois 15 fois plus, dans le fer 17 fois plus; avec la distance, l'intensité varie, c'est un *travail*, et l'amplitude des ondes diminue, par suite l'effet varie aussi; le timbre s'altère quelquefois; la hauteur ne change pas.

Le son se réfléchit; c'est ainsi que se produit l'écho. La Nymphe qui animait nos bois, nos murs, la divinité explication de l'incompris d'alors, a fui pour faire place à la froide analyse; est-ce un malheur? rien ne t'empêche de colorer d'images les tableaux naturels, et les forêts vertes ne sont pas moins belles pour n'être plus peuplées de Dryades, Hamadryades et autres souvenirs de collége; l'homme dans son orgueil n'avoue jamais son ignorance, et quand il ne sait pas, il met un mot nouveau, divinité dans le passé, entité dans le présent, pour éblouir la foule.

Les moyens de production ou instruments musicaux se divisent en deux grandes catégories; dans un cas ils sont à cordes que l'on fait vibrer au moyen d'un archet, dans l'autre ils sont à *anche* ou lame métallique qui oscille avec une rapidité dont dépend la hauteur du son; l'appareil buccal de l'homme remplace l'anche dans le cor de chasse et autres cas.

La science analytique, aidée d'un principe d'Huygens sur les centres de vibration et de l'énoncé de Bernouilli, a beaucoup fait; les vitesses dans les milieux tels que le bois, où l'on ne peut expérimenter, ne sont connues que par déduction. Sur les plaques vibrantes, les lignes nodales, il y a des choses littéralement charmantes; je n'exagère point; elles mériteraient un chantre, un écrivain. Le sens de l'ouïe a tout fait ici, et le physiologiste ne peut arriver à l'étude de l'organe sans une indispensable préparation.

A la lumière, non pas le cri d'Hamlet, mais un monde tellement vaste , que pour citer seulement les faits recueillis par les observateurs, sans parler d'x et d'y, il faut des volumes ; les corps ne sont plus ni pesants, ni chauds, ni sonores, ils sont vus; rien de plus.

L'on ne sait pas encore mesurer la lumière, et cependant c'est le premier pas à faire ; soit pour l'intensité , soit pour la coloration nous n'avons pas d'instrument suscep. tible de traduire en nombre ; les expériences dites photométriques sont en enfance ; le sens de la vue ne conserve pas l'impression pour la comparer, et deux images voisines, nuancées de la même teinte , laissent souvent l'observateur douter de lui-même; les dissonances permettent de comparer les bruits ; les dissonances lumineuses sont moins perceptibles, et plus tard les moyens photographiques seront peut-être appelés à résoudre ce problème. On a cherché à établir des teintes identiques en faisant varier l'inclinaison d'un plan qui reçoit la lumière; il y aurait là un angle de lumière analogue à l'angle de frottement pour coter l'intensité; mais cela est soumis à toutes sortes de difficultés ; j'avais pensé à chercher quelle est la longueur d'un liquide déterminé capable d'éteindre une lumière; ce procédé, qui permettrait avec des instruments très simples d'apprécier deux lumières sans nécessiter la simultanéité de vision, donnerait lieu, j'en suis sûr, à une série de belles et curieuses expériences ; je voudrais pouvoir les entreprendre. La lumière se réfléchit suivant certaines lois quand elle rencontre un corps poli: elle se réfracte en pénétrant les milieux transparents; ces notions qui ont conduit aux théories analogues sur la chaleur sont la base de toutes les questions relatives aux miroirs, aux lunettes, aux phares, etc.

La lumière se disperse, c'est-à-dire se décompose en sept couleurs en se réfractant ; l'arc-en-ciel n'est qu'un résultat de ce phénomène produit par le passage des rayons solaires à travers les vésicules pluvieuses. Iris aussi abandonne son écharpe ; les volontés d'en haut n'ont plus de messagère.

La vitesse de la lumière, la rapidité de son sillage, s'obtient, en la supposant uniforme dans les espaces célestes, par un procédé astronomique qui te sera très accessible : quand Jupiter et la terre sont du même côté du soleil, on compare le moment observé de l'éclipse d'un satellite à l'époque calculée de ce p'énomène ; puis quand la terre et Jupiter laissent entre eux le soleil, leur distance s'est accrue de 70,000,000 de lieux, diamètre de l'orbite, et la comparaison nouvelle entre les résultats du calcul et de l'observation donne une différence de 7 à 8 minutes en plus ; c'est donc là le temps employé par la lumière pour parcourir l'axe de l'écliptique ; c'est à peu près 80,000 lieues par seconde. Sur terre des expériences directes ont donné des chiffres qui ne peuvent servir à contrôler ceux-là ; la vitesse est probablement, sûrement même, différente suivant le milieu où s'accomplit sa route, puisque la réfraction revient à cette différence de rapidité dans le parcours ; c'est par les lois de la réfraction que l'on peut conclure le sillage lumineux dans les corps diaphanes. Ce qui peut au reste donner la plus haute image de la grandeur des cieux, c'est que les étoiles les plus voisines emploient au moins trois ans pour nous faire parvenir leur lumière ; le temps exigé pour arriver au but a occasionné cette fameuse découverte de Bradley, *'aberration*, qui, par un certain retour, fournit la plus décisive, la plus directe des preuves du mouvement circulatoire de la terre.

J'ai omis lunettes, télescopes, microscopes etc., dont le progrès rend seul possible celui de la précision astronomique, et dont la puissance s'allie aux lois de la chaleur pour compléter les plus simples questions de mesures géométriques. Je veux essayer de te faire sentir comment, par des théories basées sur des faits minimes en apparence, on peut quelquefois conclure des actes considérables ; un phénomène de *polarisation* qui revient, somme toute, à une exception dans les lois de la réflexion, permet d'indiquer si une lumière émane d'un corps incandescent, ou d'une flamme gazeuse ; on a pu juger ainsi de la constitution du soleil!!....

Quant aux sources de lumières, elles sont essentiellement chimiques comme celles de la chaleur, et leur production économique sert de règle à l'industrie ; celui qui, en 1700, aurait annoncé l'éclairage entier d'une ville par un seul centre gazeux, aurait passé pour dangereux ou pour fou.

L'analyse a été pour cet ordre de recherches d'un secours beaucoup plus puissant que l'on n'avait le droit de l'espérer ; c'est même le problème des réfractions qui a conduit Fermat à sa fameuse théorie des *maxima* ; de nos jours, les Fresnel, les Lamé, les Cauchy, etc. ont beaucoup produit.

Un mot encore à propos d'un ouvrage récent ; M. de Boucheporn, ingénieur des mines, dans un écrit d'un style magistral, a semé des vues d'une largeur et d'une hardiesse incroyables sur le principe général de la philosophie natu relle; à mon sens cet écrit est provisoire, mais je suis étonné qu'il n'ait pas remué le monde savant officiel ; à chaque page, si ses inductions sont justes, il marque la trace d'un monde d'expériences physiques à tenter ; l'une des plus remarquables consisterait à produire la lumière par une simple rotation qui devrait peut-être s'effectuer dans le vide; j'ai éprouvé un respect profond, une sorte de frisson involontaire quand l'auteur parle de cette solennelle et décisive vérification numérique qui lui fait retrouver une série de sept nombres mécaniquement obtenus par Fresnel. La lumière malgré tout est neuve encore, quoique son étude isolée soit plus considérable que toute la physique d'il y a cinquante ans.

Sans prononcer les noms de Niepce de St-Victor, de Talbot, de Daguerre, sans traverser le nouveau monde que peut créer la fixation des couleurs, je cours à l'électricité, au magnétisme. Phénomènes similaires dépendant d'un même ordre de causes, réunis depuis trente ans par l'autorité d'Œrsted et d'Ampère ;

Un jour je demandais à un jeune collégien ce qu'était l'électricité; c'est, me répondit-il, un fluide impondérable composé de deux essences différentes qui tendent à se rapprocher ou à s'éloigner suivant leur espèce; *mon horreur pour le vide*, égale à celle de *la nature*, me fera te dire simplement que les corps, dans certaines circonstances, tendent à se rapprocher, que l'accumulation de la force produite est un rêve industriel, que l'on y touche sans l'avoir encore atteint, et que déjà l'humanité s'est construit un bras nouveau.

Sans parler de l'aiguille aimantée qui apprend sa route au marin, voici les principales applications de l'électricité. — L'écriture de la plupart des phénomènes naturels qui, avec une précision presqu'absolue, cotent eux-mêmes l'image ou le nombre qui doit les remplacer. — Le paratonnerre. Jupiter est cloué sur son siége, nous rions de ses colères, de son *totum nutu;* l'Olympe est désert, les cieux sont vides de volontés. — Un nouveau thermomètre d'une sensibilité idéale. — Tous les arts pratiques, depuis les machines à vapeur qui bientôt succomberont sous ce jeune rival, jusqu'aux métiers à broder, à tisser, à filer; c'est en un mot une force nouvelle, puissante, facile. — La dorure, ou en général l'application de métaux sur tous les corps. — La galvanoplastie; la formation des empreintes, des moules, etc. — La production de lumière éblouissante, de véritables soleils factices. — Le télégraphe électrique; rien que cela : toutes les volontés en contact avec une volonté, instantanément, 100,000 lieues au moins par seconde; détermination des longitudes; règne de la pensée; un seul homme parlant au même instant à tout un pays; un pianiste habile entendu sur l'heure du monde entier; un nouveau monde plus grand que l'Amérique.—Cette nomenclature, au courant de la plume dont chaque mot exigerait un volume, en dit plus que toute exagération de paroles; — Les sources, les moyens de production sont encore chimiques, presqu'exclusivement; le frottement, le contact hétérogène peuvent suffire par fois.

Parmi les faits extérieurs, nous avons, en dehors des propriétés perceptibles par les sens en général, constitué l'étude plus spéciale de ce qui se rapporte à l'ouïe, à la vue; on peut mesurer, comparer quoique incomplètement, et cet adverbe indique l'imperfection de la science, les progrès qu'elle doit réaliser ; il faudrait pour la rugosité, la saveur, les odeurs, des branches nouvelles de la physique, bases des théories physiologiques correspondantes; il ne s'agit pas ici de la sensation ; je ne veux point aller rêver à la suite de Condillac sur les conditions de cette communication que j'accepte sans essayer de la comprendre, tout en pouvant, au fond du cœur, conserver l'espoir que des générations mieux préparées sauront tenter sur ce domaine d'utiles investigations ; mais, disserter comme lui quand on ne sait même pas apprécier le fait objectif, particulier aux corps, extérieur à notre organisme, est au moins puéril, ou bien oiseux ; le difficile ne cède à l'opiniâtreté de l'homme qu'après le facile.

La réunion de toutes les influences physiques sur les faits atmosphériques constitue la météorologie, science qui n'aura de prévisions fructueuses que quand les télégraphes électriques pourront relier entre eux des centres d'observation nombreux et simultanés. Un Institut hollandais vient d'être créé dans ce but; les observations isolées ne sont rien dans ce cas, ou peu de chose.

Pour terminer cette communication physique mille fois plus étroite que tu ne peux le supposer, je te prononcerai le mot de *chimie* qui comprend l'étude des lois que suivent les corps dans leur composition et décomposition. D'abord alchimie, c'est-à-dire transmutation des métaux, fabrication de l'or, elle a pris un caractère plus réaliste depuis Paracelse et rang de science avec Lavoisier ; Guyton de Morveau a légiféré son langage, l'a harmonisé, et maintenant faisant corps avec la pure physique, elle est la base de tous les arts, de tous les moyens humains ; la métallurgie, la production des acides, etc. font de la chimie l'élément le plus précieux de toute industrie prospère. Grâce à elle le daguerréotype peut fixer les couleurs, la médecine préparer ses baumes, et dernièrement M. Chevreul gagnait à la France plus de 200 millions par ses études sur les corps gras et la bougie stéarique ; son royaume, c'est la production de la chaleur, de la lumière, de l'électricité.

La recherche des éléments d'un corps a donné un sens au mot *analyse*, et la reconstruction de ce corps au mot *synthèse* ; il y a des lois très belles, très générales sur la substitution des éléments les uns aux autres, et c'est en cela que consiste la science.

Ce qu'il faut surtout comprendre, c'est l'instabilité des productions sous l'influence des milieux et sous la pression des deux agents de composition et de décomposition, la chaleur, l'électricité ; telle combinaison ne subsiste qu'entre les limites de 10° à 20° du thermomètre à mercure ; telle autre, sans se détériorer, supporte des changements de 3 à 400°. Les substances organiques en général sont la réunion des principes eux-mêmes complexes que l'on ne peut séparément obtenir par suite de l'impossibilité où l'on se trouve de maintenir les conditions nécessaires à leur stabilité ; ils se désagrégent ou se reforment en proportions moins éphémères, avant que l'on n'ait pu saisir leur première allure. Voici un exemple d'une humilité peut-être choquante, mais qui me suffira ; prends un pain ; dans un certain état, il sera un aliment sain, substantiel ; un peu trop cuit ou brûlé, ce ne sera qu'un charbon indigérable ; quelques degrés en plus ou en moins dans la chaleur du four suffisent pour changer ses meilleures propriétés. Ce sont des difficultés de cet ordre qui maintiennent l'état d'infériorité de la chimie dite organique, et sous ce rapport les tendances de M. Becquerel sont un véritable progrès; il opère sous de petites influences qui peuvent séparer un corps en ses composés médiats sans altérer ces derniers.

La préparation chimique est toute entière dans cette phrase triviale, *ôte-toi de là que je m'y mette*; un corps étant donné, contenant dans sa substance un élément à obtenir, est traité par d'autres corps qui substituent dans le premier un élément personnel au lieu et place de celui qui s'isole; dans les minerais de fer, par exemple, on a souvent un composé de fer et d'oxigène qui, traité par le charbon à une température élevée, laisse dégager le fer en produisant une union dite d'acide carbonique entre le charbon et l'oxigène; le composé qui tend à se former, a, dans les conditions de l'expérience, une plus grande stabilité que le précédent; dans d'autres conditions ce serait souvent le contraire, et cette *affinité* produite en partie par le milieu, qui marie deux éléments, doit être considérée comme un fait, et non comme une entité servant de base à une chimérique explication.

Voici le réseau des parties les plus élémentaires de l'étude relative à la matière; plus l'on s'éloigne, moins la pure analyse mathématique peut s'utiliser; sur un belvédère, par dessus les toits d'un édifice, qui s'aperçoit de la puissance des fondations.

Partout on mesure un effet relatif à une seule influence; partout on cherche les lois de ces mesures pour indiquer

d'avance la norme de chacune; à chaque cas, l'abstraction se
fait corps en quelque sorte, et l'expérimentation cote séparément chaque influence en n'en laissant varier qu'une
seule; c'est en cela que consiste ce mot tant préconisé,
l'*expérience*, et je ne connais pas une seule production intellectuelle qui puisse en donner une plus haute idée que
le travail de Dulong et Petit sur le refroidissement; ayant à
tenir compte de dix causes au moins, à les abstraire pratiquement, ils ont éliminé, isolé successivement chacune
d'elles, et construit pour chaque cas une série de tableaux
numériques dont les variations ont indiqué la loi; la réunion de tous les tableaux représentant le fait physique
tout entier. Pour guider les expériences, il convient de
prime abord de s'appuyer sur une vue générale souvent reconnue fausse plus tard, mais qui sert de fil conducteur
dans le dédale; ces hypothèses ou idées préconçues doivent
porter sur les faits eux-mêmes, sans intronisation d'agents
destinés à produire d'apparentes clartés; on suppose que
la loi des faits est telle ou telle, on prévoit, on devine, et
si l'accord entre la prévision et la réalité se maintient, alors
on affirme; l'hypothèse cède dès qu'un fait certain se dresse
à son encontre; il vaut mieux dire franchement je ne sais
pas, que de se réfugier sous le manteau d'un mot plus
vague encore que le fait qu'il s'agit d'éclaircir; une explication ne mérite ce nom que quand elle rend compte plus
simplement des faits, que quand, par son secours, les
questions ont fait un pas; dire cause et bercer son auditeur sur les ailes de l'imagination doit être relégué dans les
habitudes d'un passé avec lequel il faut rompre; l'étude
saine de la nature exige une préparation morale qui rend
tout progrès des sciences élémentaires comptable même
envers l'histoire; tout esprit qui veut pénétrer dans le dé-

tail du monde extérieur doit s'imposer une discipline rigoureuse, en rejetant toute cause première, en enfermant la prévision dans les limites expérimentales ; agir autrement, c'est tenter l'illusion et la convier à s'asseoir au banquet des réalités.

La mathématique, la connaissance des lois de la forme et du mouvement, le sentiment des conditions astronomiques ont permis à l'homme de scruter l'organisation matérielle ; il a pu sérier ses idées, observer avec précision et enfin il a *expérimenté*; il a comparé les résultats ensuite, mais c'était secondaire. Dans la physique, l'expérience est pure, dégagée de toute préoccupation, complètement volontaire; nous modifions à notre gré; la faculté expérimentale doit se sentir là, mieux qu'ailleurs, parce que là, ses conditions d'existence sont les plus élémentaires; autre faculté, affranchie, développée; l'homme est plus fort d'un tiers. Comme utile, l'ensemble de ces connaissances sert de base à la fonction de l'ingénieur, ou trait d'union entre les saines théories et les saines pratiques ; mais pour la plus mince construction, pour le plus chétif édifice, il doit faire intervenir des notions sur notre nature animale ; en dehors du pur intellect, il est incomplet, si son éducation ne lui donne pas jour sur la simple biologie. Partout au reste les mathématiques, c'est-à-dire la déduction *à priori*, sont impuissantes; excepté en astronomie, leur rôle vient en sous ordre ; la science pure est sans force, et souvent ce n'est qu'un empirisme grossier, traditionnel qui préserve à l'aventure de graves erreurs. Les constructions navales, par exemple, sont le résultat de comparaisons multipliées avec des types plus ou moins heureux, et l'on ne connaît même pas la loi de la pression et de la vitesse qui devrait imposer la forme de chaque ligne d'eau suivant la destination de l'œuvre.

Pour en finir, et tu dois me remercier d'avoir été si bref, je te dirai : Le langage scientifique est à refaire; d'ordinaire il ressortit à l'usage, et ici l'usage n'a que voir; quelque jour un puissant esprit, embrassant tout d'un coup d'œil, Guyton de Morveau de la science totale, lui créera une technologie harmonique. Les sciences reviennent à mesurer, et c'est par leur précision sous ce rapport que l'on peut comparer leur degré d'avancement. L'avenir de l'industrie, c'est-à-dire de la satisfaction de nos légitimes besoins, de la substitution de la machine à l'homme pour toutes les fonctions avilissantes, pour celles qui n'exigent que l'instinct mécanique et non la réflexion, est tout entier lié à ces trois termes : chaleur, électricité, chimie; la chaleur, l'électricité sont des agents, des moteurs, des efforts, la chimie leur source, et la mécanique leur moyen de transmission. Faire agir l'acier pour laisser penser l'homme entre pour une forte part dans mon socialisme pratique.

La classification des corps matériels, d'après leur nature, leur essence chimique, leurs formes, leurs couleurs, etc. constitue la minéralogie; cette étude est un préambule qui conduit à comparer les végétaux, puis les animaux; cet ensemble, c'est la biologie, la plus immense, la plus complexe, la plus variée de toutes les sciences fondamentales; les points de vue sont tellement nombreux qu'il faudrait un temps considérable pour te donner un léger aperçu de ce vaste édifice; le roman des sciences devient plus facile et plus épineux à la fois; on peut intéresser, amuser davantage, mais pour un but d'assimilation, quand on ne veut point frapper la curiosité

d'un esprit par les singularités naturelles, on se trouve en
face de difficultés invincibles, en ne comptant même que
l'impuissance du langage ; chaque science a sa nation. Sans
pénétrer parmi les moyens scientifiques qui donnent jour
sur les êtres organisés, je m'efforcerai de te faire saisir quelle
est la part de développement qu'apportent ces nouvelles
notions dans l'entendement humain, et ce en quoi leur élaboration se relie aux connaissances antérieures, les nécessite,
et frappe de stérilité tout esprit qui veut s'enfermer dans
un unique domaine.

L'homme jette ses regards autour de lui ; animé d'une
puissance qui le rend différent de tout ce qui l'entoure, il
veut se connaître ; les lois de son organisation dépendent,
se subordonnent à celles de faits extérieurs dont l'étude
approfondie sera la base de son appréciation. Il sonde l'e-
xistence de l'être animé ; il reconnaît que la plante elle aussi
est organisée, qu'elle naît, vit et meurt ; en dégageant dans
le végétal la notion de matière inerte, de substance répa-
ratrice, il se trouve en face d'un inconnu que l'abstraction
permet de déchiffrer en recourant aux notions élémentaires
du temps, de l'espace, de la grandeur pure ; ainsi : matière,
végétal, animal, homme, c'est l'immense chaîne. A la matière tu juxtaposes un je ne sais quoi qui fait l'être organisé ;
à ce dernier quelque chose qui le rend susceptible de locomotion, de déplacement, de suite dans ses actes ; puis enfin,
en ajoutant encore un nouveau je ne sais quoi, tu obtiens
l'être humain ; ce supplément s'est appelé le moi, l'âme,
le subjectif, l'interne.

Les lois d'organisation dépendent du nombre, de l'espace, du temps, de la matière, du végétal, de l'animal, et

s'essayer à une investigation sur un sujet si cher, sans connaître tous ces ordres de faits, n'est digne ni de notre époque, ni de notre intelligence.

L'objet de la biologie est de déterminer les relations de fonctions à organes, de scruter les conditions d'influence des milieux où l'être s'agite, et enfin de classer. Qu'il s'agisse: de botanique pour les végétaux; de zoologie pour les animaux, poissons, oiseaux, coquilles, insectes etc.; d'antropologie pour l'homme, la première chose consiste à créer un système de numération qui permette de nommer, de donner à chaque type différent une étiquette, une appellation différente; ceci est le côté secondaire, éruditif de cette branche de nos connaissances, et la physiologie relative à chacune de ses catégories constitue la science proprement dite qui permet de prévoir.

Un mot sur la question des noms: quand il s'est agit de nombres, on les a groupés en classes comprenant chacune trois ordres; c'est élémentaire, et un très petit nombre de mots suffisent à exprimer les grandeurs les plus considérables; ici nous partagerons en classes, en ordres, en familles, en genres, variétés etc... Mais crois-tu que l'on ait eu le soin par des appellations générales de permettre de retrouver dans l'extrait baptismal la trace de chacune des subdivisions? Hélas! chaque plante en botanique porte un nom particulier, et quels noms! *solanum tuberculosum* pour la simple pomme de terre; le pédantisme moyen-âge a enlacé d'une étreinte de fer, d'une étreinte latine toutes les nomenclatures, et nous qui avons eu le sens d'appliquer aux nombres l'idée arabe, nous sommes restés *chinois* sous beaucoup d'autres rapports; au reste les difficultés sont grandes; en botanique, qu'il s'agisse des idées de Linné, de Tournefort, de Jussieu, de Candolle, de Richard, etc., l'on n'est pas d'accord sûr les classes, familles, etc. — Quand je m'appliquais à ces études je m'étais amusé, sur le système linnéen, à me formuler un essai de nomenclature; la première syllabe de gauche correspondait à la classe, la seconde à la famille, la troisième au genre etc., et une lettre antérieure marquait à laquelle des trois grandes catégories cotylédonnées appartenait le type en question; j'ai obtenu des noms très baroques, grave inconvénient c'est vrai, des mots dans le genre de *a be ca lo mu,* mais qui me donnaient l'avantage, suivant mon degré de savoir, d'écrire à l'inspection d'une plante la moitié, le tiers de son nom, tandis qu'actuellement il faut un petit Linné, ou dictionnaire de poche, pour la plus simple appréciation.

La technologie est à refaire, et je reconnais que ce n'est point à des médiocrités de mon genre qu'appartient ce rôle; je regrette de voir des hommes éminents pouvant, par l'autorité de leur nom, imposer une numération (j'insiste sur le mot) se croire dispensés, par leur savoir personnel, de faciliter à d'autres, moins heureusement doués, le chemin qu'ils parcourent.

La physiologie vient après, et de notre temps on entre dans l'édifice par les combles; les jeunes adeptes, sans avoir très souvent la plus mince notion des bases, s'élancent à la suite de brillants rêveurs sur ces matières qu'ils s'assimilent, Dieu sait comme!

Quels sont nos moyens d'action? La chimie fournit les bases de la vie végétative. La physique nous indique les conditions de la pure expérimentation ; en général, dans notre nouvel ordre de faits, l'expérience est purement pathologique, c'est-à-dire que l'on cherche dans les cas anormaux, accidentels, la trace des différences et des altérarations. Pour les plantes et les animaux sacrifiables elle peut s'appliquer davantage, et voici un exemple curieux qui suffira pour nous indiquer la mesure de son rôle: M. Flourens a fait absorber à des canards des aliments colorés de garance, et en les tuant à diverses époques, a reconnu que les os se renouvelaient en sept ans d'une manière complète ; ce mode analytique est nul et de plein droit quand il s'agit de l'homme, et quoique nous ne soyons plus au temps où Vésale était poursuivi pour la dissection d'un cadavre, *comme ayant osé mutiler l'image de la divinité*, nous n'offrons au dieu de la science, en sanglants sacrifices, que les humbles victimes du temps de Claudius; alors nouvel aruspice, le biologiste fouille les entrailles pour y chercher l'avenir. L'astronomie donne les influences du milieu dominées par notre position dans l'immensité, le modèle des sciences exactes et la pure observation. Les cinq sens concourent à l'exploration des faits, et qu'il s'agisse d'étudier un type vivant, ou de pénétrer dans l'organisation interne avec le scalpel, de disséquer, nous avons toujours des phénomènes à observer.

Mais comment utiliser ce monde de détails impossibles à convertir en chiffres, à mesurer avec précision ; pour disjoindre, démê'er ce chaos, on n'a qu'une seule ressource: dresser un immense tableau de tous les êtres organisés, prendre ceux qui n'ont que des organes rudimentaires, de véritables poches digestives, des tubes que l'on retourne sans troubler la vie, et remonter la chaîne ; on voit la complication s'accroître , les organes se multiplier , les fonctions leur correspondre; à organe nouveau, fonction nouvelle , et la fonction est spécialisée sur un organe; plus les types se compliquent, plus l'être croît en dignité, en liberté, en valeur; on compare tous les organismes en spéculant séparément sur les parties, les sexes, les phases du développement, les races, etc. Un type ne peut être apprécié que par sa dégénérescence chez les autres, ou sa complication supérieure, par son rang dans la chaîne; l'impuissance humaine se fait un levier de la méthode comparative, et les oppositions offertes par deux types voisins, ne différant que par un seul organe, permettent d'en faire l'histoire, de prévoir son rôle.

Les mathématiques, partie de la science générale où l'on peut convertir en nombres chaque phénomène, ont une action de pure éducation, de méthode, de logique. Puis, à son tour, la biologie nécessitant ce travail préliminaire, écrasant l'esprit non préparé sous les faisceaux réunis de ses moyens nécessaires, se retourne et réagit sur chaque science précédente; sur la physique, sur l'astronomie, en procurant le classement de leurs observations, la découverte des lois par la comparaison des facteurs numériques fournis par l'expérience; sur les mathématiques, en les dotant du plus puissant levier de généralisation.

Oh ! mon ami, c'est grave ; il y a quelque temps je voulais publier un essai sur la méthode en pure analyse, (théorie des nombres) C'était de la biologie ! Cette série de Taylor, c'est-à-dire la comparaison des formes algébriques, leur mutuelle substitution dans des limites pratiques, la comparaison des formes géométriques, leur remplacement par la tangente, le cercle osculateur, etc., la comparaison des formes mécaniques, l'appréciation des forces par le mouvement régulier, varié, les osculations de toutes natures, analytiques, picturales, sculpturales, thermales, etc., la substitution de puissances à d'autres puissances, tout cela c'est de l'anatomie comparée, et je n'ai saisi ces fraternelles dépendances que sur les bancs d'une école de médecine.

Je me borne à ces quelques réflexions et respecte trop ce sujet pour oser t'esquisser en quelques pages la division de ses parties ; j'aurai satisfait à ma tâche si j'ai réussi à te convaincre qu'ici bas tout se tient, et que l'isolement tue comme une dépravation. Si quelque nouveau Jéhovah renouvelait en ma faveur, comme dans la parabole de Salomon, la réalisation de mon vœu scientifique le plus cher, je n'oserais rien demander ; mon plus modeste désir équivaudrait à *pragmata panta*.

Comme questions concrètes, la biologie sert de base à l'art médical, à l'enseignement pratique, à tous les moyens de satisfaction pour nos besoins qui tous dépendent de notre organisation. C'est avec quelque regret que je vois s'intituler médecins ces jeunes gens que quatre ou cinq ans d'études, partagées entre la clinique et la dissolution, élèvent tout au plus au rang d'empiriques secondaires, et pour mon compte j'aurais plus de confiance dans les prescriptions d'une sœur de charité ayant vingt ans de traditions dans les hôpitaux, que dans les conseils de la plupart d'entr'eux. Au reste, le temps viendra où, en dehors des affections qui tiennent à cet inconnu qui distingue l'homme, au moi affectif, au moral réagissant sur le physique, et dont le rôle est ignoré, la chimie, sans parler de la préparation artificielle des substances calmantes ou actives, sera plus encore la base de toute médication. Un principe presque général consiste à dire qu'à secrétions normales, organisme normal, et l'analyse chimique des substances rejetées par le corps fournira l'indication des ingrédients nécessaires pour rétablir l'équilibre.

Cette science à peine créée, encore niée par beaucoup d'esprits qui n'acceptent point l'enchaînement nécessaire par influence supérieure, la prééminence de la vie organique sur la vie animale, et de celle-ci sur la vie intellectuelle, sera désormais le champ de bataille des vérités d'en deçà et d'au-delà; mais comme cela saisit, mais comme avec un peu d'âme, d'imagination, l'on se sent transporté; tout homme qui a mordu à ce fruit, et qui ne conserve pas l'âpre désir de le cultiver à ses heures, n'a pas d'intelligence. Je me rappelle qu'aux premières études sur la partie technique, l'*ostéologie*, je me trouvais dans un cabinet où je voyais livre en main; il me prit un léger accès de folie à propos d'un des os de la mâchoire, l'*apophyse zigomatique*; j'allais tour à tour secouer par ce meuble tous les squelettes présents; mon cher, sur sa forme, on sait si l'animal est carnassier, herbivore, rongeur, omnivore; on sait quels champs il occupait, on peut commencer le narré de sa vie; c'est magnifique! Entre les mains de Cuvier, cela s'est appelé *paléontologie* pour les races anciennes; avec quelques débris d'un être, on l'a reconstruit tout entier; grâce à ces témoins, ces martyrs des âges légués à chaque date de notre globe, la géologie, s'aidant de ses coupes à travers les terrains superposés, a pu reformer la constitution successive de notre monde à travers le temps et l'espace, créer la géographie des siècles évanouis, et faire à l'origine de la terre le tracé de son histoire ; l'avenir est riche, et tous humbles zélateurs des nouveaux dieux, nous devons acclamer la science ; c'est la colonne de feu qui éclairait Moïse. En avant ! En avant ! Pour notre cri de ralliement.

Je veux te donner une idée de la façon encore actuelle de spéculer à propos de ces notions et tu jugeras quels bonds gigantesques nos neveux ont à faire.

Lamark dans ses idées générales sur les êtres soutenait qu'un seul type naturel avait conduit à tout ; que sous l'influence corrosive, destructive ou conservatrice des milieux, ce type s'était graduellement transformé tout en laissant subsister à divers degrés les organisations précédentes ; la chenille devient chrysalide, puis papillon. Cuvier prétendait au contraire qu'à chaque époque avaient correspondu des créations différentes de prime jet.

Quelle est la vérité ? Je me récuse en face de ces deux noms ; voici maintenant un élève connu de Cuvier, M. Flourens qui vient dire : « *Cuvier, mon illustre maître, s'est* » *trompé ; il n'y a qu'un seul homme comme il n'y a qu'un* » *seul Dieu.* » Malgré le profond respect que j'ai pour cette raison et pour M. Flourens, Dieu avant l'homme, je crois que si elle lui était fournie à lui-même contre des faits avérés, il saurait la faire plier.

Il y a du reste à cet égard une vue très belle de Charles Fourrier ; il a prêté le flanc à la moquerie, mais au fond voici son idée : à chaque époque les conditions extérieures unies aux qualités de la croûte terrestre, à l'atmosphère ambiant, ont donné lieu à des créations qui peut-être se produisent encore de nos jours; ainsi nous apparaît la géologie avec ses races détruites, races paraissant tout-à-coup, jaillissant de la terre sous la pression de lois inconnues, puis disparaissant avec un milieu incompatible ; cela rentre dans l'affirmation de Cuvier, sans exclure dans des cas nombreux l'hypothèse de Lamark.

Certes, en acceptant la donnée d'enfance du mot Jéhovah, n'y a-t-il pas plus de grandeur à le voir planer au-dessus d'une nature se suffisant à elle-même, se reproduisant par le jeu de ses propres forces, qu'à le peindre sans cesse repétrissant son œuvre et magnétisant en quelque sorte le globe, à chaque époque, pour y faire éclore la vie. Ne heurtons point nos réalités contre nos croyances, et si l'on tient à courir sur les brisées de Spinosa, et à imprimer à son entendement un semblant de concept sur la première cause, qu'on ne s'essaye à cette rude tâche qu'après avoir entrevu cette immense échelle de Jacob dont nous comptons les degrés voisins de nous ; elle traverse notre terre et ses deux extrémités se perdent dans les nues ; l'ange de la science parcourt ses gradins en laissant un sillage lumineux qui nous permet de les voir ; de leur écartement pouvons-nous conclure ce qui existe par delà les mondes?

Entre le commencement du temps, de l'espace, des causes, l'on peut placer des millions de globes étincelants, des cieux gras d'étoiles sans avancer d'un pas. Je suppose qu'un principe généralise la matière, plus encore la nature entière, plus encore l'incompris, sommes-nous plus près de la première cause? Nous ne pouvons accepter que des gradations de temps, d'espace, de cause, et hors de là, il n'y a plus que l'autorité au nom d'un prophète et d'une révélation.

Fils de ce siècle, nous procédons de Bacon et de Descartes, du *novum organum* et de la méthode ; nous appliquons aux sciences cette décomposition en numéros d'ordre, en 1° — 2° — 3°, etc. sur laquelle insistait tant notre professeur de philosophie, l'abbé Noirot ; nous ne comprenons pas qu'on s'attaque aux questions complexes avant d'avoir élucidé les plus élémentaires et emprunté à leurs procédés de recherches de nouveaux moyens d'action. La biologie par exemple ne doit, ne peut s'étudier qu'avec un esprit développé par l'influence des sciences précédentes. Mais, me dis-tu, comment donc ont fait les créateurs, les Linné, les Buffon, les Jussieu, etc.? ils n'étaient que spéciaux. Quelle heureuse objection ! Juge de l'intelligence chez certains types privilégiés ; sans préparation ils ont bondi par dessus les difficultés; Auriols de l'esprit, ils ont gravité vers le vrai sans l'appui des marches nécessaires à la foule. Le génie consiste à entrevoir, à dévoiler ce qui est, avec un petit nombre d'éléments, de points de départ; aussi, combien comptes-tu d'hommes susceptibles de se frayer seuls leur chemin? Le talent doit-il donc avoir le privilège de conserver pour quelques personnalités le sentiment des réalités humaines? Et n'est-ce pas, pour lui, un but élevé que de grandir les intelligences moins riches et de les amener à la perception des harmonies naturelles? La biologie exige, comme organes, le développement de certaines facultés; mais par la vertu de ce mot, *exige*, elle procure elle-même les phases de ce développement; si quelqu'ouvrier veut fabriquer une aiguille, il s'applique séparément, comme pour un but unique, à chacune des nuances de cette fabrication ;

quelle force supérieure il faut pour séparer ce qui est simple
dans les faits complexes sans une éducation préalable! Au
reste Buffon, vulgarisateur surtout, qui a donné, en France,
le goût de l'histoire naturelle, créateur mêlé, où des vues
magnifiques touchent à de graves erreurs, serait une preuve
que pour le seul talent il y a souvent insuffisance; tout se
tient ici bas, je le répète; il n'est pas jusqu'à, l'archéologie,
la biologie de la pierre, jusqu'à la numismatique, sa sœur de
bronze, qui ne soit une application de la méthode comparative quand la fonction observatrice a fait son rôle.

Les résultats immenses du siècle actuel seront débordés
d'ici peu quand il y aura un but unitaire dans l'enseignement; le progrès accompli depuis 50 ans, depuis l'élan
donné aux allures scientifiques par la première école normale, est plus considérable que celui qui date de Galilée à
nos jours; la dorure, la galvanoplastie, les chemins de fer,
le daguerréotype, les moyens anesthétiques, éther ou chlo-
roforme, le télégraphe, le gaz, la vapeur, les métiers à tisser
etc... Tout cela c'est peu de chose, j'en jure au nom des
merveilles qui se préparent.

Allons, c'est trop tarder; notre route est longue encore.

Nous avons envisagé la matière, le végétal, l'animal,
l'homme, en suivant l'ordre de complication croissante, en
augmentant le nombre des éléments variables, et nous arrivons enfin au terme le plus complexe, l'homme collectif.

L'histoire, telle qu'on l'entend, est la reproduction des
événements, le narré des faits; *scribitur ad narrandum
et non ad probandum;* dans cette acception elle n'est point

science pas plus que le droit. Nous devons toujours soigneusement distinguer ce qui constitue l'érudition et ce qui se
rapporte à l'ensemble des lois régissant les phénomènes et
permettant la prévision. Je veux exposer à mon amical écouteur quelles sont, à mon sens, les conditions d'existence
d'une science parallèle, plus généralement niée que toute
autre et recommandée par bien peu de noms encore à l'attention des chercheurs de vérités.

L'on ne peut mesurer actuellement l'amplitude des effets
historiques, les expérimenter, les prévoir, les escompter d'a-
vance; est-ce raison pour déclarer que vaine serait toute tentative de coordination? Pour les partisans de cette opinion je
transcris une réponse célèbre, un mot *à Campo-Formio*, et
pour la science de l'histoire: *Aveugle qui ne la voit pas*. Je
reconnais cependant qu'au jour où nous sommes la divination est nulle, et que mon affirmation dépend davantage
d'un sentiment que d'une certitude ; les lois des cieux
étaient préexistentes à ceux qui les ont dévoilées.

L'humanité est un être collectif qui se développe dans le
temps et dans l'espace en suivant certaines lois de même
que les planètes ; en face du *moi* qui se perpétue à travers
les âges, se présente un fait objectif, extérieur à l'agrégat
humain, qui est le sujet de notre étude ; pour beaucoup de
gens les hommes sont des molécules indépendantes, grains
de sable sans liens, sans cohésion, dispersés au hasard et
ne se groupant que par caprices variables. Pour d'autres
c'est un être doué de la vie, ayant une existence propre, à
la manière d'un essaim d'abeilles dont on peut suivre et prévoir les évolutions collectives en dehors de chacun de ses
petits centres de vitalité. Parmi ces derniers il en est qui

ont voulu représenter le mouvement comme circulaire, comme périodique. On a considéré une nation comme une mouche enfermée dans une cage de verre; elle se heurte aux parois pour chercher l'unique ouverture; les uns disent : la cage est fermée, d'autres la route est devant, d'autres elle est en arrière; stationnaires, progressistes, arriérés.

Les phénomènes complexes, et ceux-là le sont à un degré incomparable à tout autre, sont variables, capricieux, mobiles, plus libres, et jamais certes je n'espère que la prévision, jamais, puisse descendre au détail. Nous pourrons saisir les grands mouvements, formuler quelque chose comme les lois de Kepler de l'histoire, et reléguer dans un avenir lointain la recherche des petits écarts ou perturbations; cela nécessite un point de vue très haut; l'observation doit porter sur de larges zônes, et ce qui constitue actuellement le bagage des hommes à vues courtes est précisément l'ensemble de ces petits déplacements ou oscillations secondaires. Si nous prenions l'écart produit par Jupiter sur l'orbite de Vénus pour loi de son mouvement, quelle serait notre erreur!

Notre but sera de rendre justice au passé tout en le refusant pour le présent, pour l'avenir; à conditions nouvelles, fonctions nouvelles, et ici bas rien n'est absolu, rien n'est immuable; une doctrine, un système, l'expression d'une loi ne peuvent subsister, mériter un nom qu'à la condition d'être assez large pour rendre justice à tout, pour ne rien laisser en dehors.

Le mot nouveau de *sociologie* a été proposé pour désigner cette science des mouvements historiques à laquelle s'appliquent les grandes lois mécaniques de tout déplacement.

L'homme est armé au point de vue intellectuel; il raisonne, observe, expérimente , compare, et son cerveau est apte à utiliser ses organes, chacun d'eux ayant reçu son éducation élémentaire. Est-il beaucoup d'esprits ainsi préparés? Non, certes; aussi que de progrès, que de pas désirés! De jeunes hommes compilent les faits historiques sans avoir la maturité provenant de l'expérience ou de la mise en harmonie avec les faits ; ce n'est pas ainsi que l'on doit monter à l'assaut.

Au début, le chercheur historique éprouve le regret d'arriver dans un monde encore si jeune, où les phénomènes en trop petit nombre offrent peu de prise, et ne fournissent que quelques points épars de la courbe parcourue ; avec les matériaux des narrateurs, matériaux que le talent d'expression, le style de chacun aura su faire goûter , il dressera pour la France, par exemple, un tableau de l'état social à chaque époque différente ; ce sera un daguerréotype fidèle dont les récits des temps Mérovingiens seraient à peu près l'un des éléments, mais seulement, hélas! pour le côté en quelque sorte plastique. Ce tableau représentant une société partielle n'est même pas fait pour notre époque; au moment où je parle il n'est peut-être pas dix hommes capables de dire: La société française en ce jour est constituée de telle sorte; l'on y pense, l'on y vit, l'on y échange, l'on y travaille, l'on y aime; les liens sociaux, gouvernementaux, industriels, affectifs etc... sont ceci et cela; c'est peut-être chez Balzac , un pur romancier, qu'en dégageant les noirceurs et les types exceptionnels destinés à ombrer,

à faire relief, que l'on trouverait le plus de traces susceptibles de faire juger ce que nous sommes ; on ne sait pas
l'actuel , et l'on veut reconstruire le passé , construire
l'avenir!...

Ces états stationnaires , celui actuel, puis après la révolution, cinquante ans avant, puis un siècle, puis etc..., en
resserrant ou écartant les limites suivant la rapidité ou l'importance des changements, remonteront ainsi jusqu'à l'origine de notre société, ou plutôt à nos premiers documents ;
par eux l'on saura comment dans chacune de ces situations
l'homme était membre actif de la ruche humaine. Ceci fait
pour la France , on le répète pour toutes les autres nationalités et l'on obtient ainsi une série de tableaux étiquetés
France, Angleterre, Allemagne, Espagne, Italie, Russie ,
Turquie, Inde, Chine, Afrique, Amérique, etc. etc. Pour
chacun d'eux, une première opération permet de reconnaître
quel est le sens des variations subies par chaque sorte de
manifestation humaine. Ensuite une comparaison latérale
aux mêmes époques donnera jour sur les différences, les
changements provenant des climatures, des races, etc.

Ces deux sortes de comparaisons, l'une dans le temps
pour le même espace , l'autre dans le même temps pour
des espaces divers, utilisent surtout pour la formation des
matériaux la pure observation, et la logique; l'expérience
n'intervient guère plus que dans la pure astronomie, et,
comme pour la base médicale, l'étude organique ne prête
son concours que pour les cas anormaux, maladies nationales, atrophie d'un peuple sous la pression d'influences
délétères, physiques ou morales.

Si ces tableaux stationnaires, peignant l'état matériel, physique, intellectuel, moral de l'humanité d'un temps, étaient nettement formulés, quelque grand esprit saurait en faire jaillir l'expression des lois suivies ; mais, ami, sur ma chimère j'ai d'autant plus d'amertume que je sens trop l'impuissance momentanée de mettre en relief les rouages sociaux des temps passés, ou même des temps contemporains pour quelques cas difficiles à élucider, quand cela n'est pas réalisé pour notre temps, nos mœurs, notre organisation.

Pour moi, et je veux te faire sourire, étant donnés toutes les nationalités moins une, tous les mouvements moins un, et la loi totale, je veux reconstruire, édifier, inventer, proclamer le seul inconnu ! en sommes-nous là ? en serons-nous là jamais avec quelque génération richement dotée par ses aïeux ? Jamais ! c'est une limite ; la formule mathématique de l'histoire contient des millions de variables, et nous ignorons tout, même pour une seule.

Remarque bien que la difficulté des recherches provient en partie de ce que la création des tableaux stationnaires exige une vue générale sur la marche, la progression, le changement de ces états, pour saisir parmi les détails du panorama ceux qui importent davantage, et ceux à reléguer au second plan ; cela exige une série de tâtonnements, de travaux préliminaires et avortés qui reculent encore une solution sérieuse.

Dans le monde des faits qui s'accomplissent parmi des hommes réunis en groupe, dans ce croisement intime de vies séparées qui, plus ou moins concourent à la vie totale,

certains faits se rapportent au mouvement historique proprement dit, dont la vitesse suit des lois observables et analogues à la dérivée de la fonction ; il y aura possibilité de
créer une *osculation* sociale, de pénétrer dans l'expression
des puissances d'action, des impulsions, des oscillations
dont l'équilibre dépend des forces vives historiques.

De même que l'étude de l'homme isolé s'est éclairée, ou
plutôt constituée par l'accroissement d'organes qui toujours
correspond à un accroissement de dignité dans l'échelle
animée, nous devrons élucider, comme travail accessoire, les
cas d'associations inférieures, plus simples, plus élémentaires, moins larges, comme manifestations extérieures,
comme action collective; ces groupes instinctifs tels que ceux
des abeilles, des fourmis, des castors, mettent sur notre
route des vues précieuses, des germes féconds sur les premières agglomérations humaines, alors que le côté intellectuel peu développé laisse aux seules influences matérielles, végétatives, animales, le soin de donner de la cohésion
à un agrégat nécessaire.

Mais quelle doit être notre attention à ne point appliquer
à des types aussi différents, ne contenant point le même
nombre de variables, les résultats formulés séparément pour
chacun d'eux ! On a vu ces animaux se soumettre toujours à
l'influence supérieure, exclusive, personnelle, d'un seul, et
l'on a pu croire que telle devait être aussi la destinée des
groupes d'hommes. Certes, à l'état élémentaire, originel,
sauvage, cela est vrai, cela se vérifie avec une scrupuleuse
exactitude ; mais avons-nous le droit de le conclure pour les
agrégats modifiés, perfectionnés, composés de types tous
agissant sous l'influence du nouvel inconnu qui nous

exhausse au-dessus de tous les autres types? Humblement, je
l'ignore. Pour tout ce qui se rapporte à nos travaux inférieurs
nous pouvons puiser dans ces comparaisons d'utiles ensei-
gnements; on voit les fourmis garder, dans des locaux séparés, des pucerons qu'elles nourrissent, et chaque jour
elles viennent leur extraire un suc visqueux, rougeâtre qui
sert à leur nourriture, comme mets délicat, comme dessert;
n'est-ce point sur une petite échelle de véritables vaches à
lait, parquées dans une étable, machines destinées à transformer une herbe indigeste en un lait délectable et savou-
reux? Quelle prévision!

Si le sérieux est un substantif équivalent au mot *lourdeur*,
je crains bien, hélas! d'avoir été fort sérieux; daigne équi-
tablement partager ce tort entre deux motifs: ma propre
faiblesse et le peu de lignes consacrées à ce grand sujet.

Quelles que soient les bornes très étroites où je veux me
renfermer, je serais trop peu clair si je n'essayais, par
quelques exemples, de spécifier le cachet caractéristique de
ces lois dont l'avenir, comme une dette, apportera la connaissance à nos successeurs; je me garderai bien de te citer
toutes celles auxquelles je puis croire, voire même toutes
celles auxquelles je puis accorder une valeur soit d'art soit
de fait; quelques réflexions au sujet des principes mécaniques régissant tout ce qui vibre dans le temps et l'espace,
un large énoncé; rien de plus.

Loi de Kepler ou de production des mouvements : les
causes sont en rapport de grandeur avec les effets; les phénomènes historiques ne sont pas des accidents; j'ai le droit
de qualifier de banales, de mesquines, de puériles ces re-

marques visant à la hauteur : *A quoi tiennent les destinées des empires?* Ou bien : *Si tel homme se fût trouvé là, si telle petite circonstance se fût produite, que serait-il advenu?* Le caprice ou le hazard d'un seul n'influe pas sur l'évolution de plusieurs.

Nous aurons des frottements historiques retardant ou brisant le mouvement; comme pour la pure matière, le progrès consiste à réaliser une sorte de chemin de fer pour accélérer la vitesse. Parmi les sources de production, de translation sociale l'on peut, avec M. Buchez, compter une idée; si cette idée est religieuse, c'est-à-dire servant de lien, de faisceau, dans cette acception latine de *religare* (mot dont nous ferons, si tu veux bien, un substantif afin de dégager ce qui se raporte au supernaturel, à l'ultra-p ysique), une nation l'adopte, se coordonne, se moule sur elle, et se déroule dans le temps et dans l'espace; M. Augustin Thierry a vu que le moyen d'effort extérieur, d'action, était l'esprit belliqueux, la conquête; dans le passé cette loi se vérifie ; pour l'avenir on peut affirmer que, tant qu'une seule race sauvage existera, tant qu'un seul centre sur le globe nécessitera l'emploi de moyens violents, tant qu'en un mot, il y aura des points guerroyants, analogues aux *points d'ossification* des organismes naissants, l'état de guerre se maintiendra ; actuellement les trois seules races françaises, anglaises, allemandes pourraient à la rigueur s'en passer, et encore leur faudrait-il être dans un véritable lazaret. Mais, est-ce raison pour écrire comme ce colonel en 1853? *L'humanité marche sous le pas de fer du soldat;........... j'aurais, du feu de mon cigarre, brûlé la bibliothèque d'Alexandrie, et fait piaffer mon cheval sur la tête de tous les idéologues!*

Sans nous arrêter à la composition des mouvements, passons à cette loi de Newton, prolongement ou corollaire de
celle d'inertie. Comme dépendances, nous trouverons la
loi des oscillations. Ainsi corporations, jurandes, maîtrises,
lien destiné à régir un groupe d'hommes, association répar-
tissant sur de faibles individualités l'excédant de forces
résultat de cette union, période; sentiment des abus, destruction, retour provisoire à l'isolement, période; puis
actuellement nouveau retour, satisfaction donnée au besoin
de mutuel appui; pour avoir trop sacrifié au Dieu de la
liberté, nous sommes pour un temps transfuges de ses
autels; balancement entre l'individualisme et la règle. Nous
reviendrons à ces vues. On doit justement remarquer que
dans ce mot vulgaire : *Rien de nouveau sous le soleil*, le
cas des idées est plus commun que tout autre; telle aspiration
d'une époque, impossible à réaliser sur-le-champ, se reproduit avec d'autres moyens ; de son impuissance à son apparition ne concluons rien contre sa valeur actuelle; le temps
et l'espace ont changé. Nous la verrons exiger sa part objective, puis céder à d'autres besoins, puis ressusciter encore.

Autre oscillation: Dictature ou réalisation énergique.—Régime constitutionnel, ou sommeil réparateur, générateur.
— Convention ou fermentation bruyante.

Sur l'amplitude des effets historiques on peut retrouver
de véritables quantités de mouvement, de véritables travaux utiles dans le sens de la matière; sans parler de cette
loi des chocs où tout le monde prend le sentiment des dé-
sastreux résultats de toute révolution saccadée, brutale, on
peut expliquer certains faits par les forces vives sociales ;
l'équilibre entre les résultats d'action se montre tout aussi

clair. — Ainsi la pression féodale jusqu'à 93, les tortures des Jacques, les révoltes écrasées des communes, les luttes oppressives ensanglantées par des évêques de Laon, les dragonnades, les souffrances de la question, etc, , etc, , les martyrs de l'autorité. Révolution française, massacre des prisons, noyades, mitraillades, etc. les martyrs de la liberté. Ce devait être atroce; en cinq ans, comprends-tu? en cinq ans balancer huit cents ans ; et encore de nos jours, petits-fils des acteurs, pouvons-nous sainement juger nos pères .

Au reste je suis homme, je ne vise pas à la sécheresse et ne prétends point répandre des larmes algébriques, supputer en centilitres ce qu'ont versé mes yeux pour chaque cause, et escompter l'équilibre entre les résultats produits par la lecture de ces horribles scènes ; en dehors du cœur dont la voix fait frémir, il y a un sentiment de justice, et., par contre, en face même du *mane thecel pharès*, pour un célèbre coupable, pour Balthasar lui aussi, j'ai pu trouver des pleurs.

Maintenant je livre à tes méditations une des lois de Comte, une seule : les sociétés se transforment en passant par trois catégories principales qui, au point de vue théorique, sont :

1° —— Théologiques ou croyantes.
2° —— Métaphysiques ou doutantes.
3° —— Scientifiques ou sachantes.

Cette loi se retrouve dans le développement de l'être

humain, et correspond comme terme du pouvoir, comme pratique aux trois dérivées:

1° ——— Théocraties, régime militaire.
2° ——— Règne des entités et des légistes.
3° ——— Savants et industriels.

A l'origine tout est Dieu, puis, par gradations d'influence, on partage le pouvoir en divers départements ministériels, et enfin l'on comprend que la pluralité, c'est la nullité, suivant la parole du fils latin de Socrate; alors germe, s'élève, s'épanouit cette grande et magnifique plante qui s'appelle la notion d'un seul Dieu; cette idée peut s'améliorer comme détails, mais jamais, certes, elle ne dépassera la grandeur de sa donnée primitive. — Le monde n'étant plus régi par des agents divins, les hommes leur substituent des entités aussi chimériques, laissant passer l'esprit sans plus le satisfaire; c'est alors le règne des mots : la nature, le droit, la force, la justice, le devoir, la matière, la chaleur, la lumière, l'électricité, l'attraction, etc., etc., toutes grandes personnes à individualités fort tranchées. — Cet appareil inutile se rejette au contact des faits, et l'on pénètre dans le domaine du réel en ne demandant au possible que du possible et limitant les espérances de l'homme à la recherche de rapports sans limites; l'on ne *rejette rien*, l'on ne *nie rien*, mais on n'affirme qu'avec sécurité. — Au début, l'autorité s'appuie sur la force, le sabre fait la loi; puis l'autorité s'appuie sur des mots, de creuses définitions, l'avocat s'impose; puis l'autorité s'appuie sur la prévision, chacun apporte sa part de dévouement aux communs intérêts, l'art et la science se prêtent un fraternel appui. Essaye de juxtaposer ce vaste théorème sur l'édifice historique, et quand ton opinion mûrie se croira le droit d'être, alors je te communiquerai la mienne.

La science historique, une fois créée, donnera jour sur ce monde interne, sujet des psycologues; ce qu'ils appellent la science ontologique est une analyse à vol d'oiseau qui n'a rien de commun avec la marche lente et circonspecte qui convient seule aux habitants de la terre.

Ici je fais un appel amical à toute ton attention. L'être interne se développe parallèlement au monde extérieur, et j'accepte volontiers cette image des horloges de Mallebranche. — J'appellerai A, B, C, etc.... les qualités de l'être, qualités matérielles, intellectuelles, affectives, morales, etc... rangées par ordre de puissance. — La faculté A se faisant sentir avec énergie, dominant tous les besoins, une régularisation sociale se fixe sur cette base; il en résulte une station. — Cette première faculté ayant satisfaction, sa sœur B demande voix et place; évolution sociale, changement, mouvement pour la contenter; deuxième station. — La faculté C, à son tour, se montre, et elle aussi réclame impérieusement son droit; nouvelle évolution, parfois violente, parfois sanglante, suivant le degré de cohésion de l'organisme antérieur. — L'absence du rouage social correspondant à l'une des qualités humaines n'est sensible au début qu'à quelques types exceptionnels plus richement dotés que tous les autres sous ce rapport, et qui, parmi leurs contemporains, semblent oiseaux privés d'air sous la cloche d'une machine pneumatique; ces martyrs d'un état historique étouffent, puis le nombre de ceux qui vibrent harmoniquement venant à s'accroître, le milieu change ou la société périt. — Quand une faculté a imprimé son cachet d'une manière trop puis-

sante, des évolutions secondaires tendent à rectifier ce véritable trop plein, à faire revenir en deçà d'un but dépassé, et
à donner une plus ample part aux premiers éléments; cela
crée les oscillations secondaires, analogues aux battements
d'un pendule; la qualité, la densité du milieu influent sur le
nombre des vibrations. — Quand toutes ces facultés auront,
à leur tour, imprimé au prisme social une facette parallèle,
la reconnaissance des lois suivies permettra de classer toutes
ces puissances d'impulsion; alors, sans partir de notions
premières inaccesibles ou de définitions alambiquées, on
saura ce qu'est l'homme, on affirmera ce qui domine en lui,
on comparera; dans le *d'où viens-je, où vais-je, où suis-je,*
on aura le troisième terme, le *où suis-je,* et l'on esquissera
dans de faibles limites le chemin des deux extrêmes.

Les résultats occasionnés par l'effort nuancé des qualités
A,B,C, etc. feront connaître dans l'échelle des causes le
gradin rapproché. Ainsi, en acceptant pour vraie la loi de
Comte, en supposant qu'elle soit la plus générale, on arrive à conclure que chez l'homme il y a, parmi les plus
hautes facultés : 1° — un besoin de croyance; 2° — un
vague désir d'explication, un effet transitoire ; 3° — un besoin de réaliser une certitude extérieure. Il serait sans
doute fort curieux de suivre sur les diverses phases de l'organisme français le parallélisme subjectif et objectif; un
point de ce travail délicat peut montrer toutes les sociétés
armées, non pas seulement contre les nouvelles facultés aspirant à la vie, mais contre de délétères influences, ce qui
affirme le *mal* en dehors de toute dissertation.

La science historique créée saura faire rejailir son progrès
sur toutes les sciences précédentes, et j'ose, sans har-

diesse, ajouter même jusque sur la *pure mathématique* ;
elle permettra de déterminer les relations du physique et
du moral, de sonder les fonctions et les organes du cerveau, etc. Cabanis et Gall à deux points de vue divers.......
non ; je rassemble mes guides et coupe au plus court.

Le problème de la philosophie ancienne, parfaitement
posé par les sages de la Grèce, n'a une solution générale
que là. Au début, Thalès, Anaximandre, Anaximène, Pythagore, etc., comprenant l'harmonie entre le moi et le
non moi, n'ayant pas de moyens explorateurs du monde
externe, ont tous échoué ; tous ils cherchaient un lien général, coordinateur, une chimère explicative, donnant l'un
à la terre, l'autre à l'eau, l'autre etc., le pouvoir résumé,
synthétique. Un seul, Socrate, se repliant sur lui-même,
s'était dit : les faits extérieurs nous échappent, le *gnôthi
seauton* saura nous les révéler; les facultés A,B,C, connues
nous apprendront l'histoire et l'univers entier ; c'est une
idée colossale ; ainsi d'abord, méthode objective, étude du
moi par sa correspondance avec les lois du non moi ; puis
problème retourné, méthode subjective ou recherche des
lois par la comparaison de l'être bien déterminé. De nos
jours la scène a changé ; nous pouvons explorer, scruter,
analyser, quoique encore très imparfaitement, et nous retournons à la première méthode, sauf, après une large oscillation, à revenir à la seconde, en se balançant perpétuellement de l'une à l'autre.

Ce mot si général de philosophie, ou ensemble des choses
incombant à la cognition humaine, a été de nos jours particularisé dans le sens rétrici, partitif d'une seule de ses
faces ; l'on a scindé en deux branches l'objet de nos con-

naissances; à l'une on a refusé les moyens de recherche propres à l'autre, en réservant à la dernière les preuves dites de sentiment; on a doté d'une supériorité complète celle qui consistait à mâcher dans le vide, à spéculer sur les divinités de Manfred; on a créé l'autorité du *magister*, produit les chefs d'école, cherché des *criteriums* impossibles du vrai, et laissé la prévision, seul témoin de la certitude, s'appliquer seule à l'autre branche.

Est-ce du fatalisme, cette manière de comprendre l'histoire? Est-ce du fatalisme que d'être forcément soumis aux lois géométriques? Est-ce du fatalisme de ne pouvoir remonter le cours des temps? Est-ce du fatalisme que, bon gré, mal gré, le soleil nous apporte par égales périodes des saisons variées? Est-ce du fatalisme que la faim, la soif, le sommeil, etc., nous tiennent dans leurs inflexibles chaînes? Est-ce du fatalisme que l'on soit forcé de naître et de veiller? La liberté nous laisse le champ des détails; nos mouvements s'accomplissent dans un vaste édifice dont les portes sont closes. Dans le courant qui nous entraîne, embellissons nos heures et ne cherchons point, enfants capricieux ou indociles, à lutter contre l'immuable.

Le côté pratique de l'histoire c'est la politique dont l'une des branches, celle qui se rapporte aux besoins animaux, a reçu le nom d'économie politique; elle donne les conditions de l'existence industrielle, et, à ce titre, occasionne une grande partie des chocs, évolutions, bouleversements; son importance ne doit pas faire oublier que les fonctions organiques en souffrance, qui produisent ces luttes correspondantes, sont inférieures à celles qui dérivent de notions plus hautes, moins isolées, par suite plus puissantes. Je tiens d'autant plus à te bien préciser cela, que les secousses produites par le *boire* et le *manger* sont toujours moins âpres, moins violentes, moins inflexibles, que les secousses religieuses, par exemple.

L'économie politique, dans un état social déterminé, est un *fait*, et nous ne pouvons pas plus influer sur ses propriétés que sur les faits astronomiques ; on peut se demander quelles sont les conditions d'organisation pour que chaque faculté reçoive la plus grande part de satisfaction possible, et que les rapports de producteur à consommateur soient les mieux pondérés ; ainsi recherche de la fonction sociale jouissant de la propriété d'être *maxima* pour une ou plusieurs variables, problème véritable du calcul des variations inattaquable sous cette forme, puisque l'analyse ignore souvent pour *une seule* inconnue ; il s'agit, en dehors des lumières d'en haut, de formuler un système dans lequel chaque rouage soit tellement pondéré que les conditions de maxima soient remplies, et en outre, comme limites, que chacun obéisse le plus possible à ses tendances, tout en restant harmonique à l'ensemble ; les types exceptionnels chez lesquels une faculté prédomine sont seuls à souffrir, et servent de pionnier d'avenir à la couche sociale suivante qui sera nécessaire quand ces types ne seront plus exceptionnels, mais vulgaires.

Tout cela, bien entendu, dans des allures pratiques toujours différentes de la rigueur abstraite de la théorie ; la tendance libre, c'est la liberté infinitésimale du quart d'heure, c'est ne sentir la pression extérieure que dans un sens où l'on est amené à marcher seul, c'est désirer le printemps quand il arrive. C'est en dehors des faits indispensables de réparation de la machine humaine que cette liberté provenant des rouages peut avoir son essor ; on n'est pas libre de lutter contre ses besoins, et contre tout ce qui n'est pas modifiable.

Les conditions d'organisation, et c'est là le plus important, doivent non seulement satisfaire aux relations de *maximum* et d'harmonisation, mais surtout rentrer dans le cadre de la science historique, c'est-à-dire être un état possible sous le réalisme extérieur, en un mot ne pas être relatives à une planète différente de la terre, placée dans d'autres milieux, ayant une histoire tout autre.

Cela recule la solution pour tout ce qui nous passionne, nous entraîne, nous révolte, nous tue, après la reconnaissance des lois de la société; aussi aborder cela, le comprends-tu? sans connaître les lois de l'espace où l'on est, du temps où l'on se déroule, de la matière notre base, notre milieu, des races et ce sont elles qui changent, qui sculptent leur propre statue! — Je déclare hautement, qu'à mon sens, il y a insuffisance de la part de tous ceux qui ont tenté d'emplir cette tonne des Danaïdes, et les travaux de beaucoup sont peut-être des réalités prises de çà et de là, telle dans une planète, telle dans une autre. Donc actuellement je suis négateur en science historique; elle peut avoir une existence objective, et j'y crois; mais elle ne peut s'affirmer puisqu'elle n'a rien prévu; peut-être qu'en ce moment, elle se fait, peut-être est-elle faite; mais pour mériter le titre de science, elle doit demander ses preuves à de longues périodes, à des ondulations, à des mouvements que verront les premiers nos arrières-neveux.

Aussi, quelle que soit la grandeur d'un esprit ou les sympa-
pathies qu'il détermine en moi, je refuse de suite et de plein
droit toutes ses solutions quelles qu'elles soient, comme
forcément avortées; pour prédire la société future, il faut
connaître la nôtre, avoir traversé le milieu mathématique,
physique, biologique, s'être imprégné de toutes ces causes
d'influences, et tant que l'éducation n'aura pas mis chacun
en mesure de juger, les forts à même de créer, les faibles de
soutenir leur drapeau, je m'inscris en faux contre toute
prévision sociale, et préfère l'empirisme traditionnel modifié,
corrigé le plus sagement, à chaque pas, au danger des
romans et des illusions.

Je cours au devant d'un reproche apparu sur tes lèvres;
ces preuves de sentiment que j'ai niées méritent quelques
réserves; ce mot délicat, à sens multiple, emprunte une importance considérable aux qualifications de sécheresse, de
manque d'un sens, d'étroitesse de cœur, sous lesquelles
bien des gens écrasent ceux qui n'acceptent point toute sa
prépondérance; dans la vie privée, parmi les stimulants
personnels, le sentiment compte en première ligne; ceux-
là qui s'usent à rechercher des lois même purement matérielles, ceux-là qui, pionniers de l'avenir, s'efforcent de
réaliser le fil moderne d'Ariane, sont guidés par le seul sentiment. Actuellement ceux qui croient à des lois historiques,
morales, obéissent à une large induction qui n'est encore
qu'un simple sentiment. Si tu veux reporter ta pensée à
l'ancienne distinction entre les sciences nécessaires et expérimentales, tu reconnaîtras que cette barrière enlevée peut
nous mettre sur la voie pour supprimer la seconde; en exa-
minant d'un coup d'œil l'ensemble de tous les systèmes,
hérésies, utopies que chaque âge a vu fleurir, tu avoueras,

je l'espère, que tous se basaient sur des preuves de sentiment, que tous contenaient quelques éléments vrais plus
ou moins mélangés, source de leur passagère vitalité, et
qu'une idée, acceptée par un seul homme, doit à ce seul
fait de ne pas être complètement inadmissible sous toutes
ses faces. Quelles garanties avons-nous donc pour poser sur
ce terrain mouvant les assises de la grande voie humaine?
Comme homme, je puis être, je suis sentiment; comme
race, comme histoire, je le redoute; cet écueil m'a donné
l'épigraphe : *du monde extérieur*. Les esprits à vues singulières, primesautiers, sont écartés en masse, non pas de la
lice à tout venant que nous offre le champ du vrai, mais
d'une autorité régulière; sinon, c'est la révélation que l'on
accepte, c'est l'Esprit-Saint que l'on invoque.

Il est bien difficile de s'arrêter quand on touche à ces
questions qui imposent l'abondance à la plume la plus ingrate ; daigne m'en savoir quelque gré.

Je ne voudrais rendre comptable de ces doctrines qui
que ce soit au monde; formulées, groupées par l'influence
d'acquisitions éparses, je dois cependant en reporter les
premiers germes à notre professeur de philosophie, l'abbé
Noirot (1); si ta mémoire n'est pas ingrate, tu n'as pu oublier cette tête fine et sagace, intelligente et spirituelle, se
dévouant à développer des enfants étourdis ; je désirerais
que ces lignes eussent quelque valeur, pour qu'un lointain
écho de ma vive reconnaissance pût bruire à ses oreilles,
et témoigner d'un vénérant souvenir.

---

(1) Recteur actuel de l'Académie de Lyon.

J'ai omis avec soin, inhabile écolier, d'entretenir un maître tel que toi des narrateurs de l'histoire. — Leur plus grande valeur est surtout littéraire ; pour eux il s'agit de faire goûter un sujet, d'intéresser, de plaire. Celui qui de tous mérite peut-être le plus d'attention, eu égard au choix de son époque, c'est Gibbon ; il a traité la période byzantine et sera le précurseur de celui qui plus tard racontera les événements de notre temps. Nous sommes byzantins, affirmation que j'aurai lieu de te longuement développer ; comme attrait, ceux qui m'ont séduit écrivent à la manière de Schiller pour la guerre de trente ans, véritable épopée dont Vallenstein est le héros ; de Michelet, de Thierry etc. ; la liste en serait longue.

Puis-je enfin terminer cette trop longue épitre ? Hélas ! pour réponse je soumets à tes réflexions le double tableau que voici :

VUES THÉORIQUES .... CORRESPONDANCES PRATIQUES.

Mathématiques. .... *Logique.*

1° —— Physique..................... Construction.
2° —— Biologie..................... Médecine.
3° —— Histoire.................... Politique.
4° —— Religion .... Morale.

Supprime la théorie ; tu arrives à l'empirisme pratique, sans jamais le dépasser.

La mathématique comprenant les lois simples de l'espace et du temps est seule assez accessible pour permettre l'éducation du raisonnement. L'étude de la matière, notre thé-

être, nous apporte le progrès matériel, la non souffrance
physique. L'étude de la nature organique, des races, des
acteurs, nous conduit aux moyens de lutter contre les
effets de destruction. L'histoire nous donne les conditions
gouvernementales et les rapports entre la production, la
reproduction, etc. Enfin sans religion il n'y a pas de morale; ,
cette affirmation sonore heurte tes idéees comme psycologue
et Voltairien ; avant de la caractériser à tes yeux, j'éprouve
le besoin de justifier cette hardiesse avec laquelle moi, chétif,
j'ose discourir sur ce terme de toute analyse humaine, sur
ce *pandæmonium* géant, mer aux flots profonds dont les
rives encadrent toutes nos aspirations.

Depuis le pur nombre, la variable isolée, nous avons
gravité sans cesse, compliquant nos sujets, multipliant les
éléments en concours, orbitant vers des sphères plus larges,
croissant toujours en dignité, en noblesse; dans cette course
entreprise côte à côte et qui a pour but l'enseignement, nous
devons envisager, le devoir tendant la main à la témérité,
cet ensemble solennel qui effrayait Caïn lorsque, bercé par
l'aile du tentateur, se déroulait à ses yeux l'harmonie des
mondes, le passé, l'avenir; je puis amincir et non supprimer;
je puis, respectueux et défiant de moi-même, esquisser avec
vénération le sujet de vénérations séculaires; quelle qu'entière que puisse être ma franchise, elle s'abrite d'un témoin:
il faut être malhonnête homme pour qualifier avec dédain
quelque chose qu'un autre traite de sainte. Si je froisse, si
j'irrite, que cette parole soit ma sauvegarde.

Au début de notre entretien j'avais, en vue de ce passage
épineux, insisté sur le cachet subjectif des lois; les faits
extérieurs sont liés par des rapports préexistants à notre

cognition ; les intelligences qui ont pu les percevoir ont acquis une notion , mais ne l'ont pas créée ; ces lois ne sont relatives qu'à certains états moyens des phénomènes, et forment des cycles superposés dont on doit tenir compte suivant le besoin d'approximation ; la loi est fictive; embrasser d'un coup d'œil le réseau naturel, condenser tous les aperçus autour d'un seul noyau, s'appelle avoir une *unité ;* cette unité , objet final de toute spéculation, est aussi purement fictive ou subjective ; la dernière assise est le lien religieux, et soit que l'homme l'accueille ou le repousse, il lui faut une opinion à cet égard sous peine de n'être qu'une machine à transformations chimiques.

Unité , voilà le grand mot ; tel la prend dans les satisfactions sensuelles; tel la choisit dans une des manifestations artistiques, tel dans un sentiment, et quelque envie que je puisse avoir de formuler nettement les *unités* les plus répandues de notre époque, je me contenterai de te dire que c'est à ce résumé synthétique de toutes ses facultés que l'homme doit toute sa force ; notre causerie, en fait, n'est que l'exposition d'une unité personnelle, cet adjectif n'ayant pas la mission de spécifier ton humble ami. En observant notre tableau, tu dois voir qu'il ne s'agit pas de réciter quelques théorêmes, mettre l'œil à une lunette, peser quelques milligrammes, classer quelques insectes ou poissons, s'agenouiller devant un autel ; il s'agit d'une impression générale, d'une aperception claire de la création, en justifiant sa nécessité par l'influence morbide pesant sur l'esprit d'une étude exclusive, surtout quand elle est inférieure dans la hiérarchie; le pur algébriste peut avoir l'esprit étroit quoique juste, et celui qui spécule sur le dernier terme, s'il voit souvent faux, voit du moins d'amples horizons. Si l'objet de toute étude ne converge pas à ce sommet, le monde ne s'aperçoit que par une étroite fenêtre.

Rassure-toi, je serai bref. Locke, ton maître, prescrit de définir les mots ; celui de religion résume l'ensemble des croyances sur ce qui tient à la vie future, l'explication de tous les pourquoi de la création, la raison de tout ce qui bruit dans l'univers ; on accepte le dogme, on observe le culte et l'on pratique le régime. Elle s'appuie sur des conditions supernaturelles, miraculeuses et la révélation. Elle dérive du verbe *religare* qui nous servira, je te l'ai dit, de nouveau substantif pour dégager l'idée d'origine, de cause première, et nous limiter entre les deux extrêmes: d'où viens-je? où vais-je?

La base surnaturelle est-elle indispensable, ou pourrait-elle s'emprunter du faisceau des réalités extérieures ? le voile de ce sanctuaire ne peut être soulevé qu'après une préparation suffisante ; il faut le pont de la science pour franchir ce torrent, et je dénie à quiconque le droit d'une opinion sérieuse (je ne parle ni de conviction, ni de conscience, ni d'élévation, ni de sentiment), sans la connaissance du grand tout. Au début la pression ultrà-physique a été nécessaire, et peut-être l'est-elle encore pour la majorité des hommes ; sa force de cohésion s'empruntait à un idéal dont je veux avec soin te faire ressortir les dangers.

A mes vingt ans j'ai pu, sansonnet bien appris, guindé sur un tréteau d'amusante ironie, sourire avec dédain sur ces liens mystérieux légués à la vénération des peuples ; aujourd'hui je les nie froidement, résolument, mais non pas à la façon de ces esprits moqueurs qui osent grandir le ridicule jusqu'à la hauteur de la plus vaste des sensations du passé ; leur importance est telle qu'il faut rapporter à cette cause les flots de sang versé ; et quels flots, de quoi rougir la coupole des cieux ! ce qui a entraîné, enchaîné, passionné toutes les générations éteintes, devons-nous l'envisager avec un rire banal ? et n'est-ce pas manquer de respect aux tombes paternelles que de tenir si peu compte des mobiles qui les ont remplies ? Tous à notre époque, peut-être sous le joug des convenances du moment, rejettent au loin ces antiques souvenirs, et pour moi j'ai appelé progrès d'acquérir le sentiment d'une grande hardiesse à oser affirmer la négation d'une vieille tutrice ; autrefois je ne savais pas être hardi en me prononçant à la superbe, et maintenant je nie avec respect, avec reconnaissance.

En prenant le mot de *religare* destiné à dissiper tout ambage, j'accepte volontiers tout ce qu'ont dit même les ultrà-conservateurs ; sentiment mystique de vénération , d'inclination, d'admiration filiale, tendre, résignée, dévouée ; tout ce qu'on peut avoir dans l'âme de bon, de saint, de noble, de digne, d'élevé se traduit ainsi : religion affective, religion de l'art, religion de l'intelligence, etc..; toutes ont leurs saints , leurs dévouements, leurs témoins , leurs martyrs.

Sans *religare*, il n'y a que des individus rapprochés par des sensations animales, relatives à une race, rien de plus ; c'est la viscosité humaine analogue à la force qui unit les gouttes d'eau ; le sable n'est qu'un liquide incomplet ; que devient-il sous le vent qui le balaye ? Le *religare*, c'est une artère sociale, c'est la source des nationalités , *c'est la causalité de l'histoire.* Sans *religare* pas d'agrégat humain, et nous représenterons ainsi l'ensemble des liens groupant une race, en dégageant de toute oiseuse affirmation sur l'inconnu, l'incompris, l'indevinable, l'impossible, en rejetant toutes les formes de la révélation, toutes les transgressions aux lois éternelles, depuis les transformations de Bhrama jusqu'aux pains du désert, jusqu'à la colombe de Sertorius.

Ainsi, lorsqu'Antiochus-Epiphane, d'odieuse mémoire, avait décrété l'unité de croyance dans tout son vaste empire, peut-être avait-il compris et formulé une vérité grande et belle? On peut s'y méprendre à la lecture du livre des Machabées.

L'amélioration qui doit, dans les rapports humains, dériver de la force de cohésion, est un côté pratique moins important que le fait créateur; j'ose espérer que tu ne qualifieras point ce dire de paradoxal; ainsi la morale n'est pas le coté le plus élevé du *religare*. Il se subdivise en plusieurs ordres :

1er Ordre—Général, catholique, c'est-à-dire susceptible d'universalité.
2e Ordre—Patrie.
3e Ordre—Commune, cité, localité, corporations.
4e Ordre—Famille.

La négation du plus général entraîne la facilité pour nier les suivants; tous décroissent en étendue pour croître en détail par le côté moléculaire, microscopique, qui, plus rapproché de nous, devient plus tangible, plus difficile à repousser; le dernier terme revient sous plus d'un rapport à une pure influence organique; c'est la religion des viscères. La famille se sacrifie à la patrie, témoin Brutus, etc. La patrie se sacrifie à la religion du premier ordre; les émigrés de 92 se rapportent à cette assertion; chez eux c'était dévouement chevaleresque plutôt qu'intérêt; l'étranger, c'est-à-dire l'ennemi du second lien, était invoqué au secours d'une notion plus large; l'on peut blâmer et non flétrir, car tout le monde, en fait, comprend ce genre de sacrifice, et les ultramontains du jour subordonnent le sentiment patriotique à une synthèse qui le domine. Les deux premiers liens sont confondus en Angleterre et en Russie, et doivent mutuellement rehausser l'énergie de chacun; mais, par contre, il y a moins de hauteur dans le principe d'unité.

J'aurais pu classer à part à la suite du lien patriotique ce qui se rapporte aux corporations, ou *religare* en quelque sorte concrets; quelques-uns s'élèvent même à une hauteur catholique; les illuminés, les francs-maçons d'autrefois, la sainte Vehme, etc.; d'autres sont bien à leur place au rang des impressions de localité, mais en avant; les hommes, les femmes, le clergé, la noblesse, l'armée, la magistrature, les corps d'état, les polythecniciens, etc., etc., chacun d'eux offre au travers d'impressions générales ou plus personnelles une suite d'affinités électives, en empruntant à la chimie une expression connue; ils forment en quelque sorte le noyau d'adhérents pour lesquels communautés d'intérêt, de jugement, de passion, de fonctions donnent le milieu où s'agite notre essor affectif.

On a vivement attaqué l'esprit de caste, et peut-être a-t-on dépassé le but en repoussant jusqu'à ses avantages; un gentilhomme sous Louis XIII, éclairé, point fanatique de sa naissance, rencontre dans un salon Henri II de Montmorency et René Descartes; de prime abord, il va droit au premier, sûr de trouver distinction, urbanité, habitudes de sa classe, et ce niveau de valeur intellectuelle qui suit forcément la tradition ; plus tard il peut modifier son jugement, et préférer la hauteur de pensée du second à la sûre courtoisie du premier ; au début il avait raison, et cette défense du patriciat s'applique à toutes les catégories ; partout les mésalliances, en étendant ce mot à toutes sortes de rapports, offrent, sauf exception, de graves inconvénients ; quand j'ai prononcé le mot de patriciat, tu n'as pas, je l'espère, englobé sous ce beau titre les hommes qui se consacrent à l'élève des chevaux ; ces soins vulgaires forment le lot des palefreniers et des valets.

Sur ces liens généraux que de choses, que de phrases possibles ! Je me raidis contre la richesse d'un sujet que j'ose esquisser malgré mon insuffisance, l'objet de mes plus chères et de mes plus saintes préoccupations. A notre époque on a reproché un scepticisme complet, qui n'existe qu'à la surface ; l'impuissance avouée des vieilles traditions, le besoin d'en référer aux faits seuls, sans qu'aucune vue d'avenir puisse encore nous indiquer sûrement la route, dominent notre audition intellectuelle. Ce dix-neuvième siècle tant décrié, il déborde de vénération ; il y a engouement envers toutes les sectes ; on ne demande qu'un drapeau, qu'une synthèse, qu'une supériorité. Il ne s'est pas levé un seul homme affirmant sa valeur, essayant un système sans que des groupes nombreux, dont il serait puéril de nier le mérite individuel, n'aient engagé avenir, talent et même fortune sur un vague sentiment de vérité ; ceux-là dont les jugements ont été les plus sévères comptaient parmi les soutiens les plus vifs de ces preuves respectables mais *impuissantes du sentiment*. Nous, pétris sous un ciel brumeux, sans horison de lumière, incroyants forcés, nous ne pouvons acclamer, et c'est à nos arrière-neveux qu'incombera la tâche de réaliser un lien qui, partant des certitudes extérieures, légitimera le bon sens pratique, même pour le pur mysticisme.

En dehors du côté fictif, théorique, subjectif du *religare*, passons à son influence pratique et à la morale. Il s'agit d'une distinction importante: l'on peut séparer la médecine naturelle qui se rapporte aux soins de réfection, à la propreté, etc., de cet art collectif qni émane de la biologie. De même il existe une morale naturelle, personnelle, à laquelle voulait se borner le siècle dernier; elle ne varie qu'avec la race et subit comme elle de lentes, de séculaires variations; au dessus viennent planer les prescriptions dépendantes d'une socialisation, d'un *religare*; et l'on peut constituer quatre séries morales décroissant en hauteur, depuis la catholique jusqu'à la familiale; l'on a formulé cette distinction en comparant l'*ananké kai apikhou* de la philosophie ancienne, simple égalité qui revient au fond à ceci: *Ne fais pas de mal*, et le terme joint par le christianisme, *agapa*. Je préférerai la faire ressortir, la préciser davantage en m'appuyant sur le sort des femmes dans les principales religions. Pour nos Isocrates modernes, ce point de vue servait de base à la défense des liens théoriques; on subissait le dogme en faveur du régime. Mais quelle perturbation, quelle atteinte dans les rapports sociaux, quand, aux prises avec l'ultrà-physique, chacun se refuse à la sanction de l'impossible! Quels désastres! quelles horribles batailles! La religion qui se lève sera une science ou rien.

Cette partie la plus élevée de la morale est donc relative

comme le *religare*, et d'elle, comme de la croyance, l'on peut dire :

> Chrétienne dans Paris, musulmane en ces lieux,
> J'aurais auprès du Gange adoré les faux dieux.

Pour les occidentaux, en dehors du lien chrétien, il y a absence de la plus haute des nécessités humaines ; il n'y a pas de lien, ou s'il existe, c'est à l'état d'aspiration chez plusieurs et de fait chez quelques esprits très rares. Peu d'hommes peuvent dire : voici mon unité, partant, point de morale dans le même sens que sans biologie, il existe des pratiques médicales, de l'empirisme, mais pas de médecine. Pas d'unité humaine, pas de calme, de repos pour la pensée, d'oasis dans le désert ; est-ce raison pour revenir à ce lien, à cette unité, à cette base romaine, à ce passé ? Je réponds : *Non* et cela avec un vif battement de cœur ; combien avons-nous à rester dans cet état horrible de désillusion, de transition à de nouveaux dogmes, quand cesserons-nous d'être byzantins ? Jusqu'à la régénération des études et de l'enseignement, jusqu'à ce que la verdeur de toutes les intelligences d'élite soit jetée sur ces questions pour les résoudre. Dans notre duel contre le temps et l'espace, ces deux ennemis de l'homme, nous ne devons plus arborer *le labarum* comme bannière ; *hoc signo vinces* peut rester comme devise, mais le signe doit changer. C'est toujours avec émotion, avec une profonde reconnaissance pour cet abri de nos jeunes années que, même en l'absence d'un public écouteur, replié dans ma solitude, je refuse l'avenir à ce riche passé ; mon admiration est vive pour le plus splendide monument élevé par la main des hommes aux divinités synthétiques ; nul des liens religieux n'a la majesté, la puissance, la fécondité de cet édifice des S.ᵗ Paul, des Athanase, des Cyrille, Bazile, Grégoire, Augustin, S.ᵗ Thomas, de Maistre. Cette conception grandiose a dominé, enlacé, satisfait tous les grands esprits d'une grande époque, et l'Occident tout entier s'est développé sous cette vive lumière. Qu'ils étaient forts, les gens de ces temps; la distinction entre *omoiousion* et *omoousion*, cause de l'Arianisme, base du concile de Nicée, loin de servir de prétexte moqueur, est un thème de profondeur; cela prouve la synergie intellectuelle de ces hommes héritiers de la Grèce savante, de l'Egypte mystérieuse; d'un mot dit par un homme, conclure cet homme, c'était une déduction extrême; Toulon est là; nominalistes et réalistes, toutes les querelles de plus tard; tous les jours nous procédons ainsi du petit au grand; sur ceci et cela, tel doit affirmer telle chose; c'est une interpolation, chercher le nombre d'idées nécessaires pour fixer la courbe, la forme, la structure intellectuelle d'un type. Aussi pour ce motif, que d'âpreté, que d'énergie dans la conduite des évêques grecs forçant la rétractation des évêques latins, pape en tête.

Ce monument, ami, et je le prends dans toute sa grandeur, son action perpétuelle sur l'homme, sa réponse à toutes les questions, sa solution de tous les doutes, de tous les problèmes, de toutes les espérances, de toutes les illusions, ce monument ne doit pas être attaqué avec les armes légères de Voltaire; avec ses fils je suis catholique, et entre lui et Joseph de Maistre, mon intelligence n'hésitera jamais. Donnant le mot de tout, expliquant tout, créant l'unité célébrale théorique, cet ensemble ne peut être attaqué que par un autre ensemble; les détails ne sont rien, tout se tient; il faut pour la lutte que le rideau de la nature soit déchiré du haut en bas, image de celui qui s'entrouvrit à Sion.

L'allure de ma négation ne me laisse aucun espoir de retourner docile au giron maternel. Ce n'est pas que je veuille m'appliquer le mot fameux: *Peu de science en éloigne, beaucoup y ramène*; je puis être parmi les ignorants de mon siècle, et avouer encore que ceux qui savent le plus n'entrevoient que quelques points lumineux dans une vaste plaine noire, quelques jalons brillants parsemés dans l'inconnu.

Deux hommes ont repris, avec une grande hauteur de vues, du mérite littéraire, de l'élégance sérieuse et poétique, ce sujet arraché par la mort aux mains de Joseph de Maistre: Chateaubriand, Nicolas; le premier termine sa préface par ces mots: *J'ai pleuré, j'ai cru*; le second affirme deux sources de vérités: une certitude pour les sciences, une autre certitude basée sur le *sentiment*, puis cause première, révélation, le reste n'étant qu'un long et beau syllogisme. Après les maîtres, les écoliers vulgaires sont venus parader, moquer l'espoir de cognition qui s'attache au nom des savants, s'exclamer d'une banale admiration devant le brin d'herbe qui pousse, citer le fier Sicambre, et condamner à leur tribunal quiconque se refuse à les suivre; d'une niaise vanterie d'athéisme, fanfaronnade des repas du 18e siècle, négation de l'inconnu, ils ont pétri une flétrissure à l'usage de tous ceux qui osent avouer qu'ils ignorent; pour moi celui qui repousse une cause première est aussi faible que celui qui prétend formuler l'aspect, les goûts, l'histoire de cette cause. Il serait vraiment temps qu'il y eût réaction contre ces chevaliers du sentiment, si exclusifs, hautains, spirituels, dont les discours reviennent à ceci : vous savez quelque chose, vous désirez comprendre, donc vous n'avez pas de cœur ; mauvais fils, mauvais époux, mauvais père, sec, mathématicien, astronome, médecin ! Nous autres, chez qui le besoin de prévoir ne domine rien, nous réclamons le sacerdoce des vives sensations.

Il me semble que l'on pourrait tenter autrement le génie du christianisme comme le génie des principales croyances contemporaines ; les juger du dehors, montrer la beauté des symboles, des emblêmes, faire ressortir cette magnifique preuve de l'identité du moi à travers les âges, raconter comment l'homme ne peut naître, respirer, vivre, agir, aimer, penser, mourir sans subir, aujourd'hui comme il y a mille ans, l'étreinte de fer du lien catholique ; enfin recommencer, pour cette coordination extérieure de l'être ce qu'avait écrit Bacon pour la sagesse des anciens. Ce serait, il est vrai, renoncer à la théologie, sortir de la spéculation idéaliste sur la cause première, et ne plus quintessencier à tel point la notion de providence que, de ce terrible et sévère Dieu des Juifs, il ne reste plus qu'une silhouette, un nuage ou plutôt sa pénombre.

Ce qui nous manque, en général, c'est l'idée synthétique ; l'esprit de système est comme la nourriture ; indispensable toujours, bonne elle vivifie, mauvaise elle tue. La manie du détail nous dévore. Pour avoir constaté que certains éléments communistes doivent mériter une part sociale, on vous appelle disciple de Cabet, l'on ne veut plus faire de l'être qu'une chose, une molécule, un engrenage de machine ; pour avoir soutenu que Fourrier, Proudhon, etc. ont émis quelques idées saines et justes, on vous accuse de réciter leurs livres, d'abdiquer toute personnalité, et de ne plus rien voir qu'à travers le prisme miroitant de leurs erreurs. Personne ne veut s'appliquer le *ne sutor ultrà crepidam*. S'il s'agit d'un langage technique que l'on ne puisse balbutier, on se tient à l'écart, mais pour peu que l'on sache donner un sens incertain à des mots équivoques, il n'en est plus ainsi. La femme veut être intelligence et sortir de ce cadre de la grâce et du cœur qui la rend si forte et si riche; intelligence pratique et non point organique, elle s'indigne d'une infériorité, quelle qu'elle soit, et renie sa royauté. Messieurs du sentiment se trouvent un rôle facile; l'esprit saint cohabite avec eux, et la révélation se promène incessamment de l'empyrée jusqu'à la terre pour suffire à leurs menus plaisirs. Le premier lycéen, prix d'honneur de rhétorique, vient demander dans un journal la rédaction de l'économie politique, et jeter au public ses souvenirs de Rome et de Sparte, ses admirations moyen-âge, ses théories applicables il y a dix siècles, et gâter, nouveau S.-Just, le cerveau de chacun par un incroyable mélange d'assertions filles du hasard, sans contrôle, sans vérifications.

Comment? on exige un diplôme des médecins pour garantir la vie matérielle, et l'on veut pour le côté vibration intellectuelle se moins prémunir! Quelle belle occasion de faire un dythyrambe sur la médiocrité ambitieuse qui se précipite ardente dans ce forum où la palme est au plus parlant! Au reste les moyens de comparaison manquent, et dans le *droit*, dans l'*absolu*, pourquoi ne pas réclamer comme la dot légitime de chacun *le droit au génie?* Parmi les classes qui ont le privilége de l'éducation, il est peu d'hommes dont la fortune soit inférieure au niveau. Dans chaque camp l'on est fier d'accueillir un nouveau soutien, et quoique, suivant Montaigne, les forts se taisent souvent quand parlent les faibles, chaque coterie s'efforce d'attirer les types méritants.

L'éducation de plus tard saura établir une jauge sociale suffisante pour réprimer les écarts de l'amour propre ; ceux que les éléments auront vaincus ne perdront point sur de plus hautes conceptions leurs inutiles labeurs ; ils resteront praticiens. Je ne demande point de barrières, mais j'attends du progrès que le rire impérieux de la foule aille stigmatiser au front tous ceux qui pénètrent dans la lice avec une feuille de figuier pour toute armure, qu'il les voue aux gémonies du ridicule.

En vérité je ne puis retenir ma colère, et laisse flotter les rênes. Vous tous, théoriciens de tout genre , qui désirez prendre la part du lion aux luttes intellectuelles de cette époque, vous qui spéculez sur le nombre, l'espace, le temps , les cieux, la matière, les êtres animés, les groupes sociaux, les liens religieux, quel que soit le détail où vous voulez régner :

— Vous ne savez pas l'analyse, les lois du nombre, la pure logique, les conditions d'enfance de la simple raison, arrière et anathême.

— Vous ne savez pas la géométrie, les lois de la forme qui enchâsse tout, le lieu des corps, arrière et anathême.

— Vous ne savez pas le mouvement, les lois du temps, le lieu des faits, arrière et anathême.

— Vous ne savez pas l'astronomie, les conditions immuables de nos orbes terrestres, vous ne savez pas observer, arrière et anathême.

— Vous ne savez pas la physique, le champ de toutes nos courses, la pâte dont nous sommes pétris, vous ne savez pas expérimenter, arrière et anathême.

— Vous ne savez pas la biologie, la gradation de l'homme à la matière, l'influence successive, continue des vies inorganiques, végétatives, instinctives, intellectuelles, vous ne savez conclure aucune recherche, vous ne savez ni comparer ni classer, arrière et anathême.

— Vous ne savez pas l'histoire, le développement extérieur, reflet de l'organisation interne, arrière et anathême.

— Vous ne savez pas les liens, les sources d'association, vous ne savez pas harmoniser les deux mondes, vous n'avez pas d'unité, vous ne faites pas remonter l'influence des moyens de faire jusqu'aux premières notions, vous êtes encastrés dans les détails, arrière et anathême, etc., etc.

Il est temps de m'arrêter ; aussi bien il a été écrit : Tu ne diras point *racca* à ton frère, et il se peut que, nouveau Quasimodo, j'appelle musicale harmonie ce que d'autres nomment le carillon de mes cloches bourdonnantes ; il n'y a, mon ami, que ma passion pour le vrai qui puisse, même auprès de toi, faire excuser pareil entraînement.

Au reste, distinguons bien, je parle des hommes spéculatifs ; quant aux rois de l'action, c'est autre chose, et je proclame très haut les supériorités non érudites pour chaque fonction spéciale. Mais si dans le passé, des types sans culture intellectuelle ont pu frapper par leur grandeur, un Anne de Montmorency par exemple, etc.... on doit reconnaître que déjà, pour être éminent, il faut être lettré, et sous peu, ce sera plus encore, il faudra savoir; il y a là une comparaison d'époques. Partout où l'on ne peut prévoir, partout où les sciences n'ont pas encore esquissé d'ébauches, le côté pratique se règle sur l'empirisme et le développement d'un instinct spécial. Le tact de l'ouvrier en tout genre, du diplomate, du ministre, du général, du marin, du médecin, de l'ingénieur, de l'homme du monde etc., etc...

Le moment où je parle est déjà loin de moi.

Il s'agit bien de réflexion! l'organisation s'harmonise avec l'ensemble des conditions de telle sorte que souvent l'on sent ce qui doit être sans pouvoir s'en rendre compte; c'est quelque chose d'analogue au tact maternel; la mère sent, devine les besoins de son enfant, elle ne les raisonne pas; c'est l'histoire de M. de Ségur et du comte d'Aranda. Aussi comprends-je parfaitement un état social où l'on a, de prime-saut, des élèves ministres, généraux, etc, comme des élèves ingénieurs, médecins, etc... pour les développer jeunes parallèlement à leurs fonctions. Je me rappelle d'une causerie avec un vieux docteur à qui j'allais soumettre quelques vues biologiques. Je vous avoue, me répondit-il, que j'ai oublié tout cela; je l'ai su et dois mon développement à cette acquisition, mais l'expérience pratique, le tact médical est ma seule ressource. J'aurai souvent plus de confiance dans mes diagnostics que dans ceux des professeurs les plus célèbres de Paris, tout en m'inclinant devant leur éminente supériorité. Ce que l'on appelle le tact dans le monde n'est que cela ; l'instinct de ce qui est à faire, inspiration des habitudes, au lieu de la réflexion toujours retardatrice.

Les théoriciens ne vaudront jamais rien dans l'action, cela pour mille motifs ; ce ne seront jamais les gens à vues sociales qui devront prendre le timon social ; sans cesse portés à apprendre, ils se disent chaque jour : hier j'ai progressé, demain serais-je le même? Cela coupe l'initiative ; il faut, pour agir, une énergie de volition qui ne s'allie qu'avec l'énergie de la conviction, une sorte d'absolutisme dans le point de vue dominant. Il serait curieux de suivre à cet égard un parallèle entre Seyiès et Bonaparte, Lamartine et Cavaignac, etc.

Plus on s'éloigne dans la série scientifique, moins au reste les premières bases sont nécessaires ; ce n'est plus qu'une sérieuse préparation.

Tu me demandes, un peu malignement, à comparer les deux genres des acteurs et des penseurs ; tu veux que je m'explique sur la supériorité que je puis accorder à l'un d'eux Cette difficile question, je l'élude par cette remarque: dans un milieu donné quel est celui qui domine? Celui qui a le plus de cœur, le plus d'intelligence, le plus de force? Non. Celui qui a le plus de caractère. Voici deux beaux noms, Arago et Poinsot ; le premier, magnifique organisation, maréchal de France manqué, chef d'État manqué, arrivé vingt ans trop tard pour disputer un rude joûteur, refugié dans la science qui l'a illustré. C'est un caractère des plus puissamment titrés ; comme savant je le nie ; vues ingénieuses,

finesse d'aperçus, élégant causeur, etc... il a fait un grand
mal à la science contemporaine ; vulgarisateur surtout, il a
préconisé les travaux de détails, les réflexions isolées, les
petits mémoires ; sous lui l'importance d'un tout a été attribué à de gracieuses petites pensées, méritantes sans
doute, mais converties d'arbrisseaux en cèdres du Liban. Le
second, M. Poinsot, tient pour moi le sceptre de la science
mécanique tombé des mains de Lagrange ; son nom n'est
pas même l'écho affaibli de la sonorité d'*A-ra-go!* Supérieur
de beaucoup en intelligence, il est dominé par le premier.

Cela rentre dans ce fait de classement des hommes qui a
servi de prétextes à tant de divagations creuses, de puériles
négations ; décidément je reviens sur mon refus ; ce sujet
m'est précieux pour dissiper toute équivoque.

Essayons de l'analyse et du point de vue historique ; ne
crois point à un jeu algébrique ; si j'utilise une formule, j'espère être plus clair. On veut mesurer l'homme et, faute de
données exactes, on opère avec une suite d'approximations.
L'art. 6 de la fameuse déclaration des Droits de l'Homme
porte que dorénavant *tous* seront admissibles aux emplois
publics suivant les conditions de *capacité, vertu, talent.*
Cela n'a-t-il point toujours été ainsi ? On a cherché des
moyens appréciateurs et l'on s'est dit : ceux à qui la naissance apporte un concours de circonstances heureuses, de
loisirs, de traditions, etc... ont plus de raisons d'aptitude ;
le mérite d'un homme est proportionnel à sa naissance. Plus
tard on a cru voir que la fortune était une des conditions du
développement personnel ; évolution ; pas en avant, le mérite
est proportionnel à la fortune. Plus tard encore certains
types, devenus assez fréquents pour obtenir une place, ont

exigé quelque chose de proportionnel au talent prouvé par voie de concours à l'origine et dans la suite par les actes; troisième terme. De sorte que $Ax + By + Cz + etc.$ formule ou x, y, z représentent la naissance, la fortune, le talent, affectés d'un coefficient plus ou moins fort suivant l'époque, résume la puissance d'action sociale d'un homme; plus on va, plus le cercle s'élargit, plus on admet de termes, et la société progresse d'autant plus qu'elle cherche davantage à resserrer la vérité; aujourd'hui $5x + 4y + 3z + etc...$ représenterait assez bien l'influence réelle d'une individualité; la naissance et la fortune comptent davantage que le pur mérite. Il est curieux que ce soit moi, un renégat de nos croyances, dont les tendances effrayaient ta philosophie moderne, qui affirme la valeur persistante d'un terme, de deux termes, dont la Constituante a eu tort de ne plus vouloir tenir aucun compte, quand la sagesse exigeait d'en ajouter de nouveaux, d'atténuer la valeur par trop prépondérante des premiers, mais sans devoir les complètement exclure.

Chacun dans ces temps de caprices et non de régime, d'unité, attache plus d'importance à tel ou tel titre, et moi, dont le seul avenir pourrait être dans un problématique talent, j'ose dire que la capacité ne suffit pas, qu'il lui faut un passé, que l'érudition, cet avenir du pauvre et du plébéien est une force secondaire.

L'évolution sociale correspond à l'admission sociale, et peut-être la secousse de 1848 eût-elle avorté, si l'on eût politiquement adjoint le terme relatif au seul savoir. La féodalité correspond à l'époque où l'on avait converti en loi la proportionnalité du mérite à la naissance; il y a eu un pas-

sage féodo-financier, puis nous sommes à une troisième
période, chaque terme continuant à exister, et il s'agit, je le
répète, non pas de les exclure, mais de les pondérer, de les
utiliser.

Toutes les fois qu'en toute science on ne connaît pas la
loi, on suppose le fait proportionnel à une simple quantité ;
série de Taylor appliquée à l'histoire, substitution l'une à
l'autre des fonctions sociales, évaluation, *osculation*. C'est
ainsi que l'on peut comprendre cette remarquable assertion
de M. Dumas : la puissance d'action d'une société se mesure par la quantité de fer qu'elle consomme, la quantité
d'acide sulfurique qu'elle emploie. Ceux qui, bercés par le
désir de voir s'accroître l'influence industrielle, borneraient
à ces deux termes la mesure d'une nation, commettraient la
même erreur qu'en limitant au pur talent l'appréciation
d'un homme ; aussi, moi qui n'ai pas la tradition, j'aime à
chosir mes amis parmi ses élus, et j'ai assez de hauteur de
cœur et d'intelligence pour reconnaître dans autrui ce qui
me fait défaut, pour escompter ce que le passé ajoute de
grandeur à chaque individualité; je suis loin d'être légiti-
miste et je n'en vois pas moins une auréole de mille ans
autour de la tête du dernier Bourbon.

La théorie des garanties sociales ressortit au même sujet;
dans une société incroyante, retenue en groupe par la loi
de Kepler ou la continuité du mouvement et l'ensemble des
satisfactions matérielles, on peut rejeter le terme relatif à
la valeur morale, à la probité, etc., d'autant mieux que
notre administration française n'est qu'une arme de défiance
contre des malversations possibles; l'honnêteté quand
même est refusée par les défenseurs de la méthode senti-

mentale!!! A ce point de vue, on peut affirmer que la confiance dépend de la naissance et de la fortune presqu'exclusivement; Rotschild est le plus honnête homme de France comme étant celui que l'on peut le moins tenter; le fantôme des aïeux se dresse en forme de spectre devant le gentilhomme prêt à faillir, et ceux qui, comme nous, ne sont défendus ni par le passé, ni par la fortune, ni par le *religare*, qui n'ont que les principes incertains d'une bonne éducation, ou l'ébauche d'une instruction tronquée, ne méritent créance qu'après de longues épreuves. Cette théorie brutale, ignominieuse, je te conjure de la considérer comme l'expression d'un fait et non point comme une débauche d'esprit douteux. Je désire ardemment qu'un lien social soit assez fort pour dominer la probité et ne permettre qu'à de rares intervalles des types d'*Anani* et *Saphir*.

Pardonne-moi, mon ami, d'avoir été si long et si bref dans cet inhabile hommage au progrès humain; ce mot tant controversé résume à mes yeux l'action de l'homme sur le monde extérieur, et le sentiment des conditions nouvelles où le place une connaissance plus approfondie de son milieu, des lois qui le régissent; son acception est double: sous un rapport, César-Auguste, *Imperator*, n'avait pas de vitres; progrès matériel; sous l'autre, ne pas mettre en cause sa liberté contre des faits immuables, aimer avec le cœur et non croire avec lui; progrès moral.

Pour clore notre entretien, il ne me reste plus qu'à tenter une excursion sur le domaine littéraire et à réaliser l'application de la méthode historique à la théorie de l'enseignement; de ce grave objet le cadre est immense; et si mes esquisses insuffisantes n'ont point sculpté un monument assez riche, j'ai du moins fait effort pour que la voûte en fût haute. J'ai souvent réprimé l'ardeur indiscrète qui me poussait à creuser ce large programme, et j'aurais satisfait à ma tâche si j'avais pu te convaincre que le cœur, le sentiment, les émotions affectives ont d'assez belles pages pour ne point usurper une fonction, imposer la crédulité.

Allons! Hozannah pour ces conditions du beau et du vrai, pour cette création multiforme qui se déroule dans le temps et l'espace, dans des rapports nombrés, comme l'immense poëme destiné à faire tressaillir d'orgueil chaque penseur, mais aussi à lui témoigner à chaque pas sa relativité, son humilité!

La basilique de la science, quelque hautes et magnifiques que soient les cathédrales de la chrétienté, sera plus haute et magnifique encore; et quelque jour un S.-Ambroise nouveau viendra faire ployer le genou des puissants d'ici bas devant son portique entr'ouvert.

Ha! c'est Isis cette fois, avec son inscription fastueuse : *Je suis ce qui a été, ce qui sera, nul n'a soulevé le voile qui me couvre.* Depuis bientôt quatre mille ans, Pygmalion nouveau, l'homme la supplie de s'animer, de se laisser dévoiler, et c'est à peine à nos âges si elle a daigné sourire; mon ami, qu'elle est belle! sur quelques indices nous avons deviné la magie de ses traits ; c'est d'un coup d'œil, de loin, ainsi que la Minerve de Phidias, qu'il faut l'embrasser, qu'il faut l'admirer; ne nous perdons point dans un des plis de sa tunique, unissons nos efforts pour contempler radieuse dans toute sa splendeur la nouvelle déité.

Un jour tu m'apparus dans ta grandeur suprême,
Et le dôme aux tons bleus, parsemé de joyaux,
N'était plus à mes yeux qu'un vaste diadème,
La parure en brillants de magiques tableaux.

Introuvable idéal que Faust avait cherché,
D'Hélène vers Gretchen, du présent au passé ;
Fils d'hier, négéant! Autrefois Aphrodite
Avait ainsi jailli des sillons d'Amphitrite,
    Dans toute sa beauté.

Minerve, ce blason de l'antique science,
Est femme sans jeunesse, est fille sans enfance;
Se façonnant d'un bloc dans l'olympien cerveau,
Elle court, déjà mûre en sortant du berceau,
    Vers l'immortalité.

Quand le rêveur saint Paul sillonné d'un éclair,
Au chemin de Damas sentit frémir sa chair,
C'est que d'un jour complet, illuminé sublime,
Il avait d'un regard embrassé tout l'abîme,
    L'entière vérité.

Le penser dans mon cœur par sa puissante étreinte,
Nouant l'ardeur d'aimer à ta conception sainte,
Me soulevait ému, les deux bras en avant,
Pour tomber à genoux, enivré, palpitant
    Devant ta royauté.

Enthousiasme et amitié.

VIᵉ LETTRE

—

IMPERSONNALITÉ.

Ta réponse est venue me surprendre dans un moment de
doute et de rêveuse tristesse; elle a augmenté cette disposition tout en me faisant battre le cœur par cette douce réminiscence de notre vieille et solide amitié. Tu es curieux de
me voir conclure, et me défends d'y voir une épigramme.;
la couleur affectueuse de ta lettre me donne droit de le
croire; tu reconnais le sérieux de ma thèse, et parmi les
choses qui t'ont frappé, tu comptes en première ligne les
changements accomplis dans le sujet de mes plus chères
préoccupations; tu veux bien t'étonner que le romancier de
nos soirées d'enfance, le chroniqueur de contes merveilleux,
celui que l'on priait, en se serrant auprès du poêle, de
raconter quelques-uns des livres lus la veille, en cachette,
soit maintenant dans le camp scientifique; écrivant sous
l'influence d'un préjugé qui interdit l'usage de l'imagination
aux chercheurs du vrai, tu établis un contraste entre les rêves
de l'enfance et les songes de l'âge mur; obéissant à ta nature
d'artiste et d'ami, tu grandis les souvenirs, en me faisant
une trop belle part; tu veux retrouver dans l'homme des
tendances exclusivement littéraires, et l'espoir d'une pro-

messe que l'enfant ne donnait peut-être qu'à travers le prisme
de ton affection. Tu me rappelles le poème sur la Grèce et
Byron, le nombre de ses chants, le nombre de ses vers,
l'assemblée des divinités nationales, le rugissement du léo-
pard, le cri d'allégresse du coq gaulois, le combat entre les
vices et les vertus de Byron, puis sur la prière de la Vierge
Mère, les vices, l'orgueil en tête, refoulés dans l'abîme, et
l'ange du dévouement escortant l'âme de Childe-Harold jusqu'aux pieds du trône de l'Éternel. — Toi, mon rival vainqueur, tu scandais le génie du paganisme, chantais Odin,
les blondes Valkyries, la chasseresse Vahala, et déjà, spirituel moqueur, tu attaquais par l'ironie et l'art le monument
chrétien ciselé par Châteaubriand. Comme réponse, je m'essayais à parodier Milton, et dans ces tours fatigants accomplis par le Seigneur en Genèse, je voyais une insulte à celui
qui d'un mot avait créé la lumière ; puéril détail en regard
des inspirations de Moïse... le chaud et le froid, l'indispo-
sition subite qu'entraînait tant de mouvement après tant de
repos, me valut un hourah peu flatteur. Tout cela n'était
sans doute qu'un peu de bouffissure, qu'un peu de juvénile
exagération, et par intervalles je pourrais encore être séduit
par l'appât d'une palme littéraire, si l'épingle du bon sens
ne livrait passage à mon aquilon peu tumultueux.

Cependant il me faut répondre à ta demande, et glisser,
après un long retour, sur la pente que me ménage ton affectueuse insistance. Si chacun racontait naïvement, non pas
ses façons d'être, les lieux qui abritèrent sa jeunesse, ce
qu'il faisait à chaque âge, mais sa vie cérébrale, ses successeurs pourraient en tirer une haute utilité ; une profonde
remarque de Dugald-Stewart, sur ce sujet, m'a toujours
fait croire que les biographies de nos illustrations n'étaient

point ce qu'elles devaient être ; je conçois que pour un Durham-Hereford, un étalon de prix, une plante rare, l'histoire soit relative aux faits extérieurs ; cela doit être aussi en partie pour l'homme, puisque les influences de toute nature concourent à le former ; nul ne peut affirmer que la plus minime dès conditions du milieu soit sans influence sur le développement, mais enfin ce doit être secondaire. Je voudrais montrer le chemin parcouru par l'intelligence, esquisser l'impression produite par tel fait, telle ou telle lecture, indiquer le carrefour où l'on a vu chacun s'égarer, et rendre ainsi rapide le parcours d'une voie bien explorée. Quand on compare des hommes comme Fermat et Descartes, tous deux éminents, l'un cachant ses moyens, cherchant à dérouter son lecteur, à le surprendre, l'autre, au contraire, vous appuyant la main sur le fil conducteur, on éprouve un regret sincère ; il s'agit d'aider la foule et non point de régner sur elle. Certes, pour Guizot, Humbolt, Bacon, Descartes ou Comte, cette anatomie intellectuelle offrirait un vif intérêt ; nous assisterions au dépouillement de chaque pensée délaissée, de chaque idée recueillie. Les cerveaux exceptionnels méritent seuls l'attention générale à propos de cette trituration fictive, et même aussi à propos des luttes et des combats intérieurs ; chez l'homme distingué, mais ordinaire, pareil développement conduit à l'ennui et à la pitié. En m'exécutant d'aussi bonne grâce, je sais d'avance que tel est nom lot ; je veux toutefois me garantir le plus possible de cet écueil en n'emplissant point quelques pages de ma seule personnalité.

Je voudrais, entre nous, saisir cette migration cérébrale qui nous place en regard, tous deux partis du même point, pour jouer, moi, le rôle d'un apôtre convaincu mais maladroit, toi, celui de rieur sceptique et ironique : ce ne sera qu'une forme pour exposer une suite d'impressions acquises par treize ans de courageuses études, pour classer des jugements sur quelques maîtres de la philosophie, et le *moi* interviendra dans ce sens seul que l'on ne raisonne pas avec le *moi* de son voisin. Les noms que je citerai, les remarques qui les suivront, n'auront point pour mission de faire comparaître devant mon tribunal de hautes individualités, mais de montrer la part qu'elles peuvent avoir dans un développement intellectuel anonyme.

Dans nos luttes de jeunesse, tu étais correct, déjà pur et harmonieux, moi plus sauvage, plus touffu peut-être, mais inégal ; en amplifiant nos souvenirs, tu étais une harpe éolienne, et moi un diminutif de petit volcan ; ta gaîté savait se faire douce, la mienne était turbulente ; au sortir des lycées, nous marchions côte à côte toujours unis, toi t'essayant aux soupirs de Tibulle, aux luttes anacréontiques, toi Voltairien, cherchant la grâce légère, la forme élégante et nombreuse, moi catholique forcéné, à tendances ascétiques, jeûnant, priant, me flagellant quelquefois, et faisant, sous l'impulsion d'un mot de Cicéron, cet affreux roman qui nous fit tant rire, quelque chose de plus atroche que le Titus Andronicus de Shakespeare, vingt hommes tués à coups de hache dans d'incroyables circonstances, etc..... Que sais-je?

Les rêves d'ambition paternelle avaient exercé une pernicieuse influence sur mon élément moral ; j'avais songé sous la promesse d'une éducation large, couronnée par un voyage aux universités d'Oxford, de Cambridge, de Bologne, de Padoue, d'Heidelberg ; pour un esprit trop faible c'était un germe d'orgueil, et le jour de la virilité m'a seul préservé.

Les chances de la vie me poussèrent à l'étude des sciences pendant que, pour parler notre langage de rhétoricien, les neufs muses accueillaient tes prières. Mes études scientifiques, quoique faites dans un cadre assez complet, ne portaient que sur les faits matériels, et d'instinct je comprenais la nécessité d'une culture encyclopédique. En ne voyant que la moitié du vrai, on ne peut avoir l'esprit juste sur son ensemble, et sans la pression des généralités de toute nature sur l'intellect, le génie seul peut se préserver de vues médiocres sur chaque détail; lui seul peut, entre quelques rares éléments, interpoler des jalons nouveaux, et la commune mesure des hommes exige un grand nombre de points de départ.

Les quelques années où nous vécûmes oublieux l'un de l'autre furent bien remplies; tout en cultivant Lagrange et ses émules, m'initiant à l'astronomie, à la physique, etc., je lisais beaucoup; passion du jeune âge qui n'a pas subi l'empreinte des années; comme au temps où de concert nous inventions des bassesses envers les heureux possesseurs de volumes interdits, je me livre encore parfois à de véritables petites débauches envers les cabinets de lecture; j'étais attiré par tout ce qui avait un nom dans le passé, dans le présent; poètes anciens et modernes, historiens, philosophes, romanciers, etc. Sur cette informe éducation des colléges, je cherchais à juxta-poser un complément, alliage bizarre d'un esprit non dirigé.

Je tombai par hasard sur les collections de l'ancienne

École Normale; cela a exercé sur mes tendances une influence décisive; Lagrange, Laplace , Monge, Daubenton, Berthollet, Garat, Laharpe, Thouin, Bernardin de S.'-Pierre, Volney devant quinze cents auditeurs, avec des élèves comme Joseph Fourrier, avaient là, créé, reformé, classé un nouvel enseignement ; ces illustres ont élevé le titre de professeur au rang des plus pompeux, et de ce mot pédantesque ont fait une appellation qui annoblit ou écrase.

Je lus Bacon et Descartes; du second je récitai la Méthode, et du premier j'admirai le *novum organum* et le Traité de la Sagesse des Anciens; de ce jour ma route était tracée ; Bacon incomplet pour notre situation dans le temps et l'espace devait être refait.

Un mot sur quelques hommes; sans ordre ; peu de noms, pas de stérile nomenclature; ceux dont les idées, comme en un champ fertile ou dur au laboureur, ont déposé chez moi des germes indélébiles. Les purs métaphysiciens m'ont toujours déplu, et de nos jours on a vu leur grand'prêtre, Monsieur Cousin, abdiquer son rôle , et suivant une pittoresque expression découper, comme refuge, de la dentelle métaphysique dans le cœur des illustrations féminines.

Volney. — Les Ruines m'ont occupé toute une nuit sans détacher mes yeux ; la magie du style , la nouveauté des sujets , la hardiesse des négations m'entraînèrent sans me convaincre ; à dater de cette lecture j'ai cherché, à toute heure, une pâture, et j'ai voulu m'initier aux philosophies de tous les temps.

Dugald-Stewart, Reid, l'École Écossaise.—Le dernier éclat

projeté par leurs successeurs a éclairé les derniers rayons de l'école française; Destutt de Tracy, Maine de Biran, Laromiguière, Royer Collard, etc. ont accrédité l'école du bon sens; son impuissance provient des bases; ses allures sont saines.

Guizot. — L'Histoire de la Civilisation en France est l'œuvre d'un bénédictin érudit. Quant au volume sur l'Europe, il y a là des pages admirables sur l'influence de l'état social sur les mœurs, la famille, le développement physique et intellectuel. Il est écrit avec une magnificence d'expressions qui rend fier de savoir notre langue; si cet homme, mon ami, eût eu la conscience du monde extérieur, il eût étonné la postérité. Mais quelle surprise, quelle chute pour les jeunes hommes de cette époque, n'aimant pas toutes ses idées, mais admirateurs du talent, de cette parole vibrante, sonore, de ces vues larges quoiqu'incomplètes, en recevant son dernier don, cette Démocratie au style terne et grisâtre, à la banale silhouette!

Rousseau. —Style serré, dense, notions d'absolu; bisaïeul des prétendants aux droits au travail, au printemps, etc. Quant aux Confessions, j'ose avouer qu'elles ne m'ont point conduit à mépriser l'homme; quoique le talent littéraire n'ait point pour mission de montrer les mauvais côtés de la nature humaine, on pourrait dire volontiers : que celui qui est sans péché lui jette la première pierre. Au reste, il ne me convient pas de mesurer ces types exceptionnels avec le mètre qui sert à toiser le vulgaire; il ne s'agit pas d'excuser, mais d'expliquer.

Châteaubriand. — Dans les Études Historiques, le jeune

homme bouillant, impétueux, chercheur personnel, déborde ; des vues fausses, des aperçus très larges, de la passion, de magnifiques pensées, une verve entraînante, un sentiment vrai des mouvements historiques, de véritables prévisions ; ces qualités, ces défauts se retrouvent parfois dans les Mémoires. L'instinct des conditions du vrai domine dans le Génie du Christianisme ; des tableaux destinés à séduire, une synthèse magnifique offerte dans toute son ampleur, et l'érudition, le syllogisme, l'argumentation ne jouant qu'un rôle secondaire. La grandeur des institutions catholiques devrait tenter quelque renégat, et si, de choses tellement vivantes, l'on pouvait parler comme des Mèdes ou des Assyriens, ce livre serait à refaire.

Bossuet. — L'un des pères de la saine école historique ; le Discours sur l'Histoire Universelle est un chef-d'œuvre de méthode ; Volney, dans ses leçons à l'Ecole Normale, peut-être un peu trop partial, ne lui a pas rendu une assez haute justice tout en formulant le seul reproche possible. Quant à son action décisive sur ce que l'on appelle le gallicanisme, il a, pour moi, sacrifié l'idée plus large à l'idée inférieure ; évêque et courtisan tour à tour, il a fait plier ses convictions aux désirs du maître, ramené le lien catholique aux proportions d'un sentiment patriotique, et enlevé une des pierres angulaires du monument romain ; grand pontife en fait de langage, il a voué un talent exceptionnel à ébranler l'édifice du colossal Hildebrand, l'une de mes plus hautes sympathies, et l'un à l'autre, ils sont à mes yeux ce qu'est le ver rongeur du chêne au chêne lui-même.

De Maistre.—Nouveau Bossuet campé entre deux siècles, ayant forcé son intelligence à orbiter en dehors des lois du temps, il s'élève à une toute autre hauteur; le livre du Pape est écrit avec la plume d'un géomètre; ce penseur hors ligne eût été dans les sciences un chef éminent, quelque chose comme un rival de Lagrange.

Montesquieu. — A ce nom tu t'inclines, et j'accompagne cet hommage; toutes les fois qu'un homme a obtenu à ce degré l'assentiment de tous, ce ne doit être qu'avec une sorte de religieuse émotion, en se refugiant sous le manteau de la causerie que l'on peut se permettre un humble jugement. Dans cette œuvre magistrale, l'Esprit des Lois, il me semble que le titre est encore plus grand que le résultat; ces mots de fonctions, de lois sont les plus généraux de tous ceux qu'emploient les hommes dans toutes les sciences; les borner au sens social est soulever une difficulté d'autant plus grave que je ne reconnais guère la possibilité de déterminer les relations entre phénomènes complexes, sans être préparé à la gradation, à l'extension par l'étude des faits simples; c'est la seule critique que j'ose me permettre. Quand on se reporte au chapitre ajouté à l'ouvrage de Montesquieu par M. de Tocqueville, sous le titre de Démocratie en Amérique, et que l'on compare la facilité de lecture de ce remarquable appendice à la contention d'esprit nécessaire pour suivre le maître, on sent accroître le besoin de rendre justice à la profondeur des vues, et l'on comprend comment l'ombre de Montesquieu ait pu détourner son élève du désir de combler le vaste cadre qui se déroulait devant lui; pour quiconque osera tenter de nouveau ce sujet, le plus grave des sujets humains après ceux qui touchent aux liens religieux, il faudra une grande hardiesse jointe à un grand talent. En demandant pardon de la liberté grande, ce n'est point, je le répète, avec l'intonation railleuse du suisse d'Hamilton, mais avec un profond sentiment de respect. Seulement, le Montesquieu que j'aime, que j'adore, qui me passionne, qui dit vrai sauf quelques minces pages, qui témoigne d'un esprit repoussant l'absolu, adoptant le relatif, dédaignant cette étroitesse qui prétend renfermer le mieux dans nos allures, nos habitudes personnelles, hé bien, je l'avoue en tremblant, je le trouve dans les lettres Persanes; entre nous je sais bien des gens qui ne continueraient point après cette déclaration. Oui! si j'avais à calquer l'éloge de Villemain, si j'avais une statue à élever au génie des nations, je prendrais plutôt pour idoles du sanctuaire, un Kepler, un Newton, un Guttemberg, un Watt, etc., de véritables et impérissables bienfaiteurs de l'humanité.

Ces noms me rappellent un jeune souvenir que je puis d'autant mieux offrir à ta gaîté qu'il renferme peut-être un utile enseignement; si j'avais un fils, j'essayerais par cet épisode de corriger en lui cette adolescente prétention de vouloir dépasser de sa tête le niveau commun.

Dans le moment le plus fiévreux de ma vie, je m'étais lié avec un vieux capitaine d'artillerie qui voulait bien m'écouter, m'encourager et m'aimer. Mon jeune ami, me dit-il, un jour où j'avais mis peu de frein à ma satisfaction de moi-même, à 16 ans, j'avais quelque fortune et refusais d'entrer à l'école polytechnique pour marcher plus rapidement; je m'engageai, persuadé qu'en deux ans de guerroyante activité, j'aurais déjà percé; si quelqu'un était venu me dire: Monsieur, vous serez maréchal de France; je me fusse indigné et j'aurais considéré comme une injure toute limite à mon horizon sans bornes; je ne prévoyais rien, n'élevais

point de féeriques palais, mais je ne me sentais point fait
comme tout le monde ; j'ai mis 16 ans à guérir ; profitez de
mon expérience et soyez malade moins longtemps. Je m'en
allais la tête basse, puis me redressais fièrement: lui! bien,
mais moi! C'est autre chose; et sur ce je courus ajouter
quelque beau passage au monument que je sculptais alors.
Pour cette fois je chantais les grandeurs de l'humanité ; une
Luziade gigantesque mais point patriotique; de l'étroitesse!
Fi donc! Adamastor, pour moi, c'était le géant de la science
dévorant l'inconnu. C'était aux dieux de la guerre et de la
paix; tous deux se livraient un assaut de fort belles paroles;
chacun chantait ses gloires avec une voix qui faisait frémir.
Cela débutait ainsi :

> Poëte, à moi ta lyre, à moi ton vers fougueux;
> Je veux que ta voix gronde et monte jusqu'aux cieux,
> Etc........

Puis ensuite c'était du granit incandescent, des planètes
en fusion, des bruits de mondes s'écroulant dans le chaos ;
bref je m'étais élevé aux plus sublimes conceptions! Le dieu
de la paix reconnaissait la grandeur de son rival ; plus jeune,
plein d'avenir, il respectait le célèbre vieillard et lui scan-
dait par avance un hymne mortuaire ; l'autre dédaigneux,
gentilhomme de race, mal-menait rudement le pauvre plébéien. Avec un peu de fatuité nous pourrions à nous deux
refaire Vadius et Trissotin ; rassure-toi ; voici le passage fort
abrégé défendu par la paix, attaqué par la guerre :

> Guttemberg? qu'est-ce nom? a-t-il sous la mitraille
> Jalonné sa grandeur? a-t-il grandi sa taille
>   En croupe sur la mort?
> A-t-il comme un César pétri le genre humain?
> A-t-il trempé de sang, buriné sur l'airain
>   Ses titres d'homme fort?
> Etc........

Guttemberg ! il a pu, des siècles endormis
Eternel éveilleur, par un banquet d'amis
    Remplacer l'ossuaire ;
A sa voix le passé surgissant de la tombe,
Debout, vient à ses pieds déposer l'hécatombe
    De son lin mortuaire.
Etc., etc., etc.

Watt ordonne à son tour, et soudain la vapeur
Sait en docilité transformer sa fureur.
Etc........

Qu'en est-il advenu? Ce qui arrive chez l'homme gonflé d'orgueil, qui, par une piqûre de la raison, revient à des proportions convenables, et qui a la bonhomie, non pas dépourvue de tout mérite, de son honorable médiocrité. Grâce à mon ami le capitaine, je n'ai mis que cinq ou six ans à me corriger.

J'arrive à une seconde phase plus décisive ; le hasard me fit changer de résidence et je m'installai dans une petite ville où un autre hazard bienheureux avait créé une bibliothèque fort belle et composée d'éléments fort variés, 25,000 volumes environ. Je parvins à me lier avec le bibliothécaire, et j'obtins le rare privilége d'entrer à mes heures, et d'y vivre seul en toute liberté. J'avais lu quelque part que Leibnitz au jeune âge avait parcouru toute la collection paternelle ; je ne voyais pas en quoi cet exemple n'était point imitable, et je commençai à vider méthodiquement chaque armoire, annotant, parcourant, compulsant ; la fable qui semblait me donner le rôle de la verte cricuse des soirs dans la prairie perdait sa morale sur l'amplitude de mon amour-propre.

Je ne te raconterai point tout ce que j'ai feuilleté, depuis le révérend Sanchez jusqu'à ce testament fameux, œuvre de d'Holbach, ayant pour parrain le curé Meslier, depuis Say jusqu'à Parny, depuis S.ᵗ Just jusqu'à de Maistre, depuis l'Origine des Cultes jusqu'à Poujoulat, depuis Strauss jusqu'à Tertullien, etc. Les Allemands Kant, Fichte, Schelling me rebutèrent tellement que, malgré des efforts nombreux et réitérés, je n'ai pu hausser mon courage jusqu'à leur nuageuses conceptions; je t'en dirais autant de la Théodicée de Leibnitz, du livre de Mallebranche, d'Helvetius etc. Il me semblait que c'était perdre un temps mieux utilisable.

C'est l'époque de ma vie où j'ai le plus travaillé ; je restais quatre heures à la bibliothèque, ayant jour pour les lectures suivies partagées entre les mémoires des cinq classes de l'Institut et l'ouvrage de Charles Fourrier, puis jour pour la promenade méthodique, ou plutôt anti-méthodique. La séance du travail personnel se poursuivait quelquefois jusqu'à deux heures du matin; si cette existence eût longtemps duré, la folie ou bien une maladie physique m'eussent certainement atteint. Ce détail n'a qu'un but, celui de réagir, à tes yeux, contre l'appréciation légère de ceux qui ignorent que le savoir, même à titre inférieur, ne s'obtient qu'au prix d'un rude labeur.

Quand j'abordai les nombreux volumes de Charles Fourrier, d'amicales communications, quelques brochures m'avaient déjà fait apprécier et j'étais mal disposé. J'eus la patience de lire complètement quatre mois durant, et sans t'imposer une fatigante analyse, je te dirai simplement que, dans le nombre d'idées maniées par cet homme, mal-

gré la forme bizarre , étrange que souvent il a donnée à ses
expositions , cette lecture m'a fait beaucoup gagner et a été
le germe d'un travail intérieur considérable. À mon sens,
une lecture a moins pour but d'imposer des opinions que
de présenter à l'esprit du lecteur un panorama qui successivement appelle l'attention , sollicite le jugement; en dehors
du style , du plaisir , de cette gustation qui flatte l'ouïe ou
l'affecte péniblement , il naît une grande satisfaction de
pouvoir parcourir à deux un aussi vaste ensemble. Sans
entrer dans le détail des graves questions sur lesquelles il
a parlé souvent avec un rare bonheur , il est impossible de
méconnaître la portée de ses vues sur l'éducation de la première enfance , sur les intérêts commerciaux , sur la pondération des rouages économiques , sur les luttes courtoises
promises à l'industrie , sur la véritable méthode historique,
etc. Qui de nous, dans cet enfantin duel des petits pâtés
sur les plaines de l'Euphrate , ne reconnaît cette communion des peuples allant se donner le baiser de la paix sous
des voûtes de cristal.

Quelque temps après cette lecture , je me repliai sur
moi-même , et rappelant mes souvenirs les plus Romains ,
je fis le serment d'Annibal...... de ne jamais accepter le
mot d'ordre d'une école, d'une secte, d'une coterie, de rester moi, plutôt médiocre et ignoré , que propagateur brillant
de notions acceptées sans contrôle; de chercher tous les
systèmes, de les comparer, de ne s'enfermer dans aucun ,
de se défier des stylistes, de ceux qui , par des dehors
agréables, peuvent vous séduire, et de résister à tout entraînement à quelque titre que ce fût, antique et solennel,
nouveau et prestigieux. Cette situation morale était d'autant
plus naturelle que, dans ce cas, il y avait nécessité d'ad

mettre une seconde révélation; quelles étaient les bases, la filiation, les moyens? Cet écart brusque de tout le savoir humain réclamait impérieusement pour organe le pur sentiment; affaire de goût pour chacun. Si quelqu'un préfère l'idée neuve à celle qui a la sanction des siècles, sa hardiesse provient non pas d'une acceptation absolue, mais du rejet de quelque chose ayant l'expérience du passé, la consécration historique.

La création se remaniait de nouveau; la divinité s'était incarnée en 1800; l'homme dieu reparaissait. Cette tendance s'est manifestée suivant mes craintes, et M. Doherty, écrivain d'un talent réel, a systématisé la théorie de la révélation continue. On peut juger de la faiblesse d'un *magister* par la faiblesse des disciples; sans rien dire d'offensant, je crois à la médiocrité relative de tous ceux qui ont relevé le gant Phalanstérien en face du public; le maître avait manqué à la loi fondamentale en permettant l'espoir de sauter un chaînon; pas un n'a protesté. Je ne partage en aucune façon les opinions, les espérances de cette école; mais je persiste à dire que Fourrier est un homme considérable, très éminent, qu'il y a profit à le longuement méditer, que l'on ne peut le juger par aucun des écrits publiés sous l'inspiration de sa doctrine, qu'il le faut lire et dans son entier ou bien se taire, que l'on doit amèrement regretter son éducation préparatoire, que dans ce que l'on appelle ses folies, il montre des aperçus très larges, de vastes horizons, des appréciations tellement pratiques, que sous d'autres noms, beaucoup déjà se traduisent en réalités; je n'en voudrai pour garant que l'exemple du plus sérieux de tous ceux qui s'abritèrent à son ombre, M. Coignet.

Cet esprit est pénétré de la loi; *la série distribue les harmonies* est un énoncé qui ne pèche que par trop de profondeur;
je le traduis ainsi : Des lois, toujours des lois, encore des lois.
Dans celui qui cherchait à classer les diverses phases par
lesquelles doit passer notre humanité de la terre, est-il bien
possible que l'on ne trouve que la *limonade*, ou quelqu'appareil visuel de grande longueur? Qu'il y ait erreur dans le
résultat, soit, mais en face de ces hommes que nous avons
tous connus; sérieux, instruits, honorables, pleins de cœur,
nous est-il permis de ne voir que des badauds acclamant un
histrion? Un style imagé, une forme souvent puérile ne
peuvent-ils cacher comme le brou de la noix un mets succu-
lent? Pour moi, l'abbé Noirot avec ses tableaux, Volney
pour ses aperçus, Bossuet pour l'enchaînement, Fourrier
pour le sens intime, pour sa croyance aveugle, induction
formidable dans son esprit d'un lien régulateur, sont mes
pères en histoire. Tu es libre de voir avec étonnement le
rapprochement de ces noms.

Sous l'action irrésistible de ce mot *la loi*, qui déjà me
servait de phare, qui résumait toutes mes sympathies, mes
tendances, je m'aperçus que toutes mes notes avaient re-
vêtu la forme de Tableaux de Vérités; j'eus le projet d'écrire
un livre portant ce titre naturel ; c'était toujours Bacon à
refaire. Ce livre devait avoir trois colonnes : l'une comprenant l'ensemble des affirmations en tout genre sur lesquelles
l'homme peut s'étayer; la seconde toutes les inductions destinées plus tard à se ranger, sous la main des chercheurs,
dans la première colonne; la troisième, la plus longue,
avait pour étiquette: les préjugés. Pour ce travail il me
fallait :

1° ——— Un *criterium* de certitude :
2° ——— L'assimilation de toutes les connaissances humaines,
dans toutes les branches, par leurs côtés généraux.
3° ——— Une loi de coordination de ces divers matériaux.

Pour le premier point c'était résolu ; ce que Lamennais cherche dans le *consensus communis*, ce que tous les philosophes avaient scruté, et cela avec des craintes, des réserves , etc., mon orgueilleuse et sotte vanité le tranchait d'un mot ; mon plus grand tort était de rendre ma mince personne comptable envers de grands noms d'une solution réelle à laquelle je crois toujours. En retournant ce mot de vérification ou preuve du vrai , j'arrivai à lui substituer le mot de PRÉVISION. Ce fut un éclair ; absolu dans la jeunesse, j'appliquai ce principe à tout ; les mathématiques n'eurent de valeur que par leur divination ; les preuves du calcul différentiel furent tout entières, non pas dans les arguties métaphysiques , mais dans la vérification des résultats ; le plus simple raisonnement arihtmétique ne fut consacré pour moi que par la pondération de son objet ; les ontologistes, les historiens n'ayant rien prévu, je rejetai leur appareil et niai leur science ; ce fut un pas énorme ; le *criterium* c'était la *prévision*.

Quant au second point, rien ne m'effrayait ; à l'âge où j'étais, l'on est, si tu veux me passer l'expression, plus fort que soi-même ; le vase déborde. Mais ce vase est-il un dé à coudre que peuvent emplir quelques larmes , ou bien une large tonne d'où le liquide peut s'écouler à pleins bords ? y avait-il suffisance ou débilité d'organes ? le vase débordait-il parce qu'il était petit pour peu contenir, ou bien, quoique grand, parce qu'il devait inonder ? hélas ! au moment où l'on définit le génie, en parodiant un mot célèbre : *le génie c'est une volonté de fer*, on croit avoir accompli sa tâche, quand énergiquement, vaillamment, on a dit : je veux ; plus tard on s'aperçoit que le génie n'est qu'un levier, la volonté son moteur, et l'organisation le point d'appui ; chez moi, mon ami, le point d'appui a plié ; la volonté est impuissante sur ce que le passé peut apporter de grandeur ou d'abaissement ; elle est impuissante pour faire être ce qui n'est pas, pour désorbiter le soleil, pour changer les lois immuables, pour écraser du granit avec.le seul poignet.

Le troisième point exigeait encore du travail, la recherche d'un fil conducteur, et j'étais jeune et ardent.

Je devais joindre à ce tableau destiné à absorber dix ans de ma vie une table intitulée les *Pourquoi* ; je m'essayais à sonder et faisais de ce second ouvrage l'enjeu de mon mince mérite. Projets ! Projets ! Nœuds Gordiens que l'âge seul est venu dénouer.

J'avais en outre fait le cadre d'un travail assez considérable sur les philosophies, en essayant de justifier la loi des oscillations, la seule qui fût bien précisée dans mon esprit, par trois points de vue successifs. Je considérais l'unité payenne qui existait, dont on a fait trop peu de cas, quoiqu'elle fût insuffisante pour des intelligences développées ; j'y voyais la déification des instincts matériels ; puis à l'arrivée de la doctrine basée sur Platon et l'Evangile, toutes les grandes natures de cette époque, saisies par la hauteur de cette nouvelle unité, l'avaient adoptée avec empressement, la développant, la constituant, et opposant l'ascétisme spiritualiste au tumulte des sens ; oscillation dépassant le but, et enfin pour vibration contraire, un nouveau mouvement véritablement payen, dont Fourrier pouvait être considéré comme un promoteur, eu égard à sa théorie des passions; le mot de Molière, *guenille soit*, *ma guenille m'est chère*, justifiait ses tendances, et je parcourais tout le cycle des penseurs, en les classant d'après cet enchaînement.

Je voulais aussi esquisser ce que je nommais le Tableau d'un homme. Je prenais les principales catégories intellectuelles, en cherchant à montrer le parallélisme des opinions qui venaient forcément se classer sous chaque grande idée prise comme point de départ; sur certains points fondamentaux, tel professe telle assertion; j'affirme alors que, sur toute la série des autres manifestations, il est forcément obligé de professer d'autres assertions non libres, non capricieuses.

Enfin plus tard, me rappelant du premier encouragement que m'avait donné mon ami le capitaine, au sujet de l'oscillation socratique entre les méthodes subjectives et objectives, j'avais pris à parti le célèbre *Ta mèta phuçica*, et persuadé qu'à notre époque toutes les recherches doivent se baser sur des procédés d'exploration physique, sauf plus tard à osciller sous l'influence inverse, j'avais tracé le canevas d'un ouvrage nommé par antiphrase : *Ta onta phuçica*. Il comprenait cinq chapitres: Le premier, intitulé *Correlatio*, résumait quelques points de vue tirés du tableau de l'homme, mais seulement au sujet de deux concepts principaux : trône et autel, avec l'épée pour soutien ; puis magistrature nationale, délégation policière avec la science et l'industrie pour bases. Je cherchais les manifestations secondaires dans ces deux prémisses sans me prononcer. — Ensuite, matière enseignement, matière impôt, matière électorale, toujours en poursuivant le dualisme primitif et donnant double chaque résultat, chacun pouvant choisir; c'est peut-être en matière électorale que je suis arrivé aux plus curieuses conclusions. — Enfin épilogue d'appréciation. Pour tout cela, c'était partie remise, je n'étais point armé, et n'avais nulle envie de me ranger parmi les bavards de chaque époque, avocat d'une cause peu mûrie. Le rhéteur a dominé en Grèce; pour nos malheurs, Isocrate a dominé de nos jours.

C'est alors que nous eumes l'occasion d'échanger quelques lettres; je te disais: la loi est le seul germe à déposer dans les têtes. Ta verveuse ironie me sacrifiait à tes dieux; tu me qualifiais de songe creux, et le terme enfantin de *dada* ne te paraissait point encore assez sévère pour caractériser ce que tu appelais ma folie.

Enlevé par bonheur à ma trop nutritive bibliothèque, j'allais, humble auditeur, surprendre le secret des sciences élémentaires dans le sein de la Physiologie. J'étais tellement pénétré de l'influence mutuelle des diverses parties de la cognition humaine, qu'à l'un de nos amis, me demandant pourquoi je retournais sur les bancs, je répondis : mais c'est là que j'apprends les mathématiques; ce mot était sérieux, je venais seulement de comprendre la série de Taylor; j'obtins un succès de fou rire et pour longtemps, aux yeux de cet amical analyste, je passais pour un esprit faux; combien il faut se défier de cet adjectif! Hier, Mirabeau à la tribune était couvert d'applaudissements; hier, c'était il y a un an ! Aujourd'hui Mirabeau est mis au ban d'une chambre ! Cent hommes d'une opinion trouvent esprit faux un malheu-

reux égaré parmi eux, et cent de ces malheureux réunis
qualifient de misérables les superbes jugeurs du logement
voisin; agréable influence de la méthode dite de sentiment.
C'était du reste à ce moment que tu m'écrivais que j'étais
l'être le plus spirituellement absurde de ta connaissance; tu
m'avais libéralement prêté l'adverbe et donné l'adjectif. Un
homme sur une phonation résume vingt points de vue, perçoit vingt faces, un autre dix; quelles que soient les puissances originelles, le premier est au second dans un rapport
double; le nombre d'idées groupées autour d'un énoncé
sera peut-être le seul moyen de jalonner numériquement
les valeurs relatives.

L'influence de la spécialité s'est révélée pour moi dans
le nouveau milieu où j'existais; gens d'épée, magistrats,
administrateurs, savants, artistes, médecins, grammairiens,
abbés, etc., tout cela en sous ordre, mais par suite prêtant
mieux le flanc à l'observation toujours gênée par le respect
dû aux types éminents. — Sais-tu bien qu'il y aurait là
matière d'un livre intéressant dans l'analyse fidèle des influences morbides ou salutaires de la fonction de chacun
sur ses jugements Comparer dans un long tableau tous ces
esprits égaux d'origine à fort peu près, tous choisis dans
cette couche sociale ayant eu le bénéfice de l'éducation dite
libérale, tous partis du même point pour subir la teinte
inéluctable de la spécialité. Les artistes, littérateurs, abbés,
etc., s'entendaient assez bien; ils étaient sentiment, et rou-
gissaient qu'on pût opposer une vue froide à leur sensitive
perception; les gens d'épée, les magistrats avaient leur
morgue; leur carrière était avouable et partagée par des
illustrations nobiliaires; ils servaient leur pays et ne ga-
gnaient point leur pain. Les savants étaient humbles comme

des gens n'ayant que leur cerveau. — J'ai pu assister à des
réunions composées de ces éléments disparates, et je n'ai
vu l'unanimité se produire sur aucun sujet. A un repas où
il fut question du Faust, l'un des convives déclara résolument que ce n'était qu'un *amphigouri*, et qu'il n'acceptait
pas que l'intelligence d'autrui pût admirer une œuvre où la
sienne ne voyait rien. Je voulus résister, et fus interrogé
sur le sens séparé d'une phrase séparée ; je déplaçai la lutte
et racontai ce que j'avais pu saisir : je reconnaissais que
c'était à travers le voile de traductions radicalement inférieures qu'il fallait deviner la pensée de Gœthe, que son
œuvre devait être lue d'un trait, d'une haleine, que s'arrêter sur un mot, sur une phase détaillée, était recommencer la lutte d'Alcmène et de Phidias. Ce livre, le Poême de
la Métaphysique, de notre siècle douteur et sceptique, devait être complété par Caïn et Manfred. Le docteur a déclaré
que le but de la sagesse est de refréner ses passions et de
modérer ses désirs; puis vieux et cassé, ayant modéré et
refréné toujours, il entend le rire amer de Méphistophélès,
le rire douloureux du doute et de la désillusion. Il s'est
adressé à la science restée muette; il a voulu sonder les
pourquoi, lutter contre l'être, et l'être s'est dressé de toute
sa hauteur; il se vend pour courir après l'idéal en tout
genre, idéal de force, d'autorité, de beauté, de richesse,
de puissance ; il veut tout ; ses bras sont larges, sa tête est
forte, et chaque fois qu'il a bu à la coupe du réel, il a plus
soif encore, et renouvelle sa course haletante. Pauvre Faust,
pauvre humanité ! il demande à la beauté candide, chaste
et ignorée, le secret du repos, et l'ennui vient le surprendre jusqu'aux lèvres de Marguerite; il évoque la beauté
sans bornes, le mythe antique, demandant au passé cet
impossible que lui refuse le présent; rien ne peut combler

le vide insondable de son être ; l'amour comme la science
est impuissante, etc., etc. Je m'arrêtai ; j'étais parmi les
jeunes et les humbles, et fus peu flatté de l'accueil fait à
ma tirade ; je n'accordais, au reste, qu'un seul avantage à
ma petite personne, c'était de ne pas avoir laissé l'esprit
de spécialité pénétrer jusqu'à la moelle de mes os.

J'avais, en suivant des cours d'anatomie, formé le projet
d'un mémoire scientifique intitulé : de la Méthode en Analyse ; je causais de cet écrit avec un homme dit *arrivé*
(style de parvenu), je posais le *desideratum* Bacon-Descartes, j'esquissais l'ensemble des tendances mathématiques auxquelles à mon sens l'on devait accéder, et voici la
réponse faite d'un ton légèrement dédaigneux : « Faites-
moi un joli petit mémoire, traitez une question de détail,
je vous pousserai ; vous vous perdez dans les généralités. »
Pour moi c'était vrai! mais, grand Dieu, que dire à cet égard ;
je préfère l'obscurité la plus complète à certaines renom-
mées scientifiques pour lesquelles il y a atrophie de quelques organes au profit d'une maladive production. Le jugement était sain pour mon individualité ; il fallait trop de
force pour régner sur une aussi vaste étendue ; mais si je
ne puis démentir le mot perdre, d'autres sauront le relever;
primo avulso, non deficit alter.

Ce fut à cette époque, qu'au milieu de tiraillements sans
nombre, la question de l'enseignement se débattit à l'Assemblée Nationale. Cette question portait sur mes illusions
les plus caressées ; je pris la plume et écrivis une longue
lettre à un publiciste célèbre. J'avais pris pour épigraphe
cette phrase de lui :

« Ce n'est pas l'autorité,
» Ce n'est pas le prestige du pouvoir,
» C'est le savoir qu'il nous faut. »

Le découragement empêcha son envoi, et je veux te la transcrire ici très abrégée. C'est la trace la plus vivante de mes pensers de ce temps, et à ce titre elle saura t'intéresser :

« Monsieur,

» De tous les publicistes actuels vous êtes le seul à
» qui j'ai désiré adresser ces lignes. Si les réflexions que
» je vous apporte vous paraissent utiles, justes et assez
» élevées pour mériter les honneurs de la publicité, je se-
» rai heureux de vous les avoir offertes ; si leur médiocrité
» vous fait regretter leur lecture, ce sera un peu de votre
» précieux temps de perdu, mais bien peu.

» Le sens du mot *socialiste* vous paraît tellement multiple,
» complexe, que vous refusez de l'abriter sous votre nom, sous
» votre talent. Je l'accepterais volontiers s'il résumait, et
» cela seulement, l'idée de loi, l'idée qui dominera l'é-
» poque politique dont l'aurore nous apparaît indécise en-
» core au milieu des brouillards et des complications ac-
» tuelles.

» Il y avait après Février un beau rôle à tenir ; celui de
» propagateur de cette notion, de cette croyance en la nature
» qui nous la montre tantôt développant la plante en
» germes, tantôt cristallisant les sels épars, tantôt procé-
» dant de l'organisation humaine pour produire des effets
» calculés ou susceptibles de l'être sur l'engrenage des

» sociétés. Proud'hon, avec son érudition et son intelligence,
» pouvait prendre cette voie; il a préféré se jeter dans la lutte
» et abandonner le camp scientifique. Je n'ai pas à apprécier
» s'il a bien ou mal fait, si son action a été utile ou funeste,
» ni à escompter la quantité du mouvement nuisible qu'il a
» pu produire. Je conçois qu'en face des misères et des
» souffrances l'on se laisse aller à un rugissement de dou-
» leur, et que l'on cède à cet entraînement du cœur qui fait
» se jeter, tête, corps, âme, dans le camp des faibles, pour
» lutter avec eux, de cette lutte âcre et ardente où l'on perd
» toute conscience de sa personnalité ; mais, au jour où
» nous sommes, il faudrait peut-être une individualité assez
» puissante pour pouvoir dire hautement: *Peuple déshérité,*
» *je parlerai pour toi et t'obtiendrai justice. Sache qu'une*
» *des grandes lois naturelles est que tout choc donne une*
» *perte de force vive; supporte encore pour ne point dé-*
» *choir ; je t'écrase si tu bouges, mais je me dévoue à toi.*
» Malheureusement cette individualité devrait s'appeler
» dictature, ou plus difficilement encore, majorité d'une
» chambre.

» La Démocratie Pacifique ne développait point avec
» assez de hauteur et de talent les idées de l'homme émi-
» nent qu'elle préconise, et elle aussi abandonna la solitude
» sérieuse pour sonner aux clairons des partis.

» Je viens vous parler de la loi sur l'enseignement ; c'est
» là qu'est avenir, progrès, société, famille, institutions.
» Le problème social mal attaqué de face doit être retourné
» en ces termes: qu'importe l'instituteur, songeons aux
» matières enseignées. À chaque époque du passé les ten-
» dances ont sacrifié le présent. On disait: lançons les in-

» telligences , les imaginations sur les produits grecs ou la-
» tins , et que la réflexion ne se prenne point à l'actua-
» lité ; on a vu de merveilleux génies s'épuiser à compulser
» Pontanus ou Aristote, et l'on a vécu de la vie du vieillard,
» de ressouvenir. Le théâtre est vaste pourtant. Copernic ,
» Kepler , Galilée, Newton étudiant la nature en ont révélé
» les lois; ce sont les premiers socialistes dans le seul
» sens que je puisse accepter. Depuis, à chaque âge , on a
» élargi le cercle des connaissances , on a accumulé les
» moyens de prévision. Nous savons à peine aujourd'hui
» s'il existe des sciences , mais nous les pressentons ; nous
» entrevoyons l'allée qui doit nous conduire au sanctuaire;
» partout les mystères dévoilés nous découvrent de nou-
» velles splendeurs , et nul ne peut être assez hardi pour
» dire : ce que nous ne savons pas aujourd'hui nous ne le
» saurons pas demain.

» La conception des lois entraîne la conception de ce
» mot de DIEU , clef de voûte du système , résumé de la
» loi, loi archi-type , loi générale dont la connaiss: nce sera
» l'asymptote de l'humanité. Quant à l'effrayant poète qui
» osa le premier synthétiser l'univers et le qualifier d'attri-
» buts, celui-là plus tard tressaillira d'orgueil dans sa
» tombe quand chacun de nous, soulevant un coin du voile,
» pourra aborder, par un jet infini de l'imagination , cette
» loi infinie que nous ridiculisons maintenant par la pe-
» titesse de nos vues.

» L'idée du beau , du grand nous sera mille fois mieux
» inculquée par le fait d'une plante qui s'épanouit, par
» nos réflexions sur ce qu'une graine donne une fleur
» verte quand sa voisine , identique en apparence , donne

— 251 —

» une fleur rose, que par les plus belles images de la Dis-
» corde, soit qu'avec Virgile on soit ramené par elle de la
» terre au ciel, ou du ciel à la terre avec Homère.

Ingrediturque solo et caput inter nubila condit.
. . . .

» Voilà ce que dix ans permettent aux jeunes gens d'ap-
» prendre. Ces dix ans, Monsieur, ne valent pas à mes
» yeux, comme résultat, quelques heures passées à faire
» comprendre comment la lune gravite autour de la terre,
» et je ne sache pas qu'un seul homme ait réfléchi à cet
» immense problème des corps célestes sans que sa pensée
» agrandie ne l'ait transporté bien au-delà des faibles li-
» mites que peuvent lui faire franchir les plus belles produc-
» tions de la Grèce et de Rome.

» Je ne définirai point ce mot de loi, et personne, j'en
» suis sûr, ne le prendra dans ce sens de caprices de majo-
» rité, qu'une autre majorité balaie de son souffle non moins
» capricieux. La relation des phénomènes entr'eux, leur
» périodicité, leur prédiction, voilà ce qui constitue la
» science. — Il faut que chacun soit persuadé que le hasard
» n'est pas, que la loi domine tout, que c'est le feu de
» Prométhée. Les questions les plus simples arrêtent et bri-
» dent les plus hautes intelligences, parce que la pensée
» générale de l'homme n'est point imprégnée de ce mot
» fatidique. La liberté humaine n'est point en cause; le lion
» dans sa cage est libre de se mouvoir. Environnés de choses
» orbitant dans d'immuables chaînes, nous ne pouvons que
» connaître, apprécier les forces, et nous appuyer pour
» agir; l'homme n'est libre qu'autant que sa connaissance

» de la nature lui permet de parcourir les sentiers qu'il
» préfère. Chacune des grandes lois physiques indique une
» analogie sociale; les forces vives, l'action et la réaction,
» l'oscillation d'égale amplitude se traduisent en fait tous
» les jours dans nos commotions gouvernementales; ces
» mots sont passés dans le langage politique et ce n'est
» point là comparaison, mais expression de lois.

Je me livrais ensuite à une longue dissertation sur l'antilogie science et révélation, sur le double sens du mot autorité, sur la synthèse d'Hildebrand, sur l'unité papale, etc...
J'indiquais mes vues sur l'enseignement, les moyens d'exécution. En histoire je comparai la manière de Bossuet à l'axe d'une plume où vont converger les barbes. J'ajoutai :

» Loi, toujours loi, instinct scientifique, et si l'histoire
» n'est pas encore au rang de science exacte, au rang de
» science à prédictions, c'est que l'on néglige trop ce senti-
» ment, et que trois ou quatre cents ans au plus ne don-
» nent que trop peu de points de repères pour calculer la
» suite de la courbe parcourue. Châteaubriand, malgré son
» organisation de poète, ou peut-être par elle, sentait cette
» obéissance du fait à une loi préconçue; auprès de ma
» prose, j'ose citer : ...... *croît toujours, et dont le front*
» *montant dans les cieux ne s'arrêtera qu'à la hauteur*
» *du trône de l'Éternel.* Idée belle! L'humanité, comme un
» seul homme, marche dans sa force et dans sa majesté.

» Je n'ai parlé que des classes privilégiées; l'ordre lo-
» gique des idées montre suffisamment ce qu'ailleurs cet
» enseignement peut être; de plus, la pression pour être
» utile et fructueuse doit venir de haut en bas; le pouvoir

» aux mains de l'ignorance est la pire chose , et pour mon
» compte c'est la seule raison décisive qui m'ait porté à
» agir physiquement contre l'insurrection de Juin. Autre-
» ment ce n'était qu'une lutte d'intérêts.

» Que m'importe avec une jeunesse ainsi préparée que
» l'instituteur porte une robe ou un habit ; l'idée em-
» porte le fait ; malgré le mot *Timeo Danaos et dona fe-*
» *rentes* , je livrerai dans ces conditions mon enfant au
» clergé, même lui fussé-je hostile. C'est là , Monsieur , le
» seul moyen de régénérer notre France ; je me ferai vo-
» lontiers conservateur *borne* , conservateur quand même ,
» satisfait toujours , pendant dix ans encore , si ces idées
» auxquelles je crois étaient appliquées à l'enseignement.
» Le dualisme que j'ai signalé est si vrai que dans certaines
» régions un sens instinctif fait pressentir que les tenants
» du passé doivent rejeter de la lice tout ce qui tient à la
» science ; son étude au contraire lancera notre patrie
» dans cette voie qu'indique Châteaubriand.

» A notre époque l'idée synthétique manque , on juge
» sur lambeaux ; le scalpel apprécie les détails et non les
» groupes ; on décapite, on désosse , etc. »

J'essayais à la suite de rendre justice à Fourrier , en lui
témoignant ma reconnaissance pour sa foi vive envers l'existence d'une science sociale , d'une science historique, de
prévisions possibles, d'états stationnaires se transformant
dans le temps et l'espace suivant des périodes susceptibles
de détermination , tout en refusant de le suivre sur le terrain des résultats , et déclarant nettement que je n'étais
point de son école.

J'en étais à ce point, vivant seul, perdu dans la contemplation d'idées qui me débordaient , aspirant à réaliser des conceptions trop larges pour mon organisme, plus désireux de lire un ouvrage écrit dans mon sens, que croyant à la possibilité de le faire lire à d'autres écrit de ma main, étudiant toujours beaucoup, quand un jour quêtant de ça et de là , je tombai sur le programme d'un ouvrage dont l'auteur m'était connu de nom. Si l'œuvre répondait à l'esquisse, j'avais, nouveau Diogène, trouvé mon mythe. Enfin j'avais entre les mains la Philosophie Positive d'Auguste Comte. Je l'ai littéralement dévoré, annoté, compulsé en moins d'un mois. Je n'ai pas encore, depuis quatre ans , compris comment le retentissement ne s'est pas fait solennel autour de ce nom ; je ne puis l'expliquer que par l'insuffisance de l'éducation incroyable qui sert aux jugeurs pour baser leurs appréciations. C'est ainsi que le plus puissant des hommes n'a trouvé pour sa voix que quelques faibles échos ; moi, infime , moi, qui écoulerais ma vie dans les occupations d'un mince causeur, j'ose le proclamer la plus haute intelligence des temps modernes ; cet homme a commencé par apprendre tout ce qui peut faire vibrer les fibres du cerveau, les langues, les philosophies, les littératures nationales et étrangères, les histoires, les sciences, les mathématiques, puis quand il eut tout retenu, tout lu, tout su, tout comparé, il s'est replié sur lui-même et, comme un tigre de l'Inde, a bondi sur le monde intellectuel.

Comme conception philosophique, et par là, je veux dire que le *nouvel organe, la méthode,* n'enlace pas tout le problème, n'en résume que la partie critique, et nécessite un nouvel appendice, le traité de Comte a presque

atteint les limites de mon imagination. Si j'accepte l'autorité
sérieuse, l'ensemble de cet ouvrage considérable, je ne me
refuse point au rejet de plus d'un détail; mais pour avoir
relevé dans Laplace une grave erreur sur le plan immuable
du monde, M. Poinsot a-t-il donc attaqué la haute supériorité du célèbre analyste?

Tu comprendras ma vive sympathie, mon respectueux hommage, si tu veux te reporter à ce fait : le succès d'un livre
ne dépend auprès des lecteurs que du nombre de cordes
sensibles qu'il sait toucher; chacun au-dedans de soi sent
un bouillonnement intérieur que la plupart sont impuis-
sants à traduire en langage vulgaire; celui qui dit le mieux
ce que d'autres ont pensé dans la solitude, sans avoir pu complètement le formuler, celui-là est le plus fort; le mouvement
intellectuel est une sorte d'intégrale des battements d'esprits synchrones; il doit y avoir harmonie comme entre
l'*ut* d'un soprano et l'accompagnement des basses. Le
génie peut se comparer à un jet d'eau, dont la pluie re-
tombe et féconde les points environnants; ce jet d'eau lui-
même n'est qu'une agglomération de minces filets; quand
beaucoup d'esprits sont pénétrés de certains concepts, vient
toujours quelque grand esprit qui les résume, se fait colonne et retourne à chacun sa part amplifiée du pouvoir de
compréhension.

Cet homme m'a énormément appris, je lui ai beaucoup
emprunté; spectateur inhabile, je considère les joûteurs qui
cherchent à arracher le voile d'Isis, et je m'empare comme
d'un trésor de chaque parcelle qui s'en détache. Je reporte
à Comte la dernière bouffée de vanité que j'aie ressentie;
j'ai été gonflé quelques jours d'avoir nagé seul dans les

mêmes eaux, puis la réflexion m'a guéri; je ne lui devrais
que d'avoir étouffé en moi cet ébouriffant orgueil de la première jeunesse, orgueil qui provient de l'absence de jauge,
que déjà ce serait immense; là où il y a mesure, on ne s'a-
buse point, et personne au physique ne croit pouvoir porter
son voisin le bras tendu, quand, par le seul poids d'un enfant, ses forces sont vaincues. Oui, mon ami, de tels hommes apprennent à être modestes, et parmi les souvenirs de
ce temps, je ne trouve guère que Joseph de Maistre à lui
comparer.

La première phase intellectuelle d'Auguste Comte se rapporte à Bacon-Descartes modifiés par le progrès scientifique.
Quant à la seconde phase, elle n'est point terminée, et la
plupart de ceux qui peuvent être mis à même de la juger
sont inaptes à ce rôle; à toi, que ma juste amitié sait reconnaître mon supérieur sans conteste, je te refuse ce droit.
La thèse philosophique est nécessaire si l'on veut autre
chose qu'une base sonore, que des mots vides.

Le point de vue *religare*, qui lui fait baser le lien social
sur les conditions réelles des sciences, est inattaquable en
principe, et quant aux développements, je m'abstiens de les
reconnaître au moins provisoirement; il est repoussé à la
fois par l'école révolutionnaire, et par l'école catholique,
toutes deux de sentiment; je n'ose affirmer que ce soit ignorance des deux parts. On peut observer, qu'à une autre
époque, Celse et Origène ont combattu vivement. Celse ne
voulait point remplacer Jupiter par Jéhovah, et concluait au
déisme de Voltaire; c'était la philosophie des Tusculanes; sa
thèse fut celle du dix-huitième siècle. Origène, plus pénétré
des conditions d'existence d'un trait d'union entre les

hommes, avait senti que les temples payens ne s'écroule-
raient que devant d'autres temples, et qu'aux croyances
inacceptables du passé il fallait substituer d'autres croyances
plus satisfaisantes, à l'unité ancienne une autre unité ; les
liens généraux ne se transforment point par sauts brusques,
et l'on ne franchit point un chaînon. Celse était peut-être
plus fort dans l'absolu, mais Origène comprenait mieux dans
le temps relatif ; Celse était plus théorique, Origène plus
pratique, plus vrai; sous Louis XV, Celse-Voltaire à son tour
prenait l'avantage. A notre époque c'est une phase analogue, et le succès du livre de Lamennais prouve, malgré son
titre, qu'il n'y a pas indifférence en matière de religion. Un
reproche que je me permets de faire au nouveau législateur,
c'est l'emploi de termes catholiques avec un sens tout autre ;
ainsi le mot de religion réveille de suite le fait surnaturel, et
jamais cette acception ne pourra fléchir.

Pour moi qui me passionne en faveur de toute grande
synthèse, je puis admirer sans être convaincu l'unité qu'a
essayé de formuler M. Comte ; je réserve mon acceptation,
en reconnaissant que je n'abdiquerai point en me rangeant
sous sa bannière, puisqu'il réunit les conditions que j'exige;
mais mon serment d'Annibal a prévalu, peut-être à tort, et
je préfère l'humble médiocrité au rôle brillant de porte-
drapeau, à l'auréole de l'apôtre, du sectaire; d'ailleurs, je ne
puis réagir assez contre les habitudes que m'ont faites treize
ans de solitaires réflexions pour accepter quoi que ce soit
qui ne corresponde à l'un de mes battements; je redoute les
tentatives avortées, ne vois les preuves de beaucoup de
points scientifiques que dans un lointain avenir, et par suite
rejette à nos petits fils le droit d'accueillir ce qu'aura sanc-
tionné la prévision. L'histoire n'est encore qu'un sentiment;

elle n'a rien prédit ; c'est vouloir un monument éphémère que de ne pas attendre pour ses fondations une certitude autre que le témoignage de convictions respectables , mais où rien ne met en garde contre de graves erreurs ; nous ne sommes pas mûrs , et que l'on parle du haut d'une tribune ou d'une chaire, il faut un auditoire.

Plus tard la faiblesse ou la force des disciples permettra d'apprécier la grandeur de la conception ; c'est à mon sens l'une des vérifications les plus décisives ; qu'il s'agisse de sectes modernes ou d'antiques hérésies, le nombre et la valeur des adhérents sert de base numérique pour la mesure. J'accorde cette part au *consensus communis* en mettant la valeur avant le nombre. Les noms de Sᵗ-Paul, Sᵗ-Athanase, Joseph de Maistre, suffiraient seuls à rendre respectable le système chrétien.

Dans la construction de M. Comte, construction parallèle à l'édifice Romain , la maille du tissu sous lequel il est permis à l'homme de se mouvoir est plus serrée encore que la maille catholique ; le frein est de fer , et quand on se reporte aux épouvantables excès de la doctrine spiritualiste , sous l'influence délétère des médiocrités sans intelligence et sans cœur chargées de l'appliquer , on se demande avec angoisse si l'on pourrait vivre , palpiter , respirer sous ce lien métallique , quand la main des successeurs viendrait imprégner chaque acte de sa vulgarité.

Ceux-là même qui sont aptes à choisir sainement parmi de nombreux matériaux, à classer, à trier, le sont-ils toujours à en créer de nouveaux ? ce doute est affirmé par un jugement de M. Comte sur Ampère. S'il fonde une école je resterai en dehors; mais dans l'enceinte même où peuvent s'asseoir ses disciples, j'ose dire qu'il n'en est pas un qui professe pour lui une vénération plus profonde, une admiration plus complète, une reconnaissance plus ardente. Pour une femme, le plus beau compliment, c'est lui dire qu'on l'aime; pour un homme de génie, c'est qu'on l'évoque, Pythonisse de Delphes ou Sybille d'Endor.

C'est avec tristesse que je me concentre dans l'individualisme, et cependant, vénérant par nature, je ne me dissimule aucun de ses dangers; dans mon for intérieur je reconnais la nécessité de s'incliner, de se relier, de former un faisceau, de choisir un drapeau; mais dans ce siècle, le pêle-mêle des idées, la confusion de tout, l'éclosion des systèmes, les tendances critiques, l'insuffisance du passé, sa non reconnaissance par la plupart, la mort de la foi pure, le doute ironique amené transitoirement par l'école Voltairienne, ombre que beaucoup prennent pour la proie, rendent la situation tellement difficile qu'il faut se défier de toute construction, de tout porte-drapeau.

L'individualisme a deux influences nettement distinctes, l'une pratique, l'autre théorique. En pratique il ne produit rien, il est stérile; l'union fait la force; religion pratique, communauté, communion, efforts parallèles; sans crainte d'être obscur pour toi, l'individualisme c'est l'infiniment petit, c'est-à-dire l'absurde; la collection, l'intégrale fait le fini, c'est-à-dire le vrai. En théorie, il doit subsister tout entier sur tous les points qui ne sont pas complètement élucidés; il n'est pas en mathématiques, ou très peu, quoiqu'elles soient à refondre; il n'est pas en astronomie; il est nécessaire en physique, en biologie, en histoire, en religion, partout où l'on n'est pas sûr d'affirmer sans démenti possible.

On doit craindre, et non pas seulement par amour-propre, d'être dit partisan de quelqu'un, de s'inféoder à un type. Est-on partisan d'Euler, de Lagrange, pour accepter ce qu'ils ont découvert? Est-on partisan de Newton, pour pré voir, à mille ans d'intervalle, la place occupée par les astres? Est-on partisan de Galilée, pour regarder à un télescope? de Berzelius, de Bichat, etc.. chacun dans leur genre, comme on est payen, catholique, mahométan, brha-miste, saint-simonnien, etc...?

J'attache une importance énorme à l'impersonnalité du vrai ; il n'est la propriété de personne, sauf à nommer celui qui le premier l'a formulé; on prend à chacun les éléments de son moi, en considérant tous les hommes comme des organes plus ou moins parfaits. Si un seul réclame à son seul bénéfice la création d'un système, il n'a qu'un côté du vrai. Un homme isolé peut être érudit, plusieurs savent. Il n'y a pas d'idées complètement fausses, puisqu'une face, au moins, trouve une harmonie, et c'est en ce sens que je reconnais la haute portée du *consensus communis* tout en lui refusant la sécurité. Si un seul homme nie, cela aussi donne un côté de faux. Les vagues aspirations des penseurs coordonnées par un nouveau venu dépendent d'une longue suite de méditations ; Leibnitz est l'inventeur du calcul dif-férentiel, l'on devrait dire : c'en était le centraliseur; à ce moment, Cavalieri, Barrow, Fermat, Descartes, Newton, etc... le pressentaient sinon le formulaient. Fourrier, Hum-bolt, Proud'hon (Création de l'Ordre dans l'Humanité), sont des assesseurs naturels du mouvement philosophique

qui prendra le nom de Comte comme celui du plus énergique, du plus puissant de ses interprètes; chez lui seul il
n'y a ni vague ni confusion; mais on doit reconnaître le sentiment du vrai, là même où il se trouve allié à de graves
erreurs.

Après cette lecture de la philosophie positive, comme
repos de cette forte et pénétrante nourriture, je m'essayais
à quelques esquisses littéraires, et combattais de mon mieux
cet esprit d'exclusion qui tend sans cesse à venir s'asseoir à
la porte de l'intelligence; pour ces sortes de travaux, la jeunesse doit les concevoir, en laissant à l'âge mûr le soin
d'accueillir ou de rejeter.

Plus tard, j'eus l'occasion de lire le Cosmos; c'était une
note de ce concert dont j'aurais voulu être l'un des instru-
mentistes, et où je n'étais qu'auditeur. Seulement, habitué
à quelque chose de plus rude, de plus sévère, à la moelle
du lion qui m'avait nourri, je trouvais cet écrit un peu mon-
dain, vulgarisateur, d'un savant de salon; le dernier volume
était le Roman du Ciel, et sans apprécier la profonde érudition des notes, je songeais involontairement à Descartes,
ayant voulu écrire *Le Monde*, à Comte, qui venait de l'enchâsser dans un écrin sauvage soit, mais splendide, et trouvais
la tentative au-dessous du nom de l'auteur. M. Humbolt
n'en est pas moins pour moi l'une de mes premières admirations contemporaines parmi celles du second ordre; quant
à celles du premier, la plus vive est pour Auguste Comte, la
seconde pour Poinsot, et s'il me fallait te citer un nom littéraire, peut-être choisirais-je M. de Vigny.

Je me suis imposé, dans toute notre longue causerie,

l'obligation de ne consulter que mes souvenirs pour ne rendre personne comptable de mes erreurs; si tu me jugeais plus habile en pure mathématique, j'en tirerais une arme bien forte, puisque même pour le pur analyste je proclame l'impuissance, s'il se confine dans son détail. Je vois les lois en tout;

> Lui qui voit tout en lois, n'y voit pas qu'il est fou.

hé bien non! En histoire, en biologie, en dehors de la matière inerte, je retrouve la régulation partout. Grâce à la loi des oscillations, je pourrais conseiller un ambitieux. Vous voulez dominer vos semblables? Pour cent ans encore soyez catholique, faites-vous soldat. L'avenir personnel pour une longue période est encore là.

Egayons ce sujet; en amour cet objet tant plaisant et si gracieux; non point l'affection dont le dévouement résiste au temps, mais celle dont on peut dire:

> Cet amour à vingt ans, fils aimé du sourire,
> Repose comme lui sur deux lèvres qu'attire
> La flamme d'un baiser;
> A lui le bruit sonore et le refrain des chœurs
> Que la coupe à la main répètent les buveurs
> Oublieux de penser.

Je suis contre la théorie du coup de foudre et penche pour celle des infiltrations. C'est le réservoir d'une presse hydraulique où la goutte d'eau qui s'infiltre, fraction d'une larme imperceptible, soulève ce que l'on veut. Pour guérir le mal, il faut retirer la goutte comme elle est entrée; une oscillation ne sera annulée que par une égale longueur d'oscillation contraire; un homme aime depuis longtemps

avant l'accomplissement de son rêve, d'avance, j'escompte
son futur bonheur à cette égale durée ; puis l'indifférence,
puis un retour, puis l'oscillation diminuant sans cesse, enfin le marbre de Paros.

Je ne puis mieux t'esquisser ma situation morale qu'en
te faisant l'histoire de mon *religare* personnel. En premier
lieu, religieux, croyant pour croire, mêlant à cela de l'ascétisme, des jeûnes, des flagellations nocturnes, satisfaisant
en un mot à ma nature exagérée. En second lieu, Voltairien
ou plutôt Volnéen ; car jamais je ne fus moqueur, et ne
comprends point que l'esprit ridiculise l'esprit. En troisième lieu, je fus chercheur et demandai au travail une solution. Enfin j'arrivai à professer une profonde admiration
pour la religion catholique, ce qui m'enlevait tout espoir de
satisfaire à la belle parole de Châteaubriand ; je crois que le
Voltairien sans unité, intelligent, reviendra tôt ou tard au
giron maternel. J'aspire à une autre synthèse ; actuellement
la foi consiste à admettre des lois, même pour les phénomènes non soumis à une règle connue ; c'est ainsi que le
génie de Kepler s'était convaincu de la possibilité d'être le
législateur du ciel ; la foi et le sentiment n'ont plus pour
moi d'autre utilité, et je ne reconnais de négation possible
que sous ce point de vue.

Après avoir nié le Catholicisme, je m'aperçus que je ne
l'avais point compris ; je me suis épris sans croire ; la foi
ne se reconstruit pas. Plains-moi, mon ami, je n'ai pour me
défendre que quelques sentiments d'un banal honneur, le
décorum, les mœurs, une éducation sérieuse et quelqu'élévation d'esprit. Je regrette de ne plus être dans cette magnifique unité qui s'est fait trop étroite pour la jeune huma-

nité dont les ailes sont accrues ; le nid s'est fait cage. Mais quelle reconnaissance ne devons-nous pas avoir. pour ce sanctuaire béni , ce moelleux abri de notre passé. C'est le progrès humain le plus colossal qui se soit accompli, et je puis comprendre comment, faute de saisir la continuité historique, l'on ait songé à un choc divin. L'avenir est moins difficile ; moins de pleurs , de tortures; mais comme ensemble le Catholicisme ne peut plier que devant une conception plus haute. Entre les fils des Croisés et les fils de Voltaire, pour utiliser un mot célèbre , mon admiration n'hésitera jamais; je puis reconnaître les services temporaires des seconds , et demande quelque chose d'assez large pour les englober tous deux. Les Voltairiens du temps de Cicéron ne comptent plus; les Payens du temps d'Origène avaient l'inintelligence de leur époque , les Catholiques d'aujourd'hui ont l'inintelligence de la nôtre. Pour ma vie active , je me séparai des révolutionnaires de l'école Dantonienne en songeant que malheureusement leur courage et leur fougue auraient peut-être encore un rôle utile dans l'avenir. Ayant rompu avec le passé , je me trouvai seul, isolé , faible, socialiste enragé de sentiment, faisant tressaillir par mes théories ton aristocratique et élégante allure de démocrate de salon , et n'acceptant rien des solutions de de tous ceux dont le cœur paraissait d'accord avec le mien.

Si j'avais quelqu'ambition , ce serait de pousser le professorat dans de nouvelles voies; l'on peut être un bon pédagogue, c'est un métier comme un autre avec son instinct particulier, son tact pratique; l'on peut parfaitement préparer à un concours sans être un bon professeur; il ne doit pas avoir pour but la réception, mais le développement intellectuel ; il s'agit du mandat le plus imposant qui puisse être confié ; en face de cela qu'est, je te prie, la liberté de l'enseignement ? C'est un grand et petit problème.

Sera-ce maintenant que l'on pourra légiférer cette jauge désirée des esprits, savoir si l'on devra consacrer ses facultés à l'amélioration des autres ou à une fonction pratique spéciale? Qui donc est assez spirituel pour croire à sa nullité? Le sacerdoce de l'intelligence doit être de difficile conquête; qui de nous croit à la science infuse? C'est vraiment curieux! En assistant de loin au dernier râle de la tribune législative, on était vraiment effrayé de tout ce qui s'y disait, de ce heurtement continuel contre les faits ignorés, et cela par insuffisance d'éducation ; car des deux parts il y avait là des hommes éminents, à la manière de ces supériorités inérudites dont je suis le premier à attester la valeur.

D'un côté, ils sont aux prises avec des notions absolues devant lesquelles, suivant eux, les faits doivent plier ; il s'en faudra de peu que l'on ne vote le printemps perpétuel, en disant qu'il n'est pas juste que le soleil se promène ; quand en France, il n'est pas un homme sur dix mille capable de motiver son opinion sur un sujet donné, ils voudront de la législature directe, du suffrage permanent. Le savoir s'acquiert par quelques vingt mille voix. Je suis d'autant plus libre dans ma franchise que mes sympathies étaient là. De l'autre côté, ils sont pétrifiés dans l'ontologie, craignant que le mieux ne soit qu'un surnom du pire, et sceptiques, incrédules, s'abritent derrière des liens qu'ils n'acceptent qu'à l'heure dite, suivant l'intérêt du moment, et font de tout chaleureux mouvement l'organe d'un calcul. Pourquoi dater? disait Mirabeau. Les assemblées en sont toutes là. Il a fallu que la sagesse d'un seul prévalût encore sur la sagesse de plusieurs, et qu'un nouveau Scipion vînt dire: *Je sais mieux que nous ce qu'il convient de faire.* Pardonne ces remarques plus puissantes chez moi que la volonté du silence.

Mais pourquoi, me dis-tu, ne pas entrer dans la lice. La préparation doit-elle absorber toute la vie? Mon ami, je te l'ai dit, j'ai eu le sens assez droit pour profiter des moyens de mesure; pour un office de praticien, j'aurais pu comme un autre m'harmoniser à la fonction; mais le sacerdoce théorique, objet de hautes ambitions, je le respecte. L'orgueil, l'inguérissable, le mauvais, vient quelquefois mais vainement tenter ma raison. Cet aveu de mon impuissance te fera peut-être excuser la hardiesse avec laquelle j'ai promené mon crayon sur tous les sujets. Pour une somme de travail déterminé, chaque machine doit rendre un effet utile au-dessus d'un certain rapport; mon organisme ne rend point assez, eu égard à mes efforts. J'en sais assez pour accepter ma médiocrité, et comprendre que mon savoir n'est qu'un désir. Une mâle résignation doit préserver des écarts de l'amour propre, et l'on doit être heureux de pouvoir encore discerner ce que l'on peut admirer, acclamer, devant qui l'on doit respectueusement s'incliner.

La médiocrité intelligente monte infatigable au calvaire de l'humanité; sans force pour traduire ses aspirations, elle ne peut qu'accepter un mot d'ordre, et mourir sur la brèche au profit de ses convictions.

L'intérêt qui pourrait s'attacher à ce récit ne dépend en rien d'une épithète d'exceptionnel que je repousse; les idées que je crois miennes, je les ai puisées dans le vent qui

passe, dans l'air qu'on respire, et j'ai pensé parce que
d'autres à côté de moi pensaient. C'est une sorte de magnétisme général qui établit à peu près sur le même niveau
toutes les intelligences d'une époque, et l'on est plus ou
moins magnétique. Au reste à un autre point de vue, ce que
recherchent la plupart des hommes, c'est la considération ;
ce but si désiré dépend tout entier du milieu ; si l'on gravite,
on se trouve en face d'individualités plus tranchées qui vous
contrôlent, vous jugent ; le rapport reste le même. Partager
son temps entre quelques études chéries et quelques saintes
affections est plus simple, préférable peut-être ; seulement
il y a souffrance dans le sentiment d'une infériorité qui
retient l'expression loyale de loyales opinions surtout quand
le talent fausse sa place, ment et profane. Ne pas s'illusionner exige un courage encore assez rare.

Je ne me sens point la force de terminer gaiement ; cette
impuissance du vouloir est une triste chose. J'en veux à
Obermann de s'être fait lire ; choisir dans la vie d'un
homme tous les instants où il ne mérite pas ce nom, où
son intelligence, sa raison sont enveloppées de nuages, où
leur teinte grise assombrit tout ce qui les touche, et faire
de cela un livre. Hé bien ! c'est un mauvais livre ; il faut
toujours montrer à la foule le phare resplendissant de
la confiance et ne jamais jeter le découragement en pâture ; la meilleure action d'Obermann a été de mourir au
milieu de ses chères marguerites et sous le ciel immense.

J'ai eu mes mauvais jours aussi, mon ami, et quelquefois
le mal du doute, le mal de l'indéfini, celui qui étreignait
Manfred sur les sommets des Alpes, est venu jaunir mes
songes et dessécher ma sève. Je me sauve par la contem-

plation d'Isis ; à elle je reporte mes hommages fervents et sincères. Les nombreux projets de travaux, la lecture des pères qui me redoivent un sérieux labeur, les nouveaux horizons à ouvrir, les anciennes vues à bien légitimer, tout cela comble les vides.

La désillusion est un supplice; pour lutter contre elle je n'ai trouvé de ressources que dans l'admiration des splendeurs naturelles. Aussi c'est avec émotion, avec une ardente reconnaissance envers tous les hommes du passé nous ayant dévoilé le grand, le beau, le vrai, que je t'indique ce salutaire correctif qui doit préserver les générations futures de la douloureuse incroyance.

Effusion et amitié.

VIIe LETTRE

—

DES TALENTS D'EXPRESSION.

Je voulais prendre pour titre *de l'art*; ce mot solennel m'a effrayé. Ces noms d'artiste, d'art, d'ouvrier, d'ouvrage par excellence, comportent une acception tellement majestueuse qu'il y a témérité quand on vit dans la foule d'oser les escompter. De l'art littéraire, on a fini par dire l'art tout court; les industriels disent les arts; les harmonistes jaloux ont inscrit sur leurs frontispices le mot *opéra*, comme autrefois les alchimistes disaient le *grand œuvre*.

Le mot d'artiste, de fabricateur suprême, d'habileté de main dans les genres élevés, correspond à ce fait que les littérateurs, musiciens, peintres, sculpteurs, etc. sont sentiment et non point réflexion. Ils habitent un sanctuaire dont les prêtres exclusifs chassent impitoyablement quiconque sans être initié prétend aborder le temple. Ils se passionnent, s'exaltent, s'électrisent, et si quelqu'un s'avise de sonder, comme l'un de nos spirituels amis, ils répondent: un tel est ennuyeux, il raisonne, réminiscence de St-Simon sur Chevreuse.

Les mathématiciens et eux conservent le monopole du travail de cabinet; aux premiers, la déduction sévère, les inductions à légitimer, la tension d'esprit opiniâtre, la lampe surprise par l'éclat du jour; aux seconds, le battement des artères, la fièvre de l'inspiration, le parfum des grands bois, la fraîcheur des eaux vives, la gaieté, la tristesse, les larmes, le sourire.

Cette partie de beaucoup la plus délicate de notre correspondance excite ta curiosité! Tu veux savoir comment j'apprécie, et par le contraste de nos jugements, tu baseras ton arrêt décisif sur ce que tu appelles mes vues systématiques. Il me faut utiliser des noms à propos desquels tout a été dit; banal ou ridicule, tels sont mes deux écueils. Ce sera, si tu le veux bien, comme le canevas d'un ouvrage dont nous parcourrons en commun les divers feuillets, et plus tard seras-tu peut-être l'Aristarque auquel je déférerai sans appel un verdict d'impression.

Allons, *sic fata voluerunt, alea jacta est.*

L'art a pour but de traduire tout ce qui intéresse, ce qui émeut, ce qui passionne, ce qui fait vivre ou ce qui tue. C'est la nature extérieure au point de vue de l'impression sur la nature intérieure; l'homme, avec toutes ses aspirations, ses moteurs, ses actes, son cœur, vient se refléter dans ce panorama. La théorie de l'art ne peut être formulée qu'après celle de l'homme; il nous faut, pour analyser complètement chaque manifestation, connaître chaque puissance partielle, chaque faculté; la théorie de l'homme est subordonnée à celle de l'histoire, puisque ce n'est que par la comparaison des harmonies extérieures et intérieures que nous pouvons saisir chaque manière de palpiter ; or, l'histoire n'est pas faite ; ses périodes les plus importantes sont sans doute écoulées, et par là je veux dire qu'il est possible de déterminer dans l'homme ses qualités les plus hautes, les plus vivantes, les plus essentielles ; par suite la théorie de l'art devra se remanier de fond en comble après la construction désirée de sa base extérieure. Parmi les facultés *A*, *B*, *C*, etc... rangées par ordre, nous savons que les plus influentes ont seules déterminé les situations sociales précédentes, les plus secondaires n'ayant joué qu'un faible rôle ; cela rentre dans une estimation de grandeur approchée ; toujours l'histoire en se déroulant ajoutera de nouveaux termes à la puissance humaine, et ces constantes additions auront sans cesse une importance de plus en plus ténue.

N'ayant pas l'intention de systématiser ce sujet dans toute son ampleur, mais seulement de saisir ses côtés les plus élevés, de te montrer comment nous sommes *Byzantins*, il me suffira d'avoir une formule très générale de l'organisation humaine pour base d'un classement très général.

Les moyens réalisateurs sont : la sculpture, la peinture, la musique, la parole écrite ou parlée, tout cela constituant la poésie. Je me restreindrai à la parole écrite, en te laissant la possibilité de juxta-poser dans la série les noms illustres des autres branches, sachant tous deux qu'il y a parallélisme, harmonie entre toutes, et que les idées peuvent emprunter l'une ou l'autre de ces formes. Je puis convenir avec toi, sans partialité, que le plus complet des procédés poétiques est celui de la parole.

L'homme est une intelligence servie par des organes. En retournant cette définition de M. de Bonald, elle serait peut-être plus vraie; elle peut se rapporter à quelques types éminents, mais certes elle ne permet point de reconnaître l'homme peint par les moralistes, celui que nous coudoyons chaque jour. M. Pierre Leroux a écrit : sensation, sentiment, connaissance; c'est de la pure ontologie; ces trois mots affectent un parfum de Condillac qui agit sur mes nerfs, et je préfère leur enlever cet arôme en adoptant provisoirement la formule de M. Comte :

Aimer —— penser —— agir.

Le cœur qui se passionne, qui souffre, qui pleure; l'action qui maîtrise le temps, qui domine l'espace; l'intelligence son guide, son régulateur. Maîtriser, ce n'est pas cela, c'est utiliser, c'est deviner la pente, c'est calculer la pression pour lui obéir, c'est moudre le grain avec une aile qui bat au vent, c'est traverser l'Atlantique sous l'action de l'air en mouvement.

Le terme *penser* correspond à l'ensemble de toutes les lois fictives qui assurent la prévision, la satisfaction des besoins; c'est le monde scientifique en y englobant le mot de philosophie dégagé du sens étroit que lui ont imposé les plagiaires de l'antique. Ce mot sera pour nous le terrain où s'amoncèlent toutes les recherches, le champ où l'homme s'agite, le résumé de tous ses efforts, de toutes ses conceptions, de ses tendances, de ses croyances, de sa vie.

L'omme est matière, végétal, animal, *homme*, à l'extérieur, et pour pénétrer dans tout cet ensemble, pour le sentir, il use sur lui-même de ces trois facultés primordiales :

l'amour, l'intelligence, l'activité, qui se retrouvent dans toutes les peuplades, qui sont la base de tous les liens sociaux, et que l'histoire donne en première ligne comme l'impression la plus caractéristique que pourraient fournir les agglomérations terrestres aux sociétés des autres parties de l'univers.

Nous allons parcourir ce cycle au triple point de vue du penser, de l'aimer, de l'agir, en nous rappelant bien que si dans les planètes il existe des humanités, leur histoire, leur homme, leur art n'ont entr'eux aucun rapport nécessaire.

PENSER.

En mathématiques, l'on est très pauvre, les talents d'expression sont peu goûtés ; il y a infériorité pour la production, la traduction des idées, surtout par la faute de l'éducation. Les analystes s'absorbent dans leurs formules. Cependant pour plus d'une page on pourrait citer Lagrange ou Laplace.

En astronomie, on peut compter divers noms; Fontenelle d'abord; son livre est charmant, rempli d'aperçus très fins, faisant à chaque instant ressortir un esprit délicat et féminin. Le sentiment de la loi, de l'ordination règne partout. C'est peut-être à lui qu'il faut reporter l'origine de cette belle idée émise par un prêtre catholique : il supposait que les cieux étaient composés de zônes immenses dont l'influence nous faisait bruire d'une certaine sorte; il y a eu la zône payenne, par exemple, puis l'on est entré dans ce que l'on pourrait appeler l'air catholique. On commençait, disait-il, à en sortir ; il le sentait, l'exprimait avec regret, et craignait que les milieux successifs où nous allions formuler d'autres conceptions ne fussent bien inférieurs à celui qui faisait le thème de sa constante admiration ; poétique causerie, belle sans contredit, mais agréable et pure rêverie. Le système exposé par Fontenelle n'est plus de mode, comme eût dit ce grand vicaire dont je t'ai parlé ; c'est-à-dire qu'empreint des idées de Descartes, il y aurait lieu de rectifier par notes ce que l'on a le droit d'affirmer aujourd'hui. Pour moi, ce livre mérite à tel point l'épithète de séduisant, que si je trouvais un éditeur qui voulût réimprimer *les Mondes* avec des remarques jointes au texte, je m'essayerais à cette tâche, mais sans chercher à lutter avec la grâce exquise du modèle. L'œuvre de Laplace est, sans contredit, bien inférieure comme valeur poétique, littéraire, et c'est pour cette œuvre, je crois, que l'académie française a accueilli dans ses rangs l'auteur de l'*Exposition du système du monde*. On pourrait citer un travail remarquable de W. Herchell, quoique, malgré le titre, l'instruction mathématique soit nécessaire pour bien suivre les développements, etc.

Quand on pénètre dans le domaine des sciences complexes, la liste littéraire est pauvre encore pour les parties élémentaires, et plus on s'éloigne, plus les images abondent, plus on peut charmer en instruisant. M. Dumas, quoiqu'un peu technique, est un grand talent de vulgarisation pour les sciences physiques. Arago, sous ce rapport, s'est élevé à une valeur considérable ; il attache, il plaît, il intéresse ; c'est là sa force, le secret de sa renommée ; Buffon, Humbolt sont ses frères ; cette trilogie mériterait une attentive étude. Les gens du monde peuvent apprécier le Cosmos ; ce livre donne la mesure des connaissances de l'époque ; jamais l'on ne s'y perd dans de pures hypothèses ; il offre partout le cachet d'un esprit droit, poétique, très large, et bien des pages méritent un renom d'écrivain. Ainsi, sans parler de Fontenelle, voilà Buffon, Cuvier, Arago, Humbolt, Flourens, etc. etc., qui sont des talents d'expressions, des hommes de lettres, des littérateurs, dans l'acception la plus élevée de ce mot.

A des degrés divers, la plupart des physiologistes célèbres ont dû au talent de leur plume le relief de leurs doctrines. Je me contenterai de citer deux noms, Cabanis, Bichat, parmi ceux très nombreux que pourrait réclamer un travail complet.

Si nous arrivons à l'histoire, le styliste domine d'autant plus que l'agrément de la lecture est la première, sinon l'indispensable condition du succès. Soit que nous prenions l'histoire comme le simple narré de faits épisodiques, et alors je le répète, il faut être élégant écrivain ou se vouer à l'oubli, soit même que nous la considérions sous son aspect le plus élevé, à peine cultivé; ici la puissance de la conception peut, pour certains esprits, compenser l'ennui de la lecture; c'est le cas de la plupart des historiens non nationaux, qui ne peuvent être que des mines de matériaux ou de conceptions originales.

Parmi les narrateurs, il est puéril de demander si les Michelet, les Thierry, les Barante, les Thiers, les Mignet, les Lamartine, les Guizot, etc. etc.; peuvent, malgré leur érudition, porter avec honneur le fleuron de la littérature. L'académie est de mon avis, et il est singulier que ce soit moi qui défende le poids de ses jugements contre un adversaire qui sourit à ce témoignage.

De tous, M. Michelet est le plus lyrique, le plus artiste ; il électrise, passionne et dramatise. Pour être bref, je te dirai seulement quelques mots sur M. Thiers. Cet admirable conteur entraîne, amuse, plaît ; l'agrément de la lecture attire comme un roman ; mais dès que l'on sort de la pure narration, l'on arrive à une médiocrité absolue. Heureusement que les remarques suivies de points d'admiration se trouvent très clair-semées ; elles tombent toutes dans le banal ou le mesquin ; je ne sais quelles peuvent être les conceptions générales de ce romancier, mais il me semble que s'il avait eu à peindre l'arche de Noé, il eût tenté de prendre les mouvements des habitants subordonnés au déplacement du navire, comme fixant leurs positions dans le temps et l'espace ; il voit les faits avec un microscope, et dans le torrent général qui donne à chaque individualité un rôle accessoire, balancement autour d'une ligne moyenne, coup d'aile de l'oiseau dans une cage mobile, il saisit pour principal ce qui ne doit figurer qu'aux plans de détails.

Les romans historiques pourraient se classer à la suite. Ils ont pour but de reproduire le portrait d'un homme ou d'une époque, avec des événements fictifs, mais tellement coordonnés que, d'après l'impression qui en résulte, le lecteur doit pouvoir affirmer, dans les circonstances réelles, quel a dû être le rôle de l'homme, le cachet de l'époque. Pardonne un mot technique, c'est de la pure interpolation. Avec les éléments fournis par la tradition, on construit ce que l'on peut appeler la courbe d'un homme, le tableau d'une société, puis on déduit de cette courbe, de ce tableau, quelle est la conduite, la physionomie spéciale, dans des circonstances choisies au gré du caprice. C'est en présentant ces circonstances idéales que l'on fait induire, par un retour, les faits réels, le caractère réel, d'où l'historien avait tiré ses personnages fictifs. Le chef-d'œuvre en ce genre est Cinq Mars, de M. de Vigny; sur le portrait de Richelieu un homme intelligent devinera facilement tout ce qu'il a fait ou pu faire. On pourrait en citer beaucoup : Struenzée, le Médecin d'Autrefois peinture du temps de Paracelse, etc. Il y aurait même une place honorable pour un homme qui eût été grand s'il se fût borné ; mais ses livres sont des villes entières sans temples ni palais.

On n'a cru à la possibilité d'intéresser à cet égard qu'en faisant intervenir le domaine amour, et par ce côté les romans historiques tombent dans une autre classe.

Il y aurait encore lieu de placer ici les œuvres personnelles, mines de matériaux, mémoires, lettres, daguerréotypes d'une époque, etc., dont je précise l'ensemble par quelques noms : Villehardhouin, Saint-Simon, les lettres de Diderot à Mlle Voland, Balzac pour nos jours quoique pur roman, etc.

La partie de l'histoire qui mérite le titre de science est moins riche de beaucoup; la plupart des écrivains n'ont que des vues bornées, incomplètes, provenant d'une éducation insuffisante. Ils ne sont point assez harmonisés avec le monde extérieur pour obtenir l'unisson. Les hommes tels que Guizot, Châteaubriand, Montesquieu, Rousseau, Voltaire, Nicolas, Comte, etc., ont tous une valeur comme expression, mais à des titres fort inégaux.

M. Guizot est le premier styliste de notre époque si ex

traordinairement riche en style ; de nos jours, il y a fécondité, verve, entrain, esprit de paradoxe, esprit toujours, brillant, mais toutes ces richesses sont dispersées au vent du caprice.

Châteaubriand affecte la pompe ; on sent le pastiche homérique dans la seconde manière ; quelques pages des Martyrs semblent traduites du grec ; en plaçant deux épithètes à chaque mot, on obtient, moins la vie, moins la couleur, moins le talent, ce qu'un jeune peintre appellerait la *charge* de son style.

Je reviens sur M. Nicolas auquel j'attache une haute valeur même comme pures lettres. Une exposition paternelle, affectueuse, Dieu, c'est-à-dire la raison nécessaire et générale, l'âme, deux sources de certitudes, la révélation obligée pour baser la seconde, puis du talent. Certes, en acceptant de prime abord une formule du grand tout, il est facile de bercer son auditeur et de le conduire au loin, surtout quand on peut joindre à de grandioses et saintes croyances, la magie d'un beau style ; cela prouve surabondamment que le Catholicisme est dans une oscillation ascendante que je regrette, car elle nécessitera des efforts contraires dans le monde des détails. — Comme thèse à soutenir, les Romains sont très forts et ne craignent point la discussion libre et entière ; s'ils ont à lutter contre des esprits non synthétiques, la victoire leur est assurée, et c'est la raison du discrédit où a pu tomber l'ironie Voltairienne, même chez de sérieux adversaires.

Le nom de Voltaire qui intervient comme opposition par son Essai sur les Mœurs et l'Esprit des Nations, me fait glisser encore sur le grave objet de l'individualisme. Esprit critique, d'examen, de négation, de personnalité, de dissolvant, il a su élever le bon sens à la hauteur du génie, et fait le contre-poids, le revers de la foi, de l'acceptation, de l'autorité, de la collection, du reliant. Avec lui, rien ne se crée, le faisceau manque, c'est l'oscillation inverse qui combat les inconvénients d'une vénération exagérée, et qui doit à son tour céder à une vibration contraire. Je désire ardemment que l'esprit d'acceptation, d'affinité, de *religare* brille à l'horizon intellectuel; je me refuse à croire que ce puisse être dans le sens catholique, et je suis convaincu que les bons esprits qui reviennnent à ce sanctuaire y reviennent dans le sens du *religare* en subissant malgré eux le côté mystique ou ultra-physique. Tout en repoussant Voltaire, je reconnais sa haute valeur de transition, je le nomme l'organe le plus vif, le plus pétillant d'un mouvement descendant, je lui accorde le plus rare esprit uni au plus rare bon sens, mais je lui refuse le génie qui pour moi réside dans le groupement, et je ne puis nier ma sympathie préférée envers un Athanase ou un St-Thomas ; très fort au point de vue de son temps, il est très faible au point de vue du nôtre.

Ainsi de l'histoire nous sommes conduits presque sans transitions aux questions religieuses, philosophiques, morales, etc. Là, depuis Platon le président intellectuel du concile de Nicée, depuis Aristote le précurseur de la science actuelle, on pourrait faire intervenir les noms de tous les penseurs proprement dits, et jalonner sa route de Confucius à M. Cousin, de Montaigne à Kant, de Rabelais à Pascal, de Leibnitz à La Rochefoucault, de Luther à St-Augustin, de Mallebranche à Vauvenargues, de Gerson à Lamennais, etc., etc.

Chers feuillets amoureusement amoncelés par la jeunesse, vous subissez un dur traitement ; l'âge viril vous franchit sans pitié.—Permets-moi, mon ami, ce regret d'amour propre en face de notes abondantes et pleines d'illusions que le temps n'a point respectées.

Il me faudrait maintenant prendre séparément l'aimer et l'agir, puis les grouper à deux, et chercher dans les lettres les manifestations correspondantes. L'aimer vient colorer de sa vive lueur, embellir d'un chaud reflet ; ce sentiment accessible à tous soulève pour tous un coin du voile ; toute œuvre où il intervient réveille dans chacun un battement, une sensation, un souvenir, un désir ; on a pu croire que priver une production de ce moyen, de ce levier excitateur, que borner aux fibres cérébrales l'intérêt d'une création, c'était la réserver à un trop petit nombre d'élus ; peu d'hommes se passionnent pour les idées autant que par le cœur ; les sensations aimantes sont les plus vibrantes. La face de l'art qui dépend des affections se rapporte à l'analyse des sentiments, à leur marche, à leur explosion. Mais ne voulant que regarder d'en haut, nous prendrons de suite la réunion des trois termes, l'homme complet, la pensée se repliant sur elle-même pour s'envisager du dehors, pour peindre l'action dont le but est l'amour.

L'HOMME.

Nous avons distingué les liens généraux sous la puissance desquels se déroule tout acte humain en quatre catégories dont les trois principales sont :

1° —— *Religare* général.
2° —— *Religare* patriotique.
3° —— *Religare* famille.

Parallèlement à ces trois ordres, les poèmes sont:

1° —— Epique du 1er Ordre..... Tragique du 1er Ordre.
2° —— Epique du 2e Ordre..... Tragique du 2e Ordre.
3° —— Roman................ Drame.

Je vais t'expliquer le sens précis que j'attache à ces mots, m'étant abstenu de tout néologisme.

Vers ou prose, il n'importe, lorsque le poëte raconte la grandeur d'un concept susceptible d'universalité, ou chante les gloires d'une nation, il est épique. Si l'action porte sur la vie qui peut nous échéoir chaque jour, si elle devient personnelle, particulière, spécialisée sur un homme de la foule, sauf les traits forcés, les contrastes, les ombres, les reliefs de tons clairs ou assombris, le poème est roman. Il y a bien dans les épiques un personnage saillant, un héros, un chef doué de qualités personnelles, mais inhérentes à sa position, à sa naissance, à l'importance de son individualité; ce n'est que le fil conducteur, l'unité, le tronc de l'arbre touffu qui supporte de verdoyants rameaux; c'est la tête ou le bras de la collection. Sur un geste, sur une parole, des milliers de destinées s'agitent, le héros dans ce cas n'est qu'une fiction, une personnification de 100,000 hommes. Sur un froncement de sourcils, une nation tremble. Dans le poème épique, on combat avec des hommes-dieux, dans le roman avec de simples mortels.

Si le poëte, au lieu de chanter, de narrer, de peindre, s'efforce de montrer les personnages agissants, de faire juger au spectateur par les actes mêmes et non par les discours, l'art sera tragique ou dramatique suivant l'importance, la hauteur du sujet. Cela conduit naturellement à ne présenter aux yeux qu'une face de l'idée ; on saisit dans les caractères, les nationalités, les religions, un fait saillant, qui sert de socle ; mais le cachet particulier consiste surtout à montrer l'action. Dans ce sens, l'art tragique se rapproche davantage du verbe agir, et l'art épique du verbe penser ; c'est en quoi les longs récits du théâtre sont hors lieu. — Théramène peut être épique, mais non tragique. — Nous y reviendrons. Ainsi, dans les deux cas, la différence des noms consiste dans le choix du sujet, dans son extension à une agglomération nationale ou plus large encore, ou bien dans sa restriction à un type choisi dans la foule.

La dernière classe, Roman-Drame, comprend la critique sous les deux formes satires et comédie, puis leurs dérivées de tout genre sur lesquels je n'insisterai point.

Je vais essayer de suivre ces points de départ, en citant quelques œuvres sans étalage d'inutile érudition ; pour le mode épique et tragique, je serai forcément obligé de sortir du cadre français, puisque les sujets égalent ou surpassent les liens patriotiques.

ÉPIQUES DU 1er ORDRE.

Moïse. —— Dante. ——— Gœthe.

Quoiqu'il ne soit point convenu de ranger Moïse parmi les poètes, je ne connais pas de livres qui plus que la Genèse méritent ce titre ; forme splendide, hauteur de l'expression, concept de l'unité divine, histoire de la création ; cela porte sur le lien humain le plus large, et l'écrivain est toujours au niveau de sa tâche.

Dante a chanté les grandeurs du Catholicisme; intelligence haute, pour le lire et le bien suivre, il se faut faire cerveau. Comme homme il devait ressembler à Shakespeare, avec une organisation peut-être moins vibrante, mais plus profonde et plus recueillie.

Gœthe est poète épique et non point tragique dans le Faust; c'est le chantre de la Métaphysique, le peintre d'un siècle douteur, incroyant, sceptique, désillusionné, malheureux. Il a édifié le palais du doute, le temple du mal de l'époque, le mal dont ceux là seuls qui se contentent de vivre n'ont point ressenti la cruelle atteinte. Ce mal, fléau dévastateur, a imprégné de poisons la voix de Caïn et de Manfred; en France, il a produit Lélia. Pour l'avenir nous devons être sévères envers les Gœthe, les Byron, les Sand. Si plus tard, abrités par un ciel plus clément, les talents hors ligne chantaient encore l'hymne du désespoir, il faudrait les flétrir. Aujourd'hui, leur rôle est utile, et nous devons acclamer la grandeur de leur génie.

Voyons les seconds, les fidèles écuyers de ces tenants de la lice poétique. Auprès de Moïse, il devrait y avoir place pour l'œuvre indienne au triple nom. — Je m'abstiens, ne pouvant juger que sur lambeaux.

Auprès de Dante, viennent Milton, Klopstock, Châteaubriand. Milton ne me plaît point; on admire ses descriptions, et je ne puis voir sans dépit ces braves mauvais anges inventer l'artillerie, fabriquer de la poudre, et nécessiter de celui qui les tient dans le creux de sa main l'usage d'un puéril tonnerre. Dans Klopstock, le personnage d'Abaddona m'a fait longtems rêver; idée touchante de pardon et de mansuétude analogue à celle qui faisait éclore Eloa d'une larme de compassion pour en faire l'ange du dévouement. Châteaubriand est trop près de nous, n'en est-il pas moins épique?

Auprès de Gœthe, nous placerons Byron, Quinet, Sand, etc. J'ai pris Gœthe pour chef, jugeant la puissance de l'écrivain par l'agitation qu'il occasionne ; Shakespeare et lui sont mes deux plus hautes attractions, indépendamment de leur genre, parce qu'ils sont les deux seuls qui me rendent malade, et malade de fièvre, de trouble, de frisson.

Nous placerons ici Byron pour Caïn et Manfred, ce ne sont pas des pièces, mais des actes du Faust.

La seule épopée réelle que nous ayons est Ashaverus ; je ne veux point dire par là que M. Quinet ait pu satisfaire à son rôle ; la production est peut-être inférieure au concept. Ce personnage du Juif Errant, symbolisant l'humanité qui court haletante à travers les ruines, aspirant au nouveau, a dû tenter et tentera bien des poètes. La nature entière encadrant l'éternel voyageur, prés, bois, fleuves, montagnes, hommes du passé, tout cela chante, pense, souffre, pleure, crie, espère et fait monter jusqu'aux cieux l'hozannah de ses prières, de ses joies, de ses sanglots. Il manque une croyance, une foi, un avenir.

Ce thème de la véritable épopée moderne a été repris par M. Alexandre Dumas. Au début il s'agit d'un homme très fort, un peu trop mousquetaire ; puis la scène s'élève ; Isaac s'en va converser avec Apollonius de Thyanes, il évoque Canidie, demande à Prométhée le secret de la tombe, le paie par un bûcher de Titan et délivre Cléopatre

des mains fatales pour opposer le démon de la volupté à
l'idéalisme chrétien, pour tuer l'anathéme en écrasant la
doctrine. Il y a là une grandeur réelle quelque peu
diminuée par l'exécution; c'est dilué, point assez travaillé.
Avec des facultés considérables, exceptionnelles, qui
eussent pu assurer à M. Dumas une haute place dans
la littérature française, il a tant gaspillé, tant joué que
personne ne le prend plus au sérieux.

Avant de passer aux épiques du second ordre, je veux
justifier ces vues par un souvenir de critique. On a joint à la
Vestale l'expression de grandeur épique; cela me paraît
juste. L'intérêt résulte principalement de cette révolte des
passions de l'homme contre la tyrannie des Dieux; tant
que cette tyrannie n'écrase que des types vulgaires,
elle triomphe; mais s'il survient une haute nature qui
veut briser ces entraves, il y a évolution sociale dans
sa plus large signification, puisqu'elle s'adresse au lien
le plus large. Julia n'est qu'un mythe; une loi fictive
ne suffit pas à enchaîner les lois réelles; Licinius eût
pu compter parmi les martyrs avec un autre dénouement.

De l'ironie malicieuse! Je parle de tout, ne parlerais-je
musique? n'est-ce pas? pour désarmer ta raillerie je veux
te faire une humble confession; ne discute point le plus ou
moins de convenance des noms, et saisis ma pensée.

Spontini —— Ingres —— De Vigny...... la ligne.
Meyerbeer — Delacroix — Victor Hugo... le coloris.

L'insuffisance de mon organisation ne me permet pas,
tout en pouvant être profond admirateur, de pencher pour
les coloristes; il y aurait lieu pour toi de suivre ce triple parallèle étayé d'autres grands maîtres, et j'avoue que partisan

de la ligne pure, je serai en peinture de l'école de l'allemand Cornelius, le Poussin contre Rubens.

ÉPIQUES DU 2ᵐᵉ ORDRE, OU CHANTRES DES NATIONALITÉS.
Homère —Virgile —Le Tasse — Camoëns—Voltaire — etc.

Achille est si l'on veut le héros, le personnage saillant, l'unité de l'Illiade, mais ce poème n'a pas pour mission de chanter sa vie et ses amours, ce ne serait qu'un roman. J'ai peut-être eu tort de ne point placer Homère entre Moïse et Dante comme le chantre du paganisme. La lutte est plutôt entre les dieux de la Grèce partisans déclarés des combattants; suivant la fortune des maîtres de l'Olympe, les héros triomphent ou sont accablés; sous ce rapport c'est l'œuvre la plus considérable qui résume la théologie ancienne, et par suite une œuvre épique du 1ᵉʳ ordre. Je n'ai point à parler de la grandeur des images, de tout ce qui a fait la haute fortune de l'homme qui personnifie la poésie aux yeux de bien des gens. Hésiode, comme mythologue, doit venir à la suite, et peut-être ne lui a-t-il manqué qu'une Dacier pour marcher côte à côte. Deux poèmes méritent les mêmes observations : le Niebulungs et l'Edda. C'est pour la théurgie germanique l'œuvre parallèle; si la langue plus policée eût acquis à la forme une valeur égale à celle de la conception, Sigefried eût rivalisé Achille ; j'ose dire que je m'intéresse autant à l'un qu'à l'autre, et cela bien entendu en dehors de toute comparaison comme résultats. Voilà donc trois monuments se rapportant aux liens généraux, et qui pourraient se placer dans la première série.

Quand Le Tasse a peint la lutte entre l'Orient et l'Occident, il a sous plus d'un rapport côtoyé les liens du pre-

mier ordre , et à la rigueur il pourrait se placer dans le cor-
tége de Dante.

Je passe de suite aux romans , et sacrifie un vif désir de
m'égarer au loin , en me restreignant complètement dans le
cadre national ; en dehors des grandes machines littéraires
qui tiennent le sceptre de la mode, comme au grand siècle
la Clélie et l'Astrée, sans tenir compte de ces petits fils de
Scudery à l'ombre éphémère comme celle de leurs aïeux,
je ne veux citer que quelques noms, en choisissant ce que la
force de l'analyse ou la grâce du conteur me fait préférer
davantage.

ROMANS.

Le Lutrin —— Réné —— Lélia —— Obermann —
Adolphe —— Volupté —— Le Lys dans la Vallée—— Picciola —— Jocelyn —— Notre-Dame-de Paris —— Confessions d'un Enfant du Siècle —— Barnave —— Rodolphe
—— Robert-Robert —— etc. —— etc. —— etc. ——

Le Lutrin , c'est l'esprit fin dans la plus froide raison.

Réné, Lélia, œuvres de passion , de doute, se rattachent
au mouvement que je résume par le nom de Gœthe ; le
premier est plus riche en descriptions, le second en
tortures morales.

La lecture d'Obermann est une de celles que l'on doit
rarement se permettre ; mais j'apprécie la hauteur du talent
par la force de l'impression.

Adolphe, Volupté, sont deux fines analyses, et malgré le

respect des morts, je n'hésite pas à placer le second bien
au dessus du premier. Le titre doit égarer plus d'un lecteur ; c'est de la psycologie peut-être un peu microscopique,
de la dissection, de l'anatomie moléculaire ; le burin est
une aiguille d'acier finement trempée ; mais l'œuvre est
riche, belle, et pour moi l'une des plus sérieuses études
de l'époque.

Le Lys dans la Vallée, le chef-d'œuvre d'un homme
avec qui l'avenir comptera, reproduit sur le cadre de
Volupté un tableau plus largement tracé ; on n'y compte
point les astragales et les balcons. L'opposition idéalisée entre le tumulte des sens de la vie réelle et la
pureté extatique des instincts délicats de la jeunesse se
trouve admirablement reproduite dans Arabelle et M.ᵐᵉ de
Morsault ; à trente ans, la poésie cède la place prépondérante qu'elle avait conquise aux jeunes années. Ce petit
volume est pour moi le fleuron le plus beau de la couronne
du romancier.

Picciola prend un point de départ inacceptable ; son héros,
son mythe n'a pas tout appris ; il ignore, quoi qu'en dise son
peintre, toutes sortes de sciences ; il n'eût pas attendu jusqu'au lever d'une plante pour sentir en lui l'admiration déborder en face des splendeurs naturelles ; le culte du beau ne
ramène à la croyance que les esprits qui l'ont fuie par caprices ; mais le voile est si gracieux pour adoucir l'éclat de
ces grands yeux noirs qui éclairent les rêves du prisonnier,
qu'un sourire Athénien quitte peu les lèvres tant que dure
la lecture.

Pour Jocelyn, cette musique écrite sur l'idéal du dévouement et de l'amour, je n'y puis songer sans comparer le style de M. Lamartine à celui de Jean Racine; le vers est si naturel que pour tous deux l'on se prend à douter s'il est plus facile d'écrire en prose. L'un plus raisonnable, l'autre plus vaporeux; l'un plus réel dans ses tendresses, plus humain, l'autre plus mystique; maîtres les plus mélodieux de la forme, ils n'ont guère de rivaux s'il s'agit de l'art pour l'art; M. Victor Hugo est le plus riche, M. Guizot le plus haut, M. de Lamartine le plus harmonieux des talents d'expression de cette époque; mais s'il fallait juger plus profondément, il serait pour moi pareil à cette statue de Nabuchodonosor dont la tête était d'or et les pieds d'argile; ni Bulbul, ni Elvire ne le conduiront aux âges futurs; Nicétas sauvera peut-être Ossian, et le barde s'abritera sous l'historien. Comme vie politique, il y a loyauté, noblesse, dévouement, abnégation, sacrifice quoique faiblesse; si j'étais chef, je lui écrirais : je puis être hostile, mais la France doit compter avec votre magnifique nature; au nom du pays, je vous assure le traitement d'un maréchal de France; Lamartine ne doit pas connaître les mauvais jours.

Notre-Dame-de-Paris; étude multiple, érudite, philosophique, à portraits saillants, à contrastes terribles et heurtés, drame coloré, antithèse de la suprême laideur et de la suprême beauté.

Les Confessions d'un Enfant du Siècle; ébauche vigoureuse d'un esprit dont la vigueur est en ébauche. La littérature française doit s'honorer des pages du début; cette incroyance du siècle, ce bruit de ferrailles qui retentit dans les chaumières quand il s'agit de trône et d'autel, tout cela est peint avec grandeur. Mais il y a avortement de toutes les œuvres;

la Coupe et les Lèvres ont un portique haut, puis rien. On croit voir Caïn surgir de sa tombe, on prête l'oreille,[Caïn a disparu. Sur le piédestal il n'y a qu'une ronce, et le souvenir d'une grotesque ballade; en un mot, Rolla n'est qu'un acteur, et de lui je n'aime que les proverbes.

Barnave renferme le plus beau portrait de Mirabeau qui fut jamais; on y fait assister une cousine germaine des Césars à une représentation de cette ironie mordante, vivante, que l'on appelle Figaro, et le contraste est saillant.

Rodolphe est une étude grave, et quoique pensant dans un camp ennemi, je ne puis méconnaître la hauteur des vues et le mérite du livre.

Robert-Robert; je compte ne point exciter ta surprise en classant cette charmante Odyssée de l'enfance parmi les productions contemporaines les plus remarquables; en dehors même de la difficulté très grande d'orbiter dans d'étroites limites', il y a dans cet écrit tout ce qui peut mériter la faveur et la vogue, sauf une origine étrangère. Si j'avais l'honneur d'être des amis de M. Louis Desnoyers, je l'engagerais à reprendre ce thème heureux, à développer quelques aperçus lunaires ou mozambiques, et assurer une sérieuse rivalité à Gulliver, ainsi qu'aux deux Robinsons. Malgré la trop grande jeunesse du héros, qui de nous a négligé les charmantes leçons du cousin Laroutine? Je m'étonne que les éditeurs de luxe n'aient point songé à embellir de vignettes un beau volume d'étrennes; pour moi je l'eusse offert aux enfants de ceux que j'aime pour le faire lire aux parents.

Il me faut du courage pour me borner à si peu ; je néglige
Zadig et Micromegas, la Fée aux Miettes, les Nouvelles Gé-
nevoises du français Topfer, je néglige........ Hélas! J'ai
un but et n'effleure que ce que je crois nécessaire.

Si je parlais des romans historiques, je ne pourrais
omettre Télémaque, le voyage du jeune Anacharsis, et celui
de son parent, moins célèbre, moins heureusement doué,
le jeune Anténor. Pardonne mon irrévérence envers le tendre
archevêque ; sans doute que les souvenirs du collége impriment leur teinte assombrie sur les aventures du fils d'Ulysse;
pour moi il obtint le premier prix de sagesse au grand concours de Crète, et c'est d'aussi loin que date une louable
institution.

Je cours aux tragiques en m'inclinant devant La Fontaine,
le poète du bon sens, le génie de l'apologue, en lui adressant un humble et fervent hommage. Pour être rapide , je
m'abstiens de toute division.

DRAMES.

Sophocle —— Euripide —— Eschyle —— Aristophane
—— Plaute —— Terence —— Shakespeare —— Cor-
neille —— Racine —— les Espagnols —— Voltaire ——
Alfieri —— Beaumarchais —— Schiller —— Gœthe ——
Vigny —— Hugo —— etc....

Le Prométhée pour les Grecs s'élève de tous à la plus
grande hauteur tragique. Mon admiration la plus vive est
pour Aristophane. Je le qualifie de Shakespeare ancien.
Quelle verve ! quelle malice ! un fils argumente avec son
père et lui persuade qu'il a droit de le battre ; comme c'est

bien cela! ces mots étagés, ces syllogismes, ces arguties du Phédon, du Gorgias, de l'Eutyphron! cette valeur en eux-mêmes des purs raisonnements!

Plaute, parmi les Latins, malgré sa rudesse, ses formes plébéiennes, est pour moi de la même école; c'est mon livre de choix.

Shakespeare; le sauvage ivre a été couronné par les siècles; à mes yeux c'est le drame, c'est la Tempête, c'est le Songe d'une Nuit d'Été, c'est.......... non! pas d'analyse. Le plus médiocre de nous s'enrichissant de l'aumône de ce dieu de la poésie, de la fièvre, du débordement, le *vates*, l'impossible, arriverait à marquer encore. Il ne s'agit point ici de réciter un chœur de commune adulation; voici pourquoi ce nom m'émeut: je l'ai pris un jour, et la nuit s'est passée blanche; je ne l'ai point quitté pour mes repas, je l'ai dévoré en quarante-huit heures. Pendant huit jours j'étais électrisé dans des proportions trop fortes pour mon frêle physique, et restais comme ivre. Cela m'est arrivé pour le Faust, et si je fouille mes souvenirs, je dois convenir encore que la Peau de Chagrin a exercé une impression du même genre quoique moins puissante; d'ailleurs je naissais à vingt ans,

Corneille et Racine sont auteurs dramatiques et non point tragiques; les héros, tout en n'étant que personnages éminents, rois ou grands seigneurs, ne pensent qu'à leurs amours; Phèdre est un drame, ou même plutôt un roman dialogué.

Molière: comédien de haut lieu dans le Tartuffe, comique

toujours, poète dans le Don Juan *cette œuvre étrange
qui fait rêver*, satirique admirable dans les Précieuses, il
a écrit le Misanthrope avec un burin etn on point avec une
plume ; le Tartuffe passionne et se préfère au jeune âge ;
d'ailleurs il aide à la négation ; plus tard Don Juan attire, et
à l'âge mûr le caractère d'Alceste soulève une haute admiration ; pour moi je l'ai compris fort tard. A proprement
parler ce n'est point une œuvre littéraire, c'est de la pure
analyse, de la mathématique concrète, inflexible comme la
raideur géométrique. Cela est tout d'une pièce, et n'est pas
amusant du tout. J'assistais un jour à la représentation
d'une parodie bouffonne, et je m'essayais à annoblir les situations, épurer le sujet, élever les caractères, les unitariser;
peu à peu j'obtins le squelette d'une comédie qui aurait pu
s'appeler le Flatteur; je revins songeur, persuadé que je n'a-
vais pas su lire le Misanthrope, et une sérieuse étude réussit
à me convaincre que pour des génies aussi vigoureux, l'art
logique était deviné, sans nécessiter le préambule mathématique que doit réclamer le vulgaire. Seulement je n'ai pu
comprendre comment les partisans modernes de l'art pour
l'art anathématisaient Racine et acceptaient Molière; Racine
est le type de la forme, c'est un soutien sérieux, et je juge
faux, ou bien ils accueillaient malgré le Misanthrope. Ce portrait doit prendre place dans un livre intitulé Les Caractères,
si l'auteur peut joindre à l'ingéniosité de Labruyère, à
son style à tiroirs, la portée de vues, la puissance d'observation, la force, la sagacité, la franchise d'élocution du
grand maître du grand siècle.

Beaumarchais résume au théâtre le côté vif, spirituel,
incisif, mordant, railleur: c'est de la satire dialoguée par
l'intrigue.

Schiller a été l'objet d'une de mes plus chères occupations ; plus à notre taille, plus humain, pour lui j'ai trouvé des accents, et par le grand Williams je me sens écrasé. — Schiller est tout entier dans trois œuvres : Les Brigands ou la jeunesse ; la fougue déborde, Frantz Moor est frère d'Edmond ; il jette comme son précurseur l'anathème à la postérité ; les bacchantes sont prêtes à couronner le poète. Don Carlos ou la virilité ; les instincts loyaux, les illusions premières colorent la réalité ; mais chacun a la conscience de son dévouement ; on réfléchit, on pense, on sent vivement encore, mais l'on sent moins. Valleinstein ou la vieillesse ; un soleil couchant de poésie fraîche et souriante ; Thécla parfume d'un dernier rayon ; mais on est aux prises avec l'ambition, le froid calcul, les intérêts ; on achète et l'on se vend..... Que je pourrais être long !

Le théâtre de Gœthe est voilé par une statue colossale.

Monsieur de Vigny a écrit Chatterton, autre étoile des nuits du Faust.

Monsieur Victor Hugo. Son véritable titre de gloire est dans le théâtre. Brillant, sonore, imagé, c'est le Titien, le Rubens, le Delacroix des lettres. Quant au roi maure Aliatar, aux Tymbaliers du roi Jean, je les vois froidement. Marion Delorme, Hernani, Le Roi S'amuse, etc.., sont des drames où le vers est fougueux, où le vers étincelle ; les jeunes hommes les récitent en alternant avec les Iambes. Mais l'œuvre la plus haute comme conception tragique, c'est Cromwel ; c'est l'ombre chinoise du protecteur reproduite en noir sur un fond blanc ; la silhouette, la surface, le trait, le crayon y est, mais le personnage n'est point creusé assez profondément. Ce beau talent est incomplet; le protecteur est peint avec son masque, et l'on ne sent pas sous l'acteur le chef, le promoteur d'une grande évolution.

Egrener ainsi notre couronne littéraire! tu me rendras la justice que je ne puis exposer des vues sur l'enseignement sans avoir esquissé, même avec de légères appréciations, l'ensemble des sujets qui dépendent de son domaine. Si j'ai mal parlé, j'apporte moi-même une raison de refus; si au contraire, quoiqu'humble, j'ai dit juste, ce qui peut être le lot des hommes les plus simples, j'offre une garantie. Ce résultat d'une lente élaboration, d'un travail opiniâtre nécessitant une certaine force de volonté, me donne quelque faible droit d'avoir une opinion motivée sur le plus grave des sujets.

J'arrive à cette affirmation promise : nous sommes Byzantius, remarques d'un causeur sur la pure esthétique.

Il faut surtout bien saisir que l'art se transforme, ses sujets changent; l'on demande à chaque jour du nouveau, tout en psalmodiant une copie monotone. Les voies nouvelles sont en dehors du plagiat antique; nous pouvons admirer profondément les grandeurs du passé, sans refuser à l'avenir de riches présents. Que veulent ces chantres qui, dans leurs rimes cadencées, regrettent les temps féodaux, la chatelaine chasseresse le faucon sur le poing, les cours d'amour, les coups d'épée merveilleux, les paladins héroïques, le bras fort d'un Guillaume des Barres? Ce ne furent point les motifs d'Orphée ou Synesius; les sources sont autres, et non moins belles pour qui sait les sentir. L'absolu doit être banni de l'art aussi soigneusement que de tout rêve humain. Comme pour la morale, l'on peut préciser une distinction importante. S'il s'agit de la religion des viscères, de l'amour, l'art ne subit que de lentes, de séculaires variations; il change comme la race; mais pour les tentatives plus hautes, s'adressant à des thèmes plus grandioses, moins accesssibles à la foule, l'art est mobile comme le temps, comme l'espace, comme l'histoire, comme les liens. Alcibiade aimait ainsi que Lauzun, Périclès comme Louis le quatorzième; Aspasie habite encore Paris; nous pouvons par nous-mêmes affirmer que Médée est toujours fière, que Chimène ne hait point Rodrigue; mais Homère, mais Virgile ne sont plus de nos jours, sinon quelque harmonieux écho. Le plus grand tort de Boileau a été de croire que la formule latine de l'art pouvait suffire à embrasser toutes ses aspirations, toutes ses promesses, toutes ses merveilles. Le beau est relatif; les grands hommes sont relatifs; les époques sont relatives, sont à comparer, et nous y reviendrons. Nous pourrions reprendre chacun de ces grands noms, bolides étincelants, qui nous ont éclairés ou brûlés, et voir ce qu'à d'autres temps chacun d'eux eût exprimé d'après l'allure de son génie. Corneille de nos jours serait-il romain, Boileau possible? Son admiration exclusive pour des choses belles, très belles, (qui le nie?) mais qui doivent, à peine de déchéance, céder le pas à d'autres belles choses, n'est plus que l'enjeu d'une respectable érudition. Je ne voudrais point ressusciter d'oiseuses querelles, et raviver la lutte de *Monsieur* Dacier et de *Madame* Lamothe; mais il me semble que cette question des anciens et des modernes n'a pas été saisie à son vrai point de vue. C'est encore comparaison d'époques; les trois unités ne sont point en jeu. Peut-on mesurer avec un mètre une pierre et un végétal, une longueur et un volume? Les temps ont changé; pour avoir

religieusement vénéré les maîtres de l'antique poésie, on a
cru qu'en dehors des moyens, des concepts qui les faisaient
vibrer, il n'y avait qu'impuissance, et l'on s'est traîné sur
des traces usées.

C'est l'opposition de la forme et du fond, parallèle à celle
d'esprit et de cœur, d'absolu et de relatif, de défini et
d'indéfini, de déisme et de croyances comparées.

On a dit avec autorité : le style c'est l'homme. Sans vouloir appuyer sur l'anecdote qui montre Daubenton le chercheur écrasé par Buffon le vulgarisateur, et subissant l'influence de ce trait académique dirigé surtout contre lui, le
mot est grave et mérite réflexion. En acceptant la relativité
nécessaire, tangible pour une époque, inacceptable pour une
autre ; en comprenant que le poète qui veut traduire en langage vulgaire ce battement intérieur, ce bouillonnement de la
tête et du cœur inspiration de son temps, doit suivant
l'âge social varier ses questions de fond ; que tel qui s'est
illustré en chantant la grandeur ou la désespérance des
croyances de son jour, aurait eu, avec l'intelligence d'une
autre phase, des chants pour des sujets tout autres ; il faut
bien reconnaître que l'intérêt qui s'attache aux questions de
fond est principalement historique, que le style brillant ou
gracieux, sublime ou séduisant, fait surtout, par la beauté
des images, le contraste des idées, le mérite des descriptions, la continuation de ces succès qui défient le temps.
La forme en ce sens dure plus que le fond, vaut plus que le
fond. Les monuments d'un autre âge ont laissé subsister,
malgré les ravages des années, leurs formes extérieures ;
leurs usages ont changé ; pour les œuvres d'art il est quelque chose d'analogue. — C'est encore l'opposition des gran-

deurs factices de positions, de situations spéciales, avec le talent personnel; un général de division comptait avant Lagrange. D'ailleurs les contemporains récompensent davantage les services des hommes qui s'utilisent pour eux que de ceux qui pensent pour la postérité. — La forme, c'est la seule barrière, la seule différence entre les castes; les gens de forme ont raison de préconiser sa valeur; demande à Madame Roland s'il faut la dédaigner; relis son jugement sur le côté gauche et droit de la Constituante. Considère les classes élevées en regard de celles qui supportent le faix social, dans leurs joies, leurs amours, dans tout ce qui se rapporte à l'organisme; la différence est nulle au fond; dans le second cas il manque le vernis, et vraiment tout peut se nuancer par la coupe du vêtement. Aussi j'ai bien compris qu'une société basée sur la forme, les convenances ou le savoir du convenu, ait acclamé Racine. Comme expression, il est inimitable, sans défaut; c'est l'homme par excellence, l'inégalable pour tous les ontologistes, les aristocraties, les diseurs de mots, les adorateurs de la forme. Quiconque écrit en vers doit savoir Esther et Athalie, les deux plus parfaites et les plus froides de ses œuvres. — C'est encore l'art pour l'art, l'habileté technique, le savoir faire, la valeur d'exécution extérieure. J'ai beau chercher, ce mot ne reveille en moi áucune autre acception. Est-ce le bruissement harmonieux des muscles du palais? Est-ce quelque chose de préexistant par delà les mondes, dans les régions inaccessibles à la raison où règnent les quatre facultés, département ministériel ayant son trône dans les cieux, le partageant avec d'autres dieux rivaux? Ingénieur construisant sans but un palais idéal? Une phrase pure et correcte n'ayant aucune signification humaine? Le trait de Protogène, ligne pure et contours délicats? Vibration sonore et pleine ne traduisant aucune émotion? Bloc à peine dégrossi d'où sort un bras d'un modelé ravissant? Si ce n'est cela, quoi donc? Et si cela est, quoi donc encore? Certes, je ne veux point scruter longuement cette difficile appréciation du réalisme dans l'art. S'il doit traduire le vrai, c'est-à-dire le réel, c'est en l'idéalisant, c'est en enlevant aux lignes de la nature leur incorrection; c'est une colonne qui prend sa base sur terre pour monter jusqu'aux cieux. Je suppose un poète grand seigneur, appelant à lui d'habiles faiseurs, écrivains, peintres, harmonistes, sculpteurs, etc... et disant à chacun : Vous, rendez-moi telle pensée, faites miroiter dans de beaux vers le sujet que voici. Vous, traduisez sur votre toile tel épisode; ce bras est trop long, cette jambe trop courte, cette draperie malhabile; corrigez et refaites. Vous, faites déborder le lyrisme pour éveiller le battement de mes artères au profit de telle sensation. Qui serait le poète? Qui serait le créateur? Qui serait ouvrier?

Je voudrais te voir entreprendre un magnifique et charmant travail, comparer les époques au point de vue de la civilisation, du sol, de la végétation, de l'art, de la mythologie, de l'architecture, de la langue, etc. — Aux Indes, végétation touffue, poésie luxuriante, le gigantesque dominant partout; le fauve est énorme, il se rue par bonds gigantesques dans une nature plantureuse sous les arceaux immenses d'une verdure en montagne. L'architecture, ce sont des blocs entassés, des statues à proportions colossales; le langage, j'en suis sûr, doit aller par bonds métaphoriques, par figures incroyables. Pour l'ancienne Égypte cela se retrouve. Il faudrait faire ressortir les formes parallèles de toutes les tranches historiques. — La Grèce, fine, spirituelle, diserte, joueuse de mots; chez elle de jolis et petits monuments ; du mignon , du gracieux, de l'art pour l'art ; tout en rapport ; les Dieux , chacun à sa petite place du pouvoir ; la langue, la poésie, l'architecture , tout est charmant , tout sent l'olivier , le ciel pur de l'Attique, le miel du mont Hymète. — La Rome militaire a ses arènes , ses routes, ses temples , etc. On imprime aux soyeuses créations de la Grèce quelque chose de rude et de martial; l'ivoire est remplacé par l'airain , les Dieux sont durs. — Byzance arrive avec son luxe, son mélange de mauvais goût, sa ligne écrasée sous l'ornementation , emprunt de toutes les formes, absence de tout cachet, transition de croyances, genèse de renaissance ; nous sommes Byzantins. — Puis la foi vive, la cathédrale catholique, l'ogive en pointe qui aspire aux cieux, le fer de lance, le clocher à la fine aiguille qui soutire les secrets aux nues, et parallèle à la pensée s'en va déposer l'encens aux pieds de l'Éternel; grand siècle, grande époque, grande chose, grand passé. — La dentelle moresque, civilisation arabe, déisme de l'Alhambra , etc. etc.

Notre siècle n'est à sa hauteur que par la science, et par une science non vulgarisée qui reste comme une propriété de quelques élus, un gagne-pain imposant dans la société une sorte d'infériorité à tous ceux qui la cultivent. Présente un savant dans ce qu'on appelle le monde, et tu verras si Molière ne pourrait ressusciter les Précieuses. Les arts sont fêtés, la science est dédaignée. Hé bien, la science aujourd'hui est un fleuve qu'il faut traverser pour arriver à l'art. Il faut s'imprégner de l'idée nouvelle, de l'idée scientifique; c'est la fontaine de Jouvence où l'art doit se rajeunir.

Il est peu de sujets qui ne prêtent à d'amères réflexions ;

partout, partout. Ici on édifie une nouvelle église gothique, on construit Sainte-Clotilde à Paris. Notre époque ne pourra pas se reconnaître avec ses monuments; l'archéologue de plus tard saura jalonner les âges précédents, et le nôtre restera comme un mausolée funéraire, laissant prise au doute et à l'incertitude. Notre architecture n'a ni siècle, ni nationalité; si quelque Juif-Errant voulait dans l'avenir éclairer ses étapes séculaires, il ne trouverait pour ce jour aucun repère distinct. Nous sommes Byzantins.

Mais que voudrais-tu donc? Hé qu'importe ma réponse! qu'importe ma chétive individualité! est-ce que je prétends à la flamme du génie? que sais-je? quand les pulsations individuelles, quand la pression des petits et des faibles aura fait jaillir de quelque belle intelligence le concept de quelque chose ayant son cachet, cela se fera. On répondra en tout genre à ce besoin d'harmonie entre la pure esthétique et l'art plastique. — En poésie, une grande voix dépassant Gœthe de toute la supériorité d'un concept organique sur le doute et la négation, saura faire déborder l'inspiration et incruster son nom glorieux auprès des noms de Moïse et de Dante. — Aux vierges de Raphaël, aux fresques de Michel-Ange, on répondra; et déjà cette magnifique ébauche dont Chenavard était le peintre et Théophile Gautier le narrateur, déjà la Mignon d'Ary Scheffer sont des à-comptes sur la postérité. — Aux statues antiques, aux Vénus de Praxitèle, aux Cupidons de Phidias, on répondra. — Aux cathédrales catholiques, on saura opposer des monuments qui reproduiront la pensée en la complétant. Salles d'opéra, calcul pour l'harmonie et le bien-être, voûtes de cristal, l'inconnu. — Les éleveurs de cathédrales ont bien remplacé le Parthénon, les Propylées, les

temples d'Éphèse et de Thèbes. A la honte de notre époque
on a construit la Madeleine en exhumant des cartons pou-
dreux de quelqu'architecte vieux de cinq mille ans, des
plans beaux sans doute, mais qui nous signent notre brevet
de Byzantins.

Partout il y a abdication nationale, même dans les détails. M. Cousin peint au pastel; le Théâtre Français, qui
contient l'élite des interprètes de la pensée, est en quelque
sorte le Musée de Cluny de la littérature. D'autres noms,
d'autres aspirations doivent venir s'asseoir au banquet de
Molière, et l'on ne doit point offrir ce festin à des romans
dialogués, seules œuvres des contemporains de Gœthe.
Après son rude élan nous avons reculé; l'acceptation d'un
acte sur la première scène du monde dépend du plus ou
moins d'élégance dans le langage et dans la situation sociale; ce sont des vaudevilles mieux écrits. Les héros habitent un salon et alternent avec Don Juan; s'ils végètent
dans une mansarde, ils restent aux boulevarts. La barrière
c'est l'ornementation, c'est la forme; nous sommes Byzantins.

Sous Louis XIV, le grand mérite a été de fixer la langue; sauf Molière et Lafontaine, les auteurs sont de bonnes,
d'excellentes grammaires. L'abdication a été plus complète
en ce sens que l'on a même nié résolument, fortement la
possibilité de se soustraire à la copie des anciens. Il semble vraiment que l'on ne puisse admirer sans être imitateur.

Du temps de Julien, une grande figure, littérateur, phi-
losophe, soldat et tout cela hors ligne; le sujet colossal
d'une de mes rêveries tragiques; il me semble entendre en-

core la Muse en pleurs tombant à ses genoux et l'implorer
en ces termes : César ! César ! les temples sont vides, les
bois, les prés, les plantes, les cieux ne sont plus animés ;
César, au nom de la poésie, que les Dieux conservent leurs
trônes ; César, on relègue leur ombre dans des régions inaccessibles : ce maître solitaire sera si loin de nous qu'il
sera comme absent. Les hommes justes d'un autre âge
étaient payés de leurs vertus par la visite des Olympiens ; on
n'engage plus pour nous qu'une douteuse immortalité ; Phi-
lémon et Baucis verront briser leurs liens ; la forme du lézard ne punira plus le traître à l'hospitalité ; le lion de Né-
mée désolera nos forêts, etc. César ! relevez nos croyances,
relevez nos autels, ressuscitez notre unité grandiose sous
laquelle se sont abrités les Grecs, les Romains, les Indiens,
les Egyptiens, tous nos pères. Qui leur déniera le titre de
grandes nations ? Pourquoi quêter dans l'inconnu des principes nouveaux ? Pourquoi, parjures de nos ancêtres, refu-
sons-nous à l'avenir notre antique passé ? César ! au nom de
l'art, de la religion, de la nationalité, nous vous adjurons
de ne pas déserter la lutte, de ne point plier devant le Gali-
léen ; que nos lares ne vous voient point apostat.

Il fallait être bien fort pour repousser ces prières, et,
parmi ceux qui blâment Julien, où trouver des hommes d'é-
tat susceptibles de ne pas écouter les Libanius catholiques ;
de nos jours on recommence Julien ; nous sommes Byzantins. Le César eut l'inintelligence de son temps ; n'ayant
point de formule du mouvement social, il a cru, de son
pas rétrograde, substituer la vie à la mort ; il n'a point entrevu que les nouvelles splendeurs d'idées, d'unité, ne cé-
deraient en rien au passé ; que le beau allait s'asseoir sous

les auspices du catholicisme de Platon, du spiritualisme, au banquet du nouveau.

Hé bien! de nos jours ils sont les mêmes; apostats de l'avenir ils se refusent à voir; *oculos habent et non videbunt, pedes habent et non ambulabunt.* Nous sommes Byzantins.

La poésie, disent les uns, c'est le mysticisme dans le temps et l'espace; vous nous enlevez les champs de l'air, vous nous fermez le bleu chemin de l'infini, vous disséquez, vous tuez par votre desséchante analyse. La poésie c'est la foi. Ha! Bysantins que vous êtes, vous criez comme Libanius et la muse de Julien. Oui, la poésie c'est la foi. Mais de quelle foi s'agit-il? Pas de foi, pas d'art. — Foi payenne, art correspondant; foi catholique, art correspondant; même sous Louis XIV, foi en l'autorité, en la forme, foi de la vénération. Aujourd'hui, Bysantins, nous blasphémons ce qu'ont respecté nos pères, et ne voulons point saisir dans la science à larges ondes la source abondante de nouvelle poésie, de nouvelle unité, de nouvelle religion, de nouvelles grandeurs.

Ho! misère! rameau vénéré de l'art, rameau maintenant débile et presque desséché! De notre temps ils ont répondu au grand nom de Gœthe par le théâtre de Madame, ou par le roman maladif caricature de Scudéry, et sous le prétexte d'analyser le cœur, ils l'ont gâté chez tous. Rameau vénéré! te faut-il aller cueillir sur la tombe des morts? leurs ombres ne s'indignent-elles point de ces pâles copistes venant exhumer leur souvenir d'un passé qu'ils profanent? Sophocle, Homère, Aristophane, Dante, Sha-

kespeare, Gœthe, ne surgirez-vous point de vos froides
demeures pour maculer au front ces hommes qui se van-
tent de vous comprendre, et qui tentent la reconstruction
de vos monuments? Vous qui, à votre époque, saviez tout
ce que l'écrin de l'intelligence renfermait alors de pierreries;
vous qui aviez sucé le lait de la science contemporaine à
peine en ébauche ; vous qui de nos jours auriez accumulé
tout ce que le savoir humain a entassé, découvert, modifié;
vous qui au lieu de blasphêmer la science, de l'immoler à
vos froides railleries, vous seriez écriés: Sainte et bénie
soit-elle pour enlever l'homme à la matière, pour le transformer en directeur des forces motrices, pour supprimer la
fonction manuelle. Science, mère du progrès, généreuse et
tendre, qui tend à chaque jour le pain du lendemain pour
permettre à l'intelligence de se replier sur elle-même, pour
doter l'homme du pouvoir de penser. Source de lumière,
de progrès matériel, de progrès moral. Sainte et bénie soit-
elle, pour ennoblir nos natures, et les exhausser jusqu'aux
plus infimes à la hauteur de ces régions immenses où règne
le beau. Sainte et bénie soit-elle pour révéler à nos neveux
les conditions nouvelles dans lesquelles l'art doit enchâsser
ses joyaux.

Dante! Dante, accueille mon ardente prière; je t'invoque,
réponds. Tu venais à Paris, la ville déjà de pur intellect,
savoir si ton vaste cerveau avait bien saisi tout le spectacle
humain. Dis-moi, en ce jour, est-il une seule route de l'esprit qui te fût restée étrangère? Après avoir harmonisé ta
colossale nature à l'ensemble des choses créées, qu'aurais-
tu chanté? Est-ce encore les grandeurs géantes de la synthèse
catholique, ou bien l'épopée formidable des magnificences
de l'humanité?

Cherchons une filiation pour l'artère du doute. — D'abord le souvenir des rhéteurs, les arguties de controverse, les luttes de la scholastique; avant de descendre jusqu'à la foule et faire tressaillir le poète, le mal sillonne l'intelligence pure. — Le doute vient s'asseoir avec Spinosa au seuil de nos pensées, puis brûler à l'ardent foyer de Diderot, puis s'éclairer de l'ironie Voltairienne, puis enfin déborder à la voix de Gœthe. — Après s'être allumé au feu de la pure dissection spiritualiste, il arrive au duelliste dont le grand nom lui sert de baptême; ceux-là ont été les plus grands, qui ont palpité sous la même impression ; le dernier éclair français s'appelle Georges Sand, anglais, Byron. J'espère que c'est la dernière pulsation de cet horrible mal. Lélia a richement traduit la fièvre. Déjà la réprobation se fait autour de ce nom, et c'est à tort. Organe utile, elle périra sur le bûcher préparé par ses mains. Son souvenir restera sérieux et honoré surtout parmi ceux-là qui ne voient point l'art immobile, qui s'écartent d'une route usée par elle, qui la remercient d'avoir broyé sa chair aux ronces sanglantes du chemin, en montrant aux vibrantes natures les dangers de sa trace. Spinosa du sentiment, si elle avait à refaire son évolution, peut-être elle serait autre ; peut-être chanterait-elle les grandeurs d'avenir de la femme, et n'aurait nul besoin de faire gronder l'esprit de la révolte, être hybride, mentant à son sexe, et descendant de son trône féminin pour épouser notre rude sort. Elle est morte, elle a frappé fort, à elle un reconnaissant et respectueux hommage.

Pour chaque branche de l'art, il serait possible de saisir le parallélisme avec les faits extérieurs qui le reflètent au même titre qu'ils nous apprennent l'analyse psychologique. Pour emprunter un mot du piquant Rivarol, le monde c'est le soleil, l'art son clair de lune ; et pour bien apprécier, sachons voir le soleil.

Sachons rendre justice à tout; admirons la foi payenne dans son unité naissante, dans ses productions ; la foi catholique dans sa grandeur passée, dans la poésie nouvelle qu'elle a su révéler; le sentiment de la négation avec le côté amer de l'art qu'il a suscité; la science comme la base nouvelle où nous devons puiser l'inspiration, le lien.

Déjà plus calme, je réagis contre ces quelques pages remplies de longueurs faciles à éviter, brèves là où peut-être j'eusse pu te moins déplaire. Si j'ai plié sous l'emphase permets-moi de l'attribuer à l'influence du titre de Byzantin. Les natures impressionnables peuvent moins se soustraire à ce qui fait le trait d'une époque. Au reste cette emphase provient en général de la disproportion entre le sujet et l'expression. Orateur, ou poète, ou jetant en pâture à la foule les proclamations guerrières, Mirabeau à la tribune, Dante sur l'autel catholique, Shakespeare l'inspiré, Napoléon dans les camps, n'étaient point emphatiques. Dans les situations vulgaires, le ridicule atteindra les mots tonnants de l'un, les phrases échevelées des autres, les paroles sonores comme l'airain du dernier. Les grandes choses supportent seules les grands mots. Les lys ne tissent ni ne filent, et cependant ils sont vêtus avec plus de magnificence que Salomon au jour de sa gloire; cela n'est pas emphatique, L'emphase ne gravit jamais sur les sommets sublimes où s'agitent les destinées des hommes; je puis accorder le mauvais goût, mais je refuse l'emphase.

Pour me désorbiter violemment, je passe sans transition

à quelques noms de critiques ; je ne parle pas des commentateurs qui sont la plaie de l'art, mais de cette tribu guerroyante, fille de la satire alliée à l'urbanité ; hommes d'érudition, d'un goût pur, chargés d'un imposant sacerdoce, devant éclairer, mûrir le jugement, absoudre ou condamner. Ce rôle important nécessite une grande hauteur de vues, des conceptions larges, et sous ce rapport je puis te répéter encore : nous sommes Byzantins.

Quand il s'agit de noms consacrés, de plumes avec lesquelles le public compte depuis longtemps, toute opinion, même hostile, doit se couvrir du manteau des convenances, et affecter l'allure des salons.

M. Villemain est le maître par excellence. Si comme fond je puis regretter une sorte d'insuffisance, je confesse que dans le détail ses successeurs pourront peut-être l'égaler, mais non le surpasser. Goût pur, sobriété d'ornements ; c'est un esprit grec, et son style marmoréen fait ressortir la rocaille Pompadour de la plupart des feuilletonnistes. Il y a eu lui de la chaleur, et j'entends encore d'ici ce serment sur la tête d'une mère pour absoudre un fils accusé. Ses études sur le 18e siècle, sur l'Angleterre, etc., sont des modèles.

M. Gustave Planche est son plus proche parent. Plus de rudesse, d'âpreté, moins de cisclures ; la même différence qu'entre les dieux d'Athènes et les dieux de Rome.

M. Sainte-Beuve conserve les qualités brillantes et les défauts de Volupté. C'est le cousin de Charles Nodier, avec moins d'originalité, de dissection grammaticale. M. de Sainte-Beuve doit écorcher le papier sur lequel il écrit. Fin, sagace, perspicace, intéressant et micrographe; il doit écrire avec une vrille ; s'il rencontre une plage de sable, il détaille chacun des grains; en astronomie, il eût excellé dans les pratiques d'un observatoire; en physique, il eût spéculé avec une précision inusitée sur les atômes moléculaires ; en biologie, il eût classé les monades, les infusoires, etc.

M. Saint-Marc Girardin; je ne voudrais pas attaquer le talent, et malgré cela je désire m'élever avec force contre le successeur officiel de M. Villemain; le souvenir de l'un s'est grandi de vingt coudées au contact de l'autre. L'Étude des Passions dans le Drame m'a impressionné comme une œuvre médiocre, et cependant je n'oserai le dire. Je reconnais des vues calmes, saines, mais un froid glacial; sauf un mot sur Ulysse dépouillant la ruse pour embrasser Laerte, ce livre est un livre d'hiver. Le jugement sur Chatterton m'a froissé; pauvre fiévreux de génie! n'était-il malade que d'amour propre? ne pourrais-je en jurer par M. de Vigny? l'intérêt n'est pas dans Kytty Bell, pas plus que le Faust dans Marguerite. — Si dans Alfieri l'enflûre dépasse le débordement poétique, je ne puis refuser à ce frère cadet de Shakespeare la verve fougueuse, et de vibrantes sensations.— Pour acquitter une dette de respect, je dois accorder au moderne Aristarque de la raison vraie, de la pureté, de la sécurité, et toute œuvre de pure forme qu'il juge avec faveur n'a rien à craindre en face du public. Je préfère M. de Sainte-Beuve quoique avec moins de confiance dans ses jugements; il est plus analyste, plus sagace, mais moins haut.

M. Jules Janin est érudit, cite l'antique, s'exclame ivre de grec sur Tibulle et Théocrite, la verdure et les mon-

tagnes. Il transforme l'art en souvenirs, et en souvenirs exclusivement greco-latins, et en souvenirs seulement gracieux. Sans dénier une valeur réelle, je récuse la portée,
méconnais la grandeur, et regrette le jeune auteur de Barnave.

Je sais tant de gré à M. T..éophile Gautier de son admiration pour Gœthe, de ses pages sur Chenavard, que je
veux le citer. Pour le Jupiter de Weimar, il n'a pas d'expressions assez hyperboliques, assez foudroyantes, assez pleines
d'éclairs ; je ne sais quelles sont les raisons de ce culte, et
j'avoue que l'auteur de tant de mots heureux, de tant de
pittoresques figures ne me paraissait pas en harmonie avec
l'œuvre la plus philosophique, la plus historique qui soit.
Au reste, il est vraiment et sincèrement artiste ; la couleur
est son cachet.

Pour être juste j'aurais plus d'un souvenir, plus d'un
hommage à joindre à ces quelques lignes ; mais j'avoue ma
répulsion profonde envers la plupart de ces critiques du
jour, Juvenals du feuilleton, que Barbier appellerait *ces
beaux fils*, jeunes gens le chapeau sur l'oreille, aux allures cavalières, qui manient la cravache plus encore que la
plume, et font de l'art un oreiller pour leurs plaisirs. Ce serait à rire de leurs façons quelque peu mousquetaires, si l'on
n'en souffrait. L'un d'eux s'exprimant à propos de M. Dumas, talent réel, savant de premier ordre, disait : maintenant que nous en avons fini avec M. Dumas, passons à
d'autres !!! Un second écrivait qu'il *s'éreintait* (textuel)
pour former le goût du public. Bon jeune homme ! que
cette parole lui soit légère!..... On pourrait en citer de
moins fortes.

Ils ont de l'esprit, de l'entrain, de la verve, mais ils sont d'une nullité radicale. Ce sont les Lansquenets des lettres. J'ai connu quelques hommes hôtes de ce milieu. Ils niaient toutes lois, en disant: qu'importe? La théorie des sens était le titre de supériorité; il s'agissait d'être plus ou moins doué pour la forme. Ils s'intitulaient artistes et affichaient une incroyable ignorance. Cela peignait à s'y méprendre une draperie à la Parhasius, copiait des raisins à la Zeuxis, chantait une roulade, versifiait gracieusement, improvisait un rondeau, rimait un douzain, sculptait galamment; et moi, en vérité, entre ces gens et un habile tourneur je cherchais la différence, et ne la trouvais que dans une question d'élégance. Ils faisaient descendre à leur niveau ce titre si fier d'artiste, ce titre à la Cellini. Pleins d'esprit, je le répète, guerroyant à merveille, égayant une assemblée, soutenant avec agrément de futiles paradoxes, très amusants, très agréables, mais vides. Baladins du vrai, prenant le rire pour but, et l'ironie pour Dieu.

Si l'on n'y prend garde et vite, l'ignorance tuera l'art; il râle en ce moment.

Ha! l'Esprit. L'arme de l'ironique, de l'incroyant, du méchant, du maudit, du médiocre, du petit; dans l'allégorie de Satan, la personnification du mal, le démon a de l'esprit. Je le hais. Il n'est pas une sainte et belle chose, depuis le lien catholique jusqu'aux sources les plus minimes de l'art, jusqu'à la famille, qu'il n'ait froissé, moqué, taché, flétri. Arme toujours blessante pour les grands noms, les grandes choses, *telum imbelle* pour les médiocres, arme terrible qui ne se rougit que d'un noble sang. L'esprit, c'est le bourreau de la raison; il transforme la hideur, il amuse, il plaît, il attache, il fascine; la tourbe humaine se laisse prendre à ses paillettes, et les Talleyrand s'imposent avec sa magie.

Je parle de l'esprit de ces chevaliers du roman, de ces pourfendeurs du vrai, de ces crânes qui disent nous, pour se constituer en arbitres du mérite, qui jugent avec leurs souvenirs de collège et l'expérience acquise dans une vie de débauche; leur livre se pense aux côtés d'une fille perdue, et s'écrit à la lueur de son boudoir.

Voici pour mon début la question qui me fut faite: Savez-vous juger un bronze? rimez-vous facilement? etc... savez-vous! Il se peut qu'un beau sujet réveille en moi de vives sensations, qu'un thème heureux soulève le voile des souvenirs sur une large hauteur; mais d'un détail technique dégrader le mot d'art!

Je visitais un jour, avec une personne affectant le parler des ateliers, les salles d'une exposition. Je vis de très belles peintures, de belles plantes avec un œil énorme; on me dit : Gulliver. Puis des chevaux magnifiques; puis de belles femmes nues; puis de beaux portraits représentant des broderies avec une tête au milieu; puis, puis, etc. Moi, profane, qui devais être initié par mon guide au sentiment du beau, j'étais honteux de ne voir là que des preuves d'habileté picturale et rien pour l'art. Sur l'honneur, je m'en pris à ma chétive organisation. Je rencontrai enfin un tableau qui me parlait; un Christ vendu par Judas, que j'aurais couvert de douze ou quinze cents pièces d'or, si j'avais été riche. Ensuite je regrettais que M. Chenavard eût découpé trois toiles sur son poème; ce qu'il raconte demande la fresque, le monument aux pans nus et vastes, et non point le détail de chaque épisode. Sauf ces tableaux, j'aurai tout donné pour la simple gravure de Mignon aspirant au ciel; je rêve en la voyant, et ne pense point à comparer les procédés de peinture en 1800 aux moyens imparfaits d'Appelle.

Mais enfin que voudrais-tu donc? J'accepte tes colères, tes vives allocutions, mais au moins, pour parler si haut, tu vas proposer quelque chose? J'admets qu'inhabile metteur en œuvre tu ne puisses réaliser, mais tu as des plans? Hélas! que me demandes-tu? Si j'ai quelques pensées chères, les dépouiller de leur voile obscur, les vouer à tes sarcasmes! Que pourrais-tu conclure de la nullité d'un algébriste? Hé bien! soit; je vais t'exposer avec une naïve bonhomie un plan qui m'a séduit, un seul. Songes-y, si ton amitié ne peut couvrir son blâme d'un indulgent réseau, je retourne à mon tour le jugement contre toi.

Je suppose, entre mille, qu'il s'agisse d'exposer le mouvement catholique ascendant par une série d'actes tragiques. Nous aurions :

1° —— SPARTACUS, la souffrance dans la forme sociale.
2° —— SAINT-PAUL, l'avènement du verbe nouveau.
3° —— DIOCLÉTIEN, la lutte, ou l'ancienne société se redressant pour ne point périr; le martyr, ou le témoin du nouveau, sacrifié à la conservation du passé.
4° —— CONSTANTIN, le triomphe.
5° —— JULIEN, la réaction; l'avenir est sombre; on veut s'abriter sous les liens consacrés par les siècles.
6° —— THÉODOSE, l'établissement.
7° —— LES CROISADES, l'enthousiasme, l'apogée.

Essaye une construction pareille pour le mouvement descendant ; suppose qu'un esprit vigoureux, le cœur bondissant, la tête enflammée, puisse jalonner cette route des splendeurs du langage ; ne sera-ce pas une belle œuvre ? Concevoir n'est rien ; c'est la terre vierge et inculte qui n'attend point toujours la moisson.

Mais sais-tu bien que si j'étais richement doué, j'aurais pris, après tout, le vrai moyen d'arriver aux sommets de l'art ; une belle nature qui se sent imprégnée de lyrisme doit tout apprendre, tout entendre, tout connaître. Rassure-toi ; si je subis de passagers entraînements, je cède toujours à l'implacable et froide raison. Je juge du dehors.

Permets-moi, pour terminer, de répondre par un sourire au froid mépris de ces gens qui, partisans de la science infuse, dédaignent les durs travailleurs, et ces pionniers courageux et hardis qui placent tout espoir, même pour l'art, dans l'accumulation, la concentration des efforts de tous. Volontiers je prendrai pour notre commun drapeau:

TOUT POUR L'ART.

Allons, ami, à l'union des sciences et des lettres, à l'initiation scientifique, au secours des vulgarisateurs ; à l'art, au savoir !

Ami, *je bois à nos amours !*

Avenir et amitié.

VIII LETTRE

—

DE L'ENSEIGNEMENT.

Nous voici donc au but ; tout ce long étalage pour arriver
à quelques pages ! — Réponds avec franchise : pouvais-je
me restreindre davantage ? malgré le ridicule de l'*omni re
scibili*, ne fallait-il pas effleurer chacun des éléments sur
lesquels doit porter l'acquisition humaine ? J'ai été bref sur
les questions les plus brûlantes, sur tout ce qui dépend des
religare, de la morale, etc., et quoique sur ces sujets, mon
temps, mes efforts aient été consacrés avec le plus d'ardeur,
j'ai cru que la révérence profonde qu'ils doivent inspirer
laisse à peu d'esprits le droit d'affirmer, le droit de nier.

La minime valeur de cet écrit ne peut provenir que du
contraste des jugements formulés par le même causeur sur
l'ensemble des choses d'ici bas. Il y a nécessité pour chaque
type de coordonner la totalité de ses impressions ; c'est une
tendance à indiquer, et si ma voix a été faible, si j'ai trop
sacrifié ma thèse, des voix plus fortes s'élèveront pour témoigner en face du public, et soulever ce lourd fardeau. Le
grave inconvénient des éducations actuelles a été de parquer
chacun de nous dans un lieu rétréci, et la critique manque

de bases pour apprécier. Il se peut que telle ou telle exposition ayant un tour nouveau ne réveille aucune comparaison chez le lecteur, et qu'il accepte comme habitude ce qui peut avoir exigé bien des efforts. Je puis faire peu de cas de mes opinions sur chaque détail de ces lettres, et réagir avec force contre un verdict de condamnation. Un style incorrect, plus d'une insulte à la grammaire, peuvent sans doute me mériter le blâme; je l'accepte d'avance avec le respect sincère que je dois témoigner aux talents de la forme. sachant par expérience les difficultés inouïes que l'on rencontre en essayant de fouiller l'expression, de traduire en français.

Je puis, au souvenir de l'aigle et du corbeau, m'apitoyer sur le sort de ce noir ambitieux. C'était une loyale et droite nature, courageuse dans l'acte, et prenant aussi la volonté pour le génie; la force a fait défaut à cet imitateur hardi. Si le berger ne l'eût mis à mal-mort, peut-être corrigé par l'enseignement du fait, eût-il écouté les conseils de la sage raison. Si la riche toison d'or que j'ai voulu t'offrir résiste à mon bras débile, sois affectueux toujours et bienveillant toujours.

Résumons-nous; que dis-je? Je me résume. J'allais, je crois, abdiquer mon humble rôle et parler au nom de plusieurs.

— Importance extrême de bien définir les sciences.

— Erreurs consacrées par des plumes brillantes qui confondent le sachant avec le savant.

— Distinction entre l'érudition et la science.

— La science se caractérise par le mot de *loi*.

— La loi n'est qu'une fiction s'appliquant à des termes moyens. La loi est subjective.

— Un homme isolé peut être érudit ; une collection seule peut savoir.

— Science ou prévision, terme général ; érudition ou acquisition, détail.

— Un raisonnement n'est qu'une expérience abrégée s'appliquant à tous les cas analogues.

— Je nie avec force la puissance personnelle, la force intrinsèque d'une argumentation. L'on ne prouve rien.

— Importance considérable de cette vue anti-scholastique. C'est la sauvegarde de l'avenir, c'est la mort du rhéteur.

— Le *criterium* de certitude, c'est la prévision.

— Le rôle du sentiment doit se borner à l'induction ou esprit de généralisation ; croire à des lois, même dans les cas où elles sont ignorées ; étendre un procédé de recherche, constituer des hypothèses, sauf à les rejeter plus tard ou à les légitimer par le *criterium*.

— Le sens commun, le sens droit, la raison, proviennent de l'harmonie avec l'extérieur. Il faut s'imprégner des conditions du milieu pour se créer un instinct susceptible de guider, même en l'absence de la réflexion.

— Les sciences ont pour nous le sens précis d'ensemble théorique destiné à éclairer les pratiques correspondantes, et ayant pour caractère essentiel de suffire à une saine prévision, sans jamais s'illusionner sur le sens approché, non point rigoureux de ces prévisions. Aucunes ne sont rationnelles dans le sens de nécessaires; toutes sont contingentes, et, partant des faits observés, n'ont de valeur que par les vérifications de toute nature auxquelles elles se prêtent. Un raisonnement n'existe que sous cet aspect, et l'on ne prouve rien, si ce n'est en prédisant l'avenir; un raisonnement n'est qu'un étalage de mots, mnémotechnie de parole, expérience condensée, destinée à se substituer provisoirement à cette expérience. Le droit, la jurisprudence, la morale, etc. ne sont pas des sciences. C'est un agrégat de particules sablées qui ne laissent rien conclure sur la forme de chacune ; pouvant prêter à une énorme érudition, prétendre à une haute valeur, elles sont en dehors du *criterium*, et se classent comme arts pratiques, sans rien préjuger sur l'infériorité ou la supériorité de chacune.

— La science se crée du particulier pour arriver au général.

— La marche dogmatique ou d'exposition est inverse de la marche historique ou de découverte.

— Les choses s'étudient par leurs détails, éléments épars groupés en faisceaux. Les côtés communs, les liens dominants sont révélés d'abord par la comparaison de nom-

breux cas séparés. Ils sont réunis, coordonnés pour servir
de préface.

— Le degré d'avancement des sciences peut se mesurer
par le nombre de leurs théories générales.

— L'on croit mieux voir quand il s'agit de sciences complexes; c'est à tort. — Si dans un prisme à mille facettes on
en connaît cinquante, on sait moins que si l'on distingue
bien une face sur une médaille qui n'en a que deux. La
preuve est que l'on n'est maître impérieux, volontaire, d'un
phénomène que dans les cas les plus simples. Assez bien
en mathématiques, en astronomie, un peu en physique,
presque pas en biologie, nullement en histoire, en sociologie.
La complication des effets ne permet pas, quelque robuste
que soit la confiance, de prévoir le moment où l'on pourra
calculer d'avance les mouvements sociaux.

— Il s'agit d'abord de la refonte de l'éducation; à faits
nouveaux, organes nouveaux.

— Il y a impossibilité d'étude partielle, nécessité de développer dans chaque esprit un tact pratique, d'instinct,
d'ouvrier.

— Les progrès accomplis par la jeune science sont vraiment prodigieux; peu d'organes, peu d'efforts parallèles,
simultanés.

— Historiquement parlant tous les progrès, quelque disparates que soient leurs genres, sont liés. Descartes ne pouvait venir, être compris quelques années plus tôt. Un grand

homme peut se définir : un homme résumé. Avant la réalisation, il est dans toutes les branches de nombreux précurseurs. Les efforts de tous, sous tous les rapports, doivent entrer en ligne de compte. Je veux te faire ressortir ce fait par une exagération vive : avant Luther, Bichat, Berzelius ou Poinsot n'étaient pas possibles. Daigne comprendre.

— Les sciences sont impuissantes avec l'idée d'absolu.

— Elles se classent par le nombre des variables qui interviennent dans leurs sujets.

— Comme préface, l'analyse ou étude du rapport pur vient faire l'école de la logique, et remplacer cette rude scholastique de nos discoureurs, épilogueurs et disputeurs d'aïeux. Ses preuves sont contenues dans les sciences les plus simples; c'est le reflet analytique du monde entier; les harmonies des rapports ont des correspondances parmi tous les phénomènes, et chaque théorie abstraite comporte une image concrète; ces images ne sont bien saisissables qu'en géométrie et en mécanique. Ces deux sciences mesurent les conditions élémentaires de temps et d'espace, donnent l'approximation du premier ordre, les autres branches apprenant les perturbations secondaires, la vie approchée, le mouvement précisé. Les mathématiques, dans leur ensemble, offrent actuellement des matériaux considérables et très sains; leur systématisation est à refondre, et de cette systématisation dépend un grave progrès; ce n'est qu'après un coup-d'œil très large sur la totalité des variations concrètes, que l'on peut revenir avec fruit sur leurs symboles analytiques. L'analyse ne sera jamais terminée.

— L'astronomie en dehors de sa destination pratique, surtout marine, est une science complète; le temps pourra lui apporter quelques perfectionnements de détail, mais elle est faite. Elle dépend d'un seul principe général, donne le cadre de l'ordre naturel, redresse les théories sur l'en deçà et l'au-delà, chasse des cieux le caprice trop longtemps roi de cet empire, relègue le sentiment dans les affections, et limite nos rêves, nos désirs, nos aspirations dans les bornes du vrai.

— Les sciences physiques correspondent pour nos conditions dans le temps et l'espace à l'approximation du second ordre. Elles comprennent l'ensemble des lois sous le fait desquelles nous vivons ou mourons. Elles sont à l'état d'ébauche, surtout pour ces trois termes, lumière, électricité, chaleur, et doivent servir de base à tout *socialisme* pratique qui peut se définir : amélioration dans les conditions du travail.

— La biologie se rapporte aux approximations du troisième ordre ; elle apprend que l'homme est matière, végétal, animal, intelligence, et que l'être croît en liberté suivant sa hiérarchie dans ces quatre termes. Elle doit attendre presque tout de l'avenir.

— L'histoire est une lampe à quadruple foyer qui réagit sur chaque spécialité précédente. Elle prévoit les conditions sociales qui doivent nous réunir en groupe, sans que l'illusion puisse laisser croire que la prévision descende jamais aux détails. Son rôle, comme construction objective des facultés humaines, est de donner un levier de recherche à la théorie de l'homme ; méthode externe qui doit s'utiliser par opposition à la méthode Socratique, et qui doit servir de cachet à la période actuelle. L'oscillation inverse s'utilise déjà par le côté subjectif des lois. L'histoire n'existe que par le bénéfice de l'esprit de généralisation, ou le sentiment de la loi. Elle est tout entière à créer; ses progrès sont d'autant plus difficiles que l'on ne peut savoir comment une société s'écoule du temps quand on ignore comment l'eau s'écoule d'un vase. L'histoire sert de base à la comparaison des liens généraux, omnimode, patriotique, communal, familial. Le *religare* auquel nous devons aspirer doit prendre son point d'appui sur la science, en englobant l'humanité entière, sans flétrir aucune de ses aspirations. — Pour tout esprit qui repousse cette affirmation, il n'y a qu'une ressource, c'est de retourner au giron catholique, le plus beau de tous les *religare* connus, ou bien d'abdiquer la qualité d'homme pour rester à l'état de molécule isolée, indépendante.

— L'art se transforme; sa théorie est subordonnée à celle de l'homme. et par suite à celle de l'histoire. Dans les temps d'incroyance, l'art ne subsiste que par ses côtés secondaires et sauve la faiblesse de la conception par l'ornementation, par la forme pure; nous sommes à une époque de renouvellement, nous sommes Byzantins. L'art envisage les grandeurs les plus concrètes, les plus réellement existantes, tandis que les mathématiques spéculent sur les grandeurs les plus réellement abstraites, les plus idéalisées.

C'est le programme que j'ai développé; c'est tout le livre. Il n'est pas un mot que je n'aie cru nécessaire pour étayer ces quelques lignes. Il faut se croire bien dépourvu de tout faux orgueil comme de toute fausse modestie pour assumer sur sa tête la lourde responsabilité d'une course aussi étendue.

Nous voici à l'enseignement. Quel est son but? Tu m'avais dit : L'enseignement a pour but l'amélioration. L'on y arrive en développant le sens du beau, du bon, du vrai. Sans rappeler un mot législatif devenu banal, nous savons que le gendarme doit aider le curé, et je n'ose affirmer que son influence ne soit supérieure. Restons parmi ces classes privilégiées qui doivent lier intime connaissance avec tes chers amis, le beau, le bon, le vrai. Je vénère ces Messieurs, tout en rejetant l'allure despotique et absolue que tu veux bien leur accorder. Pour moi l'enseignement est : harmoniser l'intérieur avec l'extérieur ; rien de moins, rien de plus. Blasphémateur, oserais-tu qualifier de lit de Procuste ce rien de plus ! Si l'extérieur est mauvais, gâté, dissonant, etc. l'intérieur le sera. — Oui, et avec ce oui, l'esprit sera droit, juste, aura de la raison, du bon sens, et l'on obtient le résultat que tu demandes en nous entendant, élève de Cousin, sur tes trois sonores substantifs.

Distinguons soigneusement l'éducation et l'enseignement. Le premier terme a une influence au moins aussi considérable que le second ; il se rapporte spécialement aux femmes et aux enfants. Nous laissons de côté :

1° —— Les femmes, en nous rappelant le mot de Molière cité par Comte :

Il est bon qu'une femme ait des clartés de tout.

Sur ce chapitre, de Maistre est remarquable.

2° —— Toute la partie de la nation que M. Michel Chevalier nommait avec tant de bonheur: cette seconde couche du tiers-état qui n'a point encore accédé aux bénéfices de la civilisation; expression d'autant plus heureuse que la forme a sauvé le radicalisme du fond.

3° —— Les enfants qui jeunes doivent subir une empreinte féminine. Pour cette importante partie de notre développement, il sera bon, utile, de longuement méditer Charles Fourrier; ses aperçus ont une valeur considérable que l'on ne peut méconnaître sans injustice.

Les langues parlées, étrangères et nationales se rapportent à cette première phase. J'affirme sous l'influence d'un souvenir ineffaçable: il y a quelques années, voyageant sur un vapeur de Châlons, je me rencontrai avec un bey egyptien accompagné de toute sa famille, instituteur et intendant. Il avait trois enfants qui tous parlaient avec facilité le français, l'italien, l'allemand, l'anglais, le turc et l'arabe. Le plus âgé avait neuf ans. Je m'enquis longuement auprès du précepteur, et fus convaincu que ce n'était exceptionnel qu'au point de vue de leur éducation, et non pas au point de vue de leurs facultés.

Appliquons la méthode historique à la théorie de l'enseignement.

1° —— Période grecque, du temps de Socrate et Platon.
2° —— Période romaine.
3° —— Période moyen-âge.
4° —— Sous la monarchie.
5° —— Sous Louis XV; encyclopédie.
6° —— Sous la république.
7° —— Sous l'empire.
8° —— Aux temps modernes.

Cette série de tableaux stationnaires suffirait pour bien marquer la suite des changements accomplis; ils sont plus rapprochés, là où le mouvement est plus rapide. Peut-être serait-il nécessaire de découper quelques-uns d'entr'eux en plusieurs phases. On construira ainsi, pour ce détail d'histoire, de véritables *ordonnées* de la courbe parcourue. La comparaison de ces différents états fournira une loi empirique qui réalisera la recherche du mouvement enseignant dans le temps.

Cela exigerait un traité considérable pour lequel les matériaux abondent. Il suffit de parcourir quelques jours les collections d'une bibliothèque pour acquérir tous les éléments qu'il importe de classer; c'est affaire d'érudition où je te reconnais compétent. Tu n'attends pas de moi que j'aille formuler tous les détails d'un ouvrage sur cette matière. J'esquisserai légèrement les résultats que j'ai pu saisir dans ce travail, et me contenterai de mettre en relief les tendances principales. Il s'agit, comme but, de montrer un acheminement continuel vers l'école du fait, surtout depuis les législateurs, Képler, Galilée, Newton.

En second lieu, il faudra comparer ces tableaux dans l'espace par leur formation parallèle dans les diverses nationalités. Cela n'aura un grand intérêt que pour les temps modernes, et les états stationnaires devront se formuler pour la France, l'Allemagne, l'Angleterre, l'Italie, l'Amérique, l'Espagne, la Russie, la Turquie, la Chine, etc. Dans le passé, il suffit de considérer le principal centre d'ébranlement.

Nous aurons ainsi réalisé notre construction théorique dans le temps et l'espace.

Notre étude doit comprendre l'influence de l'enseignement sur les idées religieuses, sur la patrie, la famille et sur l'art. Elle se spécialise aux points de vue intellectuel, physique, artistique.

Sous le rapport physique, tu remarqueras l'oscillation de décroissance qui nécessite un mouvement inverse. En Grèce, à Rome, l'importance du corps impose un soin continu de développement; la chevalerie cultive l'essor physique, et les jeux de paume du siècle dernier, l'escrime, l'équitation, la gymnastique de nos jours, ne suffisent pas à un rôle trop négligé. Ce n'est pas une faute; en histoire, hors du détail, il n'y a pas de fautes; il y a des organes produits d'une loi, d'une oscillation. — La grande loi de Comte se rattache à l'essor intellectuel, et mon analyse doit rester dans une plus humble sphère; je veux seulement bien poser les questions dans un cadre où tu pourras à loisir faire intervenir ton savoir.

En Grèce, on écoute de brillants causeurs; les noms qui servent de repères sont ceux de Thalès, de Socrate, de Platon, d'Aristote, de Pythagore. On fonde sur le sable, et l'on s'allie aux sophistes.

A Rome, le mouvement grec se centralise après la conquête; Cicéron est athénien. On étudie peu les faits, les moyens d'exploration manquent.

Au moyen-âge, il est une première période d'érudition

monacale, d'enseignement pour la conservation antique. L'influence d'Aristote se fait jour sous les noms d'Abeilard et Guillaume de Champeaux ; l'on est discuteur et discuteur de mots. Au temps de Philippe les écoles offrent en pâture : la logique, la grammaire et l'érudition gréco-latine. Les Mémoires du président de Mesmes ou les Actes de la Faculté de Paris, d'Orléans, etc. précisent au mieux la situation.

Sous la monarchie, çà et là quelques éclairs trahissent l'apparition de l'étude naturelle ; puis Bacon, Descartes impriment une trace profonde ; la science sort de ses langes, mais faible, timide, désarmée, ne sachant rien d'elle-même, et l'enseignement ne l'accueille point encore. Ceux-là qui s'en occupent sont des rêveurs qui cherchent dans l'âge mûr à satisfaire leur curiosité ; les écoles des Jésuites prennent le haut du pavé sous cette aube naissante. On discute sur les atômes crochus, sur le vide ; on disserte, on explique aux moyens d'entités servant à obscurcir plutôt qu'à éclairer. Galilée commence à se faire jour ; l'Italie tient le sceptre, puis la France s'en empare.

Arrive l'Encyclopédie ; les sciences se coordonnent avec Clairaut, d'Alembert, etc. La physiologie naît avec Bordeu ; mais l'enseignement reste sous le joug de Rollin, et de toutes les gloires humaines on n'accepte encore que les gloires latines, ou les Pères de l'Église. Voltaire apprend à la France le nom de Newton, et l'on commence à soupçonner que le hasard n'est qu'une chimère de l'ignorance.

Sous la République on veut faire l'écart brusque de la tradition, couper le fil qui nous rattache à l'antique, et les tendances scientifiques se développent vraiment pour la première fois d'une manière large dans la grande École Normale. Cette impulsion a été magnifique et la plus complète possible pour les contemporains; de nos jours en se bornant aux vues de Berthollet, de Monge, de Laplace, on fait preuve d'inintelligence. L'école centrale ou Polytechnique est créée pour infuser dans les veines de la jeune France le sang ardent, vivifiant du progrès matériel, pour servir de foyer à la notion de loi.

Sous l'empire, deux pressions distinctes, sous la main du nouveau faiseur de rois, de ce nouveau Julien plus glorieux, plus brillant, plus prestigieux que l'autre. Esprit scientifique dans l'utile, dans l'industrie, etc., reconstruction totale de l'ancien édifice en l'améliorant, réaction, oscillation de second ordre contre le fait révolutionnaire. La science a donc marché, mais combattue par l'influence des idées de cour, d'aristocratie, de salon. L'acceptation d'un homme dans tel ou tel milieu provenait de ses souvenirs gréco-latins. C'était son gage d'union avec la société ancienne, son traité d'alliance avec les hautes classes qui se reformaient, son anathème contre les idées conventionnelles. Aussi qu'était l'art? Baour-Lormian, Luce de Lancival, de Fontanes, Ducis, Delille, Denne-Baron, etc., offrent un composé de Corneille et de Bernis, de la pompe unie à l'afféterie, le style prétentieux de Dorat, l'érudition mythologique, Mars rencontrant Vénus.

Il y a quinze ans, nous vivions sur les bancs; nous avions huit classes dans lesquelles nous balbutions quelque peu de grec et de latin, de telle sorte que dix ans plus tard nous étions obligés de reprendre complètement nos lectures pour asseoir d'imparfaits jugements; nous récitions quelques lambeaux d'histoire, peu de géographie, et couronnions la rhétorique par l'étude de la métonymie, la culture de Blair, et de louables amplifications; de là nous allions parader devant un prêtre de l'ontologie, causer nominaux et réaux, tout juste commencer les quatre règles, reproduire quelques théorèmes de géométrie, regarder quelques innocentes expériences, et appréhender au corps notre diplôme de bachelier. La part faite aux sciences était si mince que, sans le privilége accordé aux carrières polytechniques, on eût ignoré leur existence. Aussi les jeunes gens qui pénétraient dans l'école étaient cités et respectés; les mères s'énorgueillissaient, les pères désespéraient de voir leurs chers rejetons porter le brillant uniforme, et les fils infatués d'eux-mêmes, petits grands hommes, *quorum pars magna fui*, se croyaient génies naissants, voués à la supériorité, à la grandeur. Cela durait peu, mais durait. Sous l'évolution d'hier, le prestige s'est évanoui; chacun a mesuré, puis l'on n'a plus fêté que de louables écoliers cherchant un honorable gagne-pain.

L'influence d'un camp politique jetait le discrédit sur les sciences; de nos jours on en accepte la partie amusante, la partie Louis XV; le reste convient aux gens à métier, à ceux que la tradition ne couvre point de son prestige. Un homme bien né doit connaître Horace, mais non les conditions de notre poste dans le temps et l'espace; de l'art, le sanctuaire vénéré, l'on a fait un jouet.

La position faite aux débutants dans la vie réelle était fausse; il fallait tout reprendre, depuis les appréciations de l'existence pratique, jusqu'aux admirations; l'échafaudage si péniblement construit était bouleversé; le château de cartes s'affaissait au souffle des témoins du jour sans rapport avec les témoins d'Athènes ou de Rome. L'enseignement avait-il atteint l'utile, le culte du beau? En Grèce, oui; du temps de Cicéron, oui; de nos jours, non. Le vrai se déplace avec le temps.

Mieux que moi, tu sauras faire ressortir le cachet spécial de chaque époque; l'élément scientifique monte à l'horizon, et l'utile, le vrai, servent de phares pour éclairer le beau.

Ainsi : bien convaincu que les mathématiques développent la logique, servent d'école au raisonnement; que les sciences physiques et naturelles sont l'élément fondamental de l'utile, la route pour atteindre à la domination du monde, pour se frayer un chemin à travers les lois matérielles, animales, pour parvenir à la prévision historique, à l'analyse des facultés humaines, aux communions sociales; que l'ensemble de la nature est la base de tout art, c'est-à-dire de toute reproduction idéalisée tendant à développer notre goût, le sentiment d'une juste admiration, à relever nos actes, à nous ennoblir; nous devons féconder sous cet aspect multiple, logique, utile, communion, admiration, l'enfant qui se présente le front blanc, la tête inculte, néophyte du baptême qui doit le mettre en harmonie avec la création.

Si j'avais un fils, un être chéri sur lequel la sainteté de mes affections s'unirait à la plus haute tension du cerveau pour chercher les moyens de l'initier, de le préparer, sans trop le déclasser, sans trop le mettre à l'écart de ses contemporains, que ferais-je? L'appellerais-je Emile? non certes ; je ne veux point former un homme, mais lui fournir des bases; c'est l'athlète que l'on oint d'huile avant de l'amener dans la lice. Je le nommerai Charles. Parmi mes plus chers souvenirs ce nom résume pour moi le génie de la bonté affective; je désirerais que ces pages eussent quelque valeur pour apporter à l'aimante nature qui m'inspire un faible témoignage de reconnaissance et d'effusion. Marquer par un nom la place du cœur, c'est indiquer l'importance de son rôle; il ne s'agit pas d'afféterie.

Charles sera comme une éponge qu'il s'agit d'imbiber pour l'utiliser plus tard et non point la destiner à exprimer un suc nourricier constamment acquis, constamment rejeté. C'est le réservoir d'une presse hydraulique où quelques minces filets d'eau s'accumulent pour produire en intégrale une puissante force. Charles sera de la classe des lettrés, des fonctionnaires, des carrières dites libérales, et sans professer ce dédain dont parle Voltaire en refusant aux *cuisinières* le droit de comprendre les sections coniques, quelque chose de très scientifique pour lui, je ne veux point me heurter à un sujet plus inextricable maintenant que les mailles gordiennes. Dans l'avenir j'ose croire que l'on fera monter aux lèvres de tous le flot de la science saine et sans pédantisme; j'ose croire que tous auront le droit aux souffrances morales, principale ligne de démarcation entre ceux auxquels peut s'appliquer l'*os sublime dedit*, et ces êtres haves, décharnés, flétris par la misère, par la privation matérielle, que nous voyons tous avec douleur, avec désespoir, passer avides et nus sur nos quais et nos grèves.

Quelle sera la marche? — Comme acquisition de mots, de faits, de détails, comme érudition, marche directe ou historique. Je veux dire par là que la première enfance, pareille à la jeunesse sociale, ne peut comparer assez pour classer, coordonner, et que la meule demande au grain la forme première qu'elle nous redonne en masse blanche et pure. Education. — Comme constitution scientifique, préparation intellectuelle, comme logique, comme prévision, échelle directe ou dogmatique. L'initiateur affirme du haut de cinquante siècles d'expérience, et sans nécessiter de chacun la somme des efforts qui souvent ont vaincu le passé, place le jeune adepte au niveau de toutes les théories acquises, de tout ce qui, consacré par la prévision, ne laisse à quiconque un droit de négation. Enseignement.

Charles, enfant, recueille auprès de sa mère et de son père le bénéfice de cet enseignement du cœur qui m'a fait choisir son nom comme le patronage des plus doux sentiments. Il apprend à aimer avec ardeur, à vénérer, empreinte indélébile qui l'arrêtera toujours devant ses fautes, qui restera comme le manteau soyeux de sa jeunesse bénie.

Auprès de ces soins disparaît l'importance de toutes choses ; mais il doit aussi penser, il doit agir. — Les langues parlées, pour nous, l'anglais, l'allemand, l'italien ; le développement physique, la santé du corps pour acquérir la santé de l'esprit ; la croyance à tout ce qui est extérieur ; l'étude des mots, etc., rempliront ses jeunes loisirs. — Il fait l'éducation des sens à peine éveillés ; il acquiert la mémoire des mots, des lignes, des sons, des odeurs, des saveurs, des couleurs, etc..., il reproduit ce personnage d'Adam s'étudiant sous la plume de Buffon, et cherchant à sainement admirer le jardin, sa demeure. — Il apprend sa langue, non pas dans les grammaires, non pas avec les catégories linguistiques, mais en récitant les bons auteurs ;

il sait par cœur Boileau, Racine; puis s'il ne saisit pas bien toute la portée des charmantes leçons de Lafontaine, il meublera son esprit de leur forme exquise, et saura plus tard retrouver leur morale.—Il dessine les contours des terres, connaît les bassins géographiques, et raconte dans l'histoire les événements à dates jalons. Il ne prétend rien expliquer, ne répond pas aux questions d'un juge comment la création s'est harmonisée sous une volonté immuable, et s'efforce en courant dans les bois, en essayant sa vigueur, de ne point laisser l'effroi de la solitude envahir sa bravoure. La peur de la nuit, la peur de ces images dentelées, de ces mouvements imaginaires qui impressionnent jusqu'à l'homme de l'âge mûr, il saura la dompter.

Enfin il a douze ans. Je t'abandonne le choix de cet âge. L'éducation est terminée; comme aux premiers débuts de l'humanité, comme en Grèce, le côté plastique, le culte du corps a dominé. L'homme dans ses phases reproduit en petit les grandes oscillations de l'histoire; Charles est aimant, Charles est déjà fort; loin d'être étiolé par le banc du collège, sa jeune sève déborde; il a besoin de mouvement.

Nous arrivons à l'enseignement dogmatique. Il se composera de cinq couches toutes composées des mêmes éléments, toutes ne différant que par le nombre des détails. Le première couche se rapporte presqu'uniquement aux mots, aux procédés, aux expériences; elle comprend tout, depuis l'analyse jusqu'aux liens religieux. C'est la première teinte plate d'un lavis.

— En analyse : la pratique des opérations numériques; la notion précise du rapport ou fraction ; les manipulations algébriques du début ; la génération des fonctions de diverses natures ; la représentation en nombre de toutes les grandeurs abstraites dans un système quelconque de numération, c'est-à-dire la série de Taylor; l'évaluation dans le système à base 10; l'interpolation élémentaire ; *les fonctions* d'observateurs, et le sentiment de l'exsitence des relations inverses ou lois régissant les phénomènes ; en un mot, le cadre immense des harmonies analytiques par le côté mécanisme et têtes de chapitres

— En géométrie : la mesure pratique des lignes, des surfaces, des volumes ; la représentation picturale des fonctions, l'interpolation géométrique, la substitution des formes, etc.

— En mécanique : les expériences fondamentales sur les trois lois de départ, en les considérant comme des faits ; la représentation analytique des mouvements rectilignes ; l'idée précise de masse, de vitesse, de grandeur du mouvement, de travail utile, de force vive, de mécanisme, de transformation, etc.

— En astronomie : l'étude des termes et le narré des plus grandes lois du monde ; première base du culte du beau.

— En physique : quelques expériences simples sur les poids, les pompes à eau et à air, le baromètre, etc., sur les rapports numériques des sons, sur les phénomènes principaux offerts par la chaleur, la lumière, l'électricité; en montrant la loi maîtresse souveraine, la prévision possible, et n'indiquant que des faits liés entr'eux par un cachet commun.

— En chimie : la nomenclature, les lois de substitution, de formation, etc.

— En biologie : nomenclature minéralogique, botanique, biologique ; le tableau de Blainville ; les bases des grandes classifications ; ayant en vue d'utiliser pour l'acquisition des noms techniques cette aptitude prodigieuse de mémoire qui n'existe que dans la jeunesse.

A chaque pas, Charles commence à tressaillir en face des merveilles qui se révèlent à sa vierge intelligence.

— En histoire : le temps ne commence pas, ne finit pas ; l'on se sert d'un repère, qui pour nous est l'apparition du Christ ; puis l'on suit la chaîne des quatre grandes catégories ; on montre les liens généraux à leur naissance, les nations sous leur conduite, en faisant l'écart d'un sentiment d'amour propre qui nous pousse à préférer toujours ce qui nous domine de plus près ; ensuite on parcourt les divers liens patriotiques en faisant assister l'enfant à l'origine et à la chute de chaque grande nationalité, etc.

Cela exige pour chaque ordre scientifique la constitution d'une classification véritablement biologique, dont l'énoncé des divers chapitres forme presque en entier ce premier plan des études. Chaque couche suivante se superpose en courant d'un bout à l'autre de la série, en acceptant comme sus les développements qui ont précédé, en pénétrant, après une rapide révision, dans un détail de plus en plus circonstancié, sans toutefois atteindre le régime pratique exigeant d'étroites limites.

Si tu m'as bien compris , tu vois que Charles, après avoir aimé sa famille, quelque peu sa ville natale, beaucoup moins sa patrie, et ignoré l'existence d'un lieu plus haut, renverse dans la seconde phase la série de ses jours d'enfance.

A la cinquième couche, Charles comme aujourd'hui saura peu, mais il aura des jours sur tout. Il affirme que la nature toute entière subit le joug de lois irrésistibles, et qu'ici bas tout se relie ; s'il ne peut réaliser encore, il sait où rechercher les causes d'influences; il connaît les sciences dégagées des arguties réservées au rôle professoral.

Parallèlement à ces études générales, Charles suit les gymnases et soigne en véritable enfant de Sparte son organisation musculaire. Il développe le sens de l'ouïe au contact de masses chorales dont il est unité. Il parcourt, en dessinant, des musées choisis où le sentiment de l'admiration artistique se trouve éclairé, guidé par de dignes chefs; il ne perd point l'usage des langues parlées dans sa jeunesse, et consacre quelques heures à la lecture étrangère, etc., etc.

Enfin il atteint dix-sept ans, c'est à peu près l'âge de notre humanité. Charles harmonisé avec le monde extérieur est apte à pénétrer dans un sanctuaire plus haut , sans craindre la pernicieuse influence des lettres quand elles sont isolées ; il arrive à l'esthétique pour laquelle il parcourt l'antique représenté par ses chefs-d'œuvre, et les temps modernes par leurs productions universellement acceptées. L'étude des belles-lettres remplace les cours spéciaux de mathématiques d'il y a quinze ans. Les matières de la rhétorique, de la philosophie sont traitées pendant deux années, puis Charles n'a plus qu'à glisser dans la vie avec la conviction profonde qu'il est appelé à partager le fardeau commun, sans rêver à la grandeur exceptionnelle, au talent hors ligne.

Suivons les objections principales; elles se rapportent au sujet, à l'objet, aux moyens d'exécution.

Je débute par une étrange déclaration. Je cherche à te convaincre sans reconnaître ta compétence. C'est au moins original? Si tu ne peux émettre un jugement sérieux sur les mathématiques, l'astronomie, les sciences, retourne sur les bancs, ou sache écouter. Si je te combattais à propos d'Aristophane sans l'avoir lu, tu me blâmerais avec raison; je pars du même principe; je puis t'accorder le droit au talent et te refuser le droit au jugement. Je n'accepte la négation que de la part d'un homme ayant traversé la même filière; hors de là, me dire : tu as tort; c'est faire un cercle vicieux. S'il s'agissait de la question de forme, j'écouterais humblement tes avis; j'ai cherché à t'initier sans me faire illusion sur l'impression possible d'une lecture passagère; en dehors même de la nécessité de produire les bases d'une conviction ardente et loyale, je devais tenter une épreuve dont l'insuccès doit être attribué à moi seul et non point à ma thèse; sans être tout à fait le premier venu, tout à fait vulgaire, j'arbore hardiment le drapeau d'un homme de la foule, en attachant une importance capitale, inqualifiable à ce titre. Ma thèse ne vaudrait rien si j'étais exceptionnel, si je n'étais pas de ceux qui doivent vivre de la vie de tous. C'est abdiquer toute ambition de forme; d'ailleurs songeant seul, sans contact avec les vivants, tout couvert de la poussière des morts, je ne puis subir ton contrôle.

Au sujet. L'éducation scientifique fausse; les généralités sont dissolvantes. On l'a dit et répété; les polytechniciens ont l'esprit faux; un homme de haute position a déclaré devant moi qu'il faudrait détruire l'école, ou la reléguer dans quelque village de la Basse-Bretagne. Il y a du vrai. Cela t'étonne? Je vais bien plus loin. Tous les gens spéciaux, encastrés dans leur mince acquis, ont le jugement faux; les mathématiciens plus que les autres; ils sont pareils à des astronomes qui ne verraient que l'ellipse solaire sans tenir compte des perturbations; vivant dans un milieu fictif, dans une simplicité de notions trop abstraites, trop peu particulières, ils ne saisissent que l'approximation du premier ordre, sans pénétrer dans les erreurs de détails, dans des erreurs de vingtième ordre. Ils opèrent sur des nombres entiers quand la vie s'accomplit sur des dix-millionnièmes. L'arme qu'ils utilisent est redoutable; son usage mauvais blesse puissamment. Les savants sont des ouvriers d'un genre particulier, qui ne peuvent servir que dans une étroite spécialité. L'homme se fait organe à un titre plus ou moins humble; il correspond à une fonction sociale, et la sagesse des institutions consiste à faire que les organes se présentent pour les fonctions, en nombre voulu, sans choc de déclassement. De tous les temps, les gens spéciaux ont été écartés, avec beaucoup de raison, de l'exercice des hautes positions. Pour être diplomate, général, pour conduire les hommes, il n'est pas nécessaire d'avoir obéi, d'avoir occupé un poste de détail; ce sont des fonctions *sui generis* sans rapport avec la plupart de celles qui y conduisent. Vois les grands seigneurs, les Condé, les Turenne, les Mercy, etc., leur apprentissage se faisait dans la position. Il faut se bien rappeler que la constitution sociale comprenait une noblesse qui s'était réservé la spécialité du commandement. On nais-

sait élève ministre, élève général, etc., comme Pitt. Il ne
s'agit pas de préconiser le régime des castes; mais tu re
marqueras que la théorie de l'égalité y conduit tout droit; si
chacun se vaut, on fera mieux en suivant son père; et je me
refuse à ces conclusions, précisément parce que je suis hié-
rarchique et non point égalitaire. Julien et Mæsithée dans le
passé, l'un véritable élève en Sorbonne, l'autre professeur
de rhétorique, ont été grands généraux. On fait des fautes
d'un genre singulier que l'on ne recommence plus si l'on
reste dans les mêmes zônes. L'amiral Duperré venant com-
mander une escadre disait : « Nous avons tous à apprendre,
depuis l'amiral jusqu'au dernier des mousses. » Le savoir
de l'un ne s'utilisait en rien pour le savoir de l'autre. Inter-
roge un juge, un soldat, un abbé, un médecin, un ingénieur, un artiste, un propriétaire, un fabricant, un diplomate, etc., etc. les opinions sont aussi disparates que les
ornements d'un noir. Les fonctions les plus larges rétrécissent moins; et j'entends par large, qu'elles se rapportent aux
pratiques de la vie, au monde des détails qui sont le terrain
où s'aggravent le faux et le vrai. Ainsi les historiens qui ont
besoin du concours de toutes les facultés humaines réunies
doivent avoir l'esprit moins faux. Les directeurs sociaux, les
banquiers, les hommes d'état, les gens d'affaires, etc. sont
dans le même cas. Les fonctions spéciales rétrécissent d'autant plus qu'elles s'appliquent à un rôle plus étroit, plus
rapproché soit des idées abstraites, soit d'une occupation
manuelle restreinte. S'en suit-il que pour avoir le sens droit
il faudrait avoir passé par l'étamine de tous les points de
vue? — Cela ne serait point si maladroit. — Est-ce possible?
— Hélas! non. — Il faut donc désespérer? — Non encore.
Fais en sorte que chaque intelligence à former puisse acquérir
des jalons bases d'une interpolation future; fais qu'il y ait

sentiment des notions générales ; extrais de chaque détail
un suc précieux et condensé renfermant la substance pure
de ce détail ; fais que chacun puisse acquérir en quelques
années le tact pratique du coin rétréci où il doit régner, au
lieu de consacrer la moitié de sa carrière à s'harmoniser à
son mandat.

Tout ceci veut dire que nous en sommes à l'éducation générale et non point au rôle utile, pratique, du futur agent
social. Supplée au développement du tout partitif par l'assimilation d'un canevas-réseau ; pétris cette cire molle, identique, de l'enfant prêt à tout accueillir, de telle sorte qu'il
soit comme un prisme à mille facettes susceptible de tout
réfléchir. Prends deux jumeaux, deux Adelphes, occupe-les
différemment ; au bout d'un certain temps, ils ne se res-
sembleront plus même physiquement.

Si l'éducation est saine, générale, méthodique, dominant chaque art pratique de son immense horizon, alors
chacun entrera dans un sentier spécial pour remplir sa part
d'action, et j'aurai le vif espoir qu'il sera préservé dans ses
jugements de cet esprit d'exclusion, de mutuel mépris qui
entache maintenant les rapports des divers agents humani-
taires. Il faut voir cela dans l'esprit du fonctionnariat ; orgueil de caste, mépris de chaque robe, de chaque bouton ;
ces castes sont exclusives, mordantes, jalouses ; elles se
battent à coup d'influence ; j'ai entendu un magistrat éminent dire : « il ne s'agit pas ici d'intérêt social, mais de
celui de notre propre corps ; nous ne devons pas déchoir ; »
il masquait ainsi l'intérêt individuel sous l'intérêt général.
Le fonctionnaire est intelligent, développé outre mesure,
plus que le reste de la nation ; mais pratique par un mince

côté, partiel, manquant d'esprit scientifique; absence déplorable chez le magistrat, le diplomate comme chez l'agriculteur. Sa personnalité est exagérée; comme le savant il est difficile à vivre, pointilleux à l'excès, arrogant pour tout ce qui ne tient pas à son avenir; c'est un dédain mutuel d'organes durs, inflexibles, utilisables par un seul détail; en dehors ils ne doivent avoir ni voix ni place. Chez la plupart il y a atrophie du cœur au profit de l'intelligence; au reste, au bas de l'échelle sociale le cœur est plus riche; en haut, la forme et l'exquisivité dominent.

Donne à tous l'esprit des lois générales, ou tu fausses l'esprit. Les lois sont niées en dehors des sciences, et là même, les pédagogues sont souvent seuls à les affirmer; les sciences sont à l'état d'ébauche; le calcul intégral, cette œuvre de pure raison, attend un fondateur et il ne viendra qu'après l'acquisition de faces nouvelles dans les autres branches; les mathématiciens se parquent dans leurs formules, il n'en sortira rien de grand; ce n'est pas ainsi qu'agissaient les Galilée, les Huygens, les Newton, les Leibnitz, etc. — L'analyste pur est un non sens; l'on ne doit plus s'intituler physicien pour une expérience ingénieuse, ou biologiste pour avoir laborieusement comparé quelques coquilles; il faut avoir jour sur tout pour aborder quoi que ce soit.

L'on a dit encore : l'éducation scientifique rend mauvais; cela m'a été jeté à la face avec quelque rudesse. Comment! vous ne développez pas le côté moral; vous parquez l'être aux termes du fini; vous l'écrasez sous la matière; oiseau vous coupez ses ailes et le pliez aux allures de la cage dégradante; du cygne fier et libre vous faites l'habitant d'un étroit bassin, et l'aigle au regard solaire, avec ses orbes immenses décrits par delà les nuages, vous le reléguez sur un blason.

Cela me rend malade! mon ami, mon ami, le vrai emporte le douteux; sur les tendances disposons le logement, car nous arrivons. Si cela est vrai, l'homme n'aura plus qu'à s'envelopper dans un suaire et chanter ses propres funérailles ; il court au mal, fatalement, forcément, avec énergie, avec persévérance; il se précipite bondissant vers ce que tu appelles le gouffre de la science et que je nomme, moi, le chemin du beau et de toute moralisation.—Par le contraste, les sciences ont pu développer l'orgueil ; les jeunes adeptes se trouvaient seuls à savoir quelque chose, à pouvoir affirmer avec sécurité ; l'orgueil s'éteint devant la mesure ; on devient humble en réfléchissant au hasard d'une route dont tous n'ont pas eu le bienfait. Mais tuer le bon! tuer l'esprit artistique!?

Tu enlèves l'éducation gréco-latine, le droit à la lecture des chefs-d'œuvre anciens; les enfants n'étant plus tout jeunes habitués à balbutier Homère, le négligeront plus tard ; plus de lien avec le passé ; plus de religion des souvenirs; tu isoles la génération ; tu enlèves la logique, la morale, l'ontologie, la psycologie, l'ame, la philosophie, etc. Tu traites l'homme comme un castor ou une abeille.

Aurais-je donc été si peu compris ? La philosophie, comme au temps de Socrate et de Platon, résume pour moi la réunion de toutes les choses perceptibles à l'homme; ces grands génies savaient peu de chose, et pour cela devons-nous rétrécir leur parler en lui refusant un sens général qu'eux-mêmes étaient les premiers à vouloir lui accorder? La morale est l'art pratique correspondant aux liens généraux des sociétés. La psycologie, l'ontologie, l'étude de l'ame ! mais, de bonne foi, rappelle tes souvenirs; tes sentiments, tes études sur ces matières se ressentent-elles du collége? Le peu que nous avons appris, l'avons-nous acquis, oui ou non, après notre développement d'homme? Cela ne marche-t-il pas en dernier ressort? N'est-ce pas un résumé final? Peux-tu présenter ce panorama complexe aux yeux de jeunes êtres dont la principale valeur consiste dans la possibilité de *vivre*? ces questions peuvent-elles s'aborder sans fil conducteur, sans la science sachant, nouveau fil d'Ariane, se faire douceur et bienfaisance? Faut-il te renvoyer au sage Perrault et aux cailloux du sage Petit Poucet? Autant que toi je suis l'ennemi des lits de Procuste et ne veux point enfermer l'homme dans quelque chose de plus étroit que lui.

Pour beaucoup d'esprits, ce renversement de l'édifice enseignant est le côté le plus grave, le côté dominant des tendances de la première période de ce siècle. Tout a été dit sur cette magnifique expression d'*humanités;* communion avec le passé, religion de la grandeur intellectuelle, du beau, etc. Dernièrement encore un évêque, répondant au *Ver Rongeur*, évoquait cette belle acception : *humaniores litterœ!* Quelle grande et sainte chose! faire que l'immortalité commence pour les hautes natures à dater de leurs œuvres; faire que le souvenir d'un mort puisse raisonner harmoniquement devant chaque génération qui s'écoule; culte du souvenir; création de l'être humain comme personnification symbolisant toutes les gloires.

Du temps de Cicéron, les humanités comprises ains

étaient tout ce qu'elles pouvaient être; très fort, très juste pour
l'époque, très faible, très injuste pour la nôtre. Les lettres
anciennes ont un immense avantage; leurs gloires sont acceptées; elles ne touchent en général ni à nos intérêts, ni
aux luttes religieuses et politiques; elles sont en dehors de
la réalité; la forme s'impose même à ceux qui dénigrent le
passé, faute de le comprendre; les lettres modernes soulè-
vent des répulsions et des adhésions également vives; l'immortalité n'est pas faite pour la plupart des noms. Dans ce
sens, le *Ver Rongeur* avait raison, et l'admiration des beautés chez les pères aurait avivé les luttes frémissantes de l'esprit catholique. Par opposition, c'était professer le déisme,
la tolérance, l'indifférence romaine, que de laisser à l'écart
un élément passionné.

Me voir accuser de retrancher une corde à cette harpe
magnifique que le poète doit faire incessamment vibrer! Moi,
retirer à d'autres la possibilité de savourer Hésiode, l'incar-
nation de la mythologie antique, la sagesse ancienne en
gracieux aphorismes! le sujet de pages remarquables chez
Bacon, les civilisations éteintes résumées en poétiques allu-
sions; des arguments brillants et forts; Minerve ou l'esprit
synthétique jaillissant tout armée du cerveau; Vénus ou le
beau se dévoilant dans toute son ampleur. Le vrai n'apparaît que par masses, et non point lambeau à lambeau; cela
m'émeut comme le souvenir de St-Paul; il me semble le
voir, érudit, songeur, puis tout à coup *voyant*.

Aristophane, le Shakespeare antique, le plus vivant des
Grecs; Plaute, le père rustique et dur, mais le père de
notre grand Molière, diraient seuls quelle est ton injustice.

Homo sum, nihil humani a me alienum puto.

Au contraire, je veux compléter la communion des esprits.

L'une des tentatives les plus hautes et les plus délicates de cet éminent penseur, de cet homme *époque* qui s'appelle Comte, a été précisément de classer parallèlement aux jours tout ce qui constitue l'humanité. Les saints, les êtres à vénérer sont à choisir parmi ceux qui nous ont apporté le beau, le vrai, bonheur ou douce parole, bien-être ou harmonie. J'avoue en face d'un rieur que volontiers j'aime à dire : S¹-Guttemberg, S¹-Dante, S¹-Shakespeare, S¹-Gœthe, S¹-Newton, S¹-Lagrange, S¹-Poinsot, S¹-Bellini, etc..., avec autant de respect, de glorification envers le passé, qu'en m'inclinant devant l'énergique S¹-Athanase, le moelleux Grégoire de Naziance, le mystique S¹-Augustin, le fougueux S¹-Jérôme, l'âpre Tertulien, l'angélique S¹-Thomas, etc. Pour tous ces hommes qui ont fécondé le terrain catholique, la doctrine reconnaissante a consacré les noms par une éclatante auréole ; serons-nous plus ingrats envers ceux qui nous ont crié : Lumière! lumière! lumière!

Complétons ; mais que nos fondations se ressentent de ce que nous voulons édifier ; non pas une tour de Babel, mais un réseau nerveux et serré où Mars comme autrefois se laissera prendre ; l'industrie domptant la guerre; encore un large emblème.

De ce que nos pères ont sagement fait, devons-nous les copier pour agir sagement. Nos pères étaient plus grands que nous ; à ce titre certains s'indignent que nous osions changer ; c'est toujours du Julien; alors retournons au paganisme, plus encore aux patriarches, aux sauvages. C'est le mot remarquable de Marc-Aurèle, ou les conseils à Auguste de Mécène mourant ; ne pas accepter dans l'absolu les actes des prédécesseurs ; prévoir de lentes évolutions que l'on peut combattre dans les détails, en subissant fatalement leur joug dans l'ensemble.

Encore une fois, nous sommes *fonction* du temps et de l'espace, nos deux plus rudes ennemis. Dévoilons leurs lois pour les écraser avec leurs propres armes.

Il ne s'agit pas d'omniscience, la chose la plus téméraire ; quiconque y aspire devient impuissant ; gris de lui-même, l'homme parcourt sa voie à la manière du bourdon qui se heurte. Les intelligences sont des cordes vibrantes ; elles diffèrent par le timbre, l'acuité ; il faut les mettre à l'unisson. Le vrai ne s'oppose jamais au vrai ; que chacun se consacre à un détail, mais en sachant où il se meut. Que nos points de départ soient assez larges pour englober dans une reconnaissance filiale, même jusqu'au pur catholicisme, malgré son hostilité pour tout ce qui n'est pas lui. — Ne laissons rien à l'écart ; une seule tentative, une seule haute individualité placée au dehors fausse le système.

Le tort des catholiques a été la négation de tout l'édifice payen ; avec eux la grande moitié du monde dans le passé, dans le présent, se trouve hors la loi. L'histoire ne subsiste que par une face. L'on ne peut vénérer les noms inscrits d'autorité au rang des réprouvés. — Le tort de Fourrier a été de mettre à l'écart la masse totale des penseurs. — Celui des matérialistes consiste à nier le monde interne. — Voltaire repousse la plus haute conception humaine. — La

grandeur de la construction de M. Comte provient précisément de ce qu'il rend justice à tout. Avec lui chacun, à un
titre varié, obtient sa place, et nul n'est repoussé de la communion intellectuelle. Moïse et Mahomet, Luther et Bossuet,
Voltaire et de Maistre, Constantin et Julien représentent les
anneaux changeants d'une synthèse d'où aucun type saillant
ne doit être proscrit.

Défions-nous de tous ces brillants écrivains qualifiés d'i-
déologues et qui, partant de notions absolues de droit, de
justice, font miroiter l'erreur et l'imposent avec éclat; avec
leurs allures, je prétends prouver, d'une manière irréfu-
table, que le soleil ne doit pas tourner; ne doit pas! Hé
bien qu'on l'arrête! Je conçois la haine qu'ils inspiraient au
premier Napoléon, et sans la partager, je désire préserver
les générations qui nous suivent de tendances stériles, de
discussions dans le vide. Je n'ai de haine que pour ceux qui
méprisent tout ce qu'ils ne sont pas, et ne vois la certitude
que dans la prévision.

J'arrive aux moyens d'exécution. L'enfant a terminé; le
jeune homme commence, et je le suivrai quelque temps encore, tout en esquissant les moyens de réalisation. Plus que
jamais je te demande grâce; si tu ne m'apportes le concours
le plus bienveillant, tu heurtes l'un de mes rêves les plus
caressés.

Si tous deux nous avions une grande fortune, nous ne
la consacrerions point à une culture exagérée des modes
qu'il est autant de ridicule à fronder qu'à imiter en esclave;
chacun en dehors de satisfactions artistiques, de désirs d'a-
mélioration, de bonté, de bienfaisance, a quelque Songe

d'une Nuit d'Été. Le mien serait de fonder un temple pour l'enseignement. Peut-être, sous peu, publierai-je un Essai sur l'Organisation d'un Prytanée Scientifique. Ne traites pas d'enfantillage de jeunesse une occupation constante qui m'a conduit à dresser les plans, coupes, élévations des bâtiments, à formuler de nombreux détails d'organisation, à composer jusqu'au discours d'ouverture.

L'ensemble des impressions personnelles qui m'avait conduit à donner une sorte de réalité à un projet de cette importance sociale s'est trouvé fortifié par l'autorité des travaux de Comte, et souvent j'ai répété son axiôme favori, l'une de ses plus hautes paroles : Une belle vie, c'est une pensée de la jeunesse réalisée dans l'âge mûr. Il y a peu de jours où, depuis la nouvelle ébauche, je n'ai ajouté un trait, peint une ligne, dessiné un contour, détaillé un bas-relief, médité sur toutes les phases du développement des classes moyennes, sous le rapport instruction scientifique, littéraire, artistique. Je me suis appliqué aux soins divers d'administration, de disposition des cours, de tenue d'amphithéâtre, de nourriture, de minutieux détails. Sans doute bien des points sont à revoir; pour bien des matières les programmes seraient à modifier, mais la base reste fixe.

Dans l'enceinte commune, Charles fera un premier apprentissage de la vie publique, et, au contact de rivalités souvent supérieures, perdra ce sentiment trop développé par la vie privée qui nous montre le *moi* comme un centre but de toute la création. Charles passe par les cinq couches dont je t'ai entretenu, et vient à la suite demander aux lettres le secret de leurs beautés.

J'ai poussé la fantaisie jusqu'à préparer un projet de décret. L'enseignement national comprend trois termes :

1° ——— Lycées.
2° ——— Écoles d'application.
3° ——— Écoles supérieures.

Résumons rapidement l'idée mère des fondateurs de l'École Polytechnique. Pour son époque, cette institution était admirable ; il s'agissait de créer un véritable chef-lieu scientifique d'où émanaient toutes les carrières savantes et pratiques. Les élèves recevaient l'initiation à toutes les branches des sciences inorganiques, les seules assez développées pour fournir à des certitudes. L'un des plus hauts avantages était de donner un lien commun, une cohésion, à tous les divers services qui perdaient, sous l'influence de l'unité d'origine, l'âpreté des relations. Le dédain mutuel, malgré la divergence des fonctions, était difficile en face des souvenirs de ce foyer commun. Les progrès accomplis justifient le mot d'insuffisance appliqué à la conservation pure et simple ; l'école ne suffit plus à son rôle ; déjà le dédain se montre entre les diverses branches de la famille, et l'esprit de corps se resserre d'après la fonction à laquelle on s'attache. Nous sommes assez loin pour remanier l'œuvre et la reconstruire, en acceptant dans leur esprit toutes les conclusions des fondateurs.

Nous devons obtenir la séparation entre l'enseignement général, l'enseignement spécial, l'enseignement professoral ; tous trois se succèdent sans pouvoir s'isoler. Le premier répond au lycée, sert de tronc vigoureux, de support à tous ces rameaux ; c'est l'enseignement polytechnique, modifié, résumé, élargi, fondant chez tous la base de l'unité intellectuelle.

Les écoles d'application préparent l'homme utile, et l'enseignement professoral, chargé du saeerdoce théorique, se rapporte aux nouveaux prêtres de Vesta dévoués à la conservation du feu brillant de la science.

L'enfant, élevé par sa mère, pénètre dans le Lycée pour s'imprégner de l'idée de loi, pour avoir jour sans méticuleuses dissertations sur l'ensemble des sciences, depuis l'analyse jusqu'à l'histoire. Il connaît la liaison de chaque détail à l'ensemble majestueux. Il est véritablement polytechnicien.

Les écoles d'application s'offrent à tous ceux que tentent les avantages d'un rôle pratique. Le concours choisit parmi les possesseurs d'un diplôme attestant chez le candidat l'acquisition saine de cette première, préliminaire et indispensable préparation.

Les principales écoles sont :

1° —— Ecole professorale ou théorique, comprenant divers annexes, mathématiques, scientifiques, historiques, linguistiques, belles-lettres, etc.

2° —— Ecole de jurisprudence ou d'administration, se subdivisant en diplomatie ou droit inter-national, magistrature et ses dérivées ou droit national, préfectures et directions administratives.

3° —— Ecole des ingénieurs se rapportant aux différentes branches de l'industrie, des constructions, etc.

4° —— Ecole de médecine.

5° —— Ecoles des beaux-arts.

6° —— Ecoles militaires; quelque saintes que puissent être les chimères de ceux qui voient l'extinction des luttes sanglantes dans un avenir prochain, nous devons raisonner pour notre temps et notre espace; tant qu'il y aura deux seules tribus sauvages, un seul centre de barbarie, de putréfaction, la guerre sera nécessaire.

Ces écoles fournissent à l'état ses serviteurs, à la nation ses spécialités de toutes natures. Chacun prend son vol pour le détail qui l'attire, et le goût, seule barrière entre les professions, ne pourra point développer un mutuel mépris.

Les écoles supérieures à leur tour seront les archives du progrès, de véritables académies actives, centralisant les découvertes, les commentant, exerçant un sacerdoce théorique dans toutes les branches, depuis la mathématique jusqu'à l'étude des langues anciennes et contemporaines. Un collége de France contenant toutes les individualités marquantes sert de lien à ce faisceau; c'est un cœur intellectuel.

Ainsi: première éducation de l'enfance; enseignement général ou esprit des lois; enseignement spécial préparant les organes sociaux; enseignement supérieur veillant à l'intégrité du savoir humain; voilà pour moi le *desideratum* actuel.

— Aux encyclopédistes, aux théoriciens: les traités, la coordination, le professorat.

— Aux organisations vibrantes, passionnées, douées

d'un sentiment vif et délicat, d'un goût pur : le côté artistique dans toutes ses branches.

— Aux hommes spéciaux : les mémoires techniques, les recherches de détails, l'action, la pratique.

— Dans la pure spéculation, l'on sera : mathématicien, astronome, physicien, chimiste, géologue, biologiste, historien, artiste, etc., l'esprit toujours dominé par une vue générale.

Dans la pratique, on sera : ingénieur, architecte, manufacturier, agriculteur, industriel, marin, médecin, politique, ambassadeur, ministre, administrateur, poète, musicien, peintre, sculpteur, numismate, archéologue, soldat, bureaucrate, avocat, juge, pédagogue, etc., le dissolvant de la spécialité étant contenu par les souvenirs de jeunesse.

Tout le monde n'est pas destiné aux carrières pratiques, pas plus qu'aux seules carrières linguistiques; c'est l'ancienne éducation qui nous a valu toutes les fautes de la première révolution; St-Just, Camille Desmoulins, énivrés de Rome et de Sparte, sans vouloir comprendre la loi des temps franchis, de l'espace envahi, ont voulu remonter le cours des âges, et appliquer le fruit vénéneux de leur stérile admiration.

La publication du volume dont voici la substance dépend, à mes yeux, d'une question d'opportunité. Le rôle d'état est statique en ce sens qu'il ne réalise que des projets mûris; l'un des torts de l'école dite progressiste est de faire correspondre à la tenue du pouvoir l'application de ses promesses, de ses théories; ce n'est qu'après une élaboration lente que les meilleures propositions peuvent s'imposer dans les faits.

Dans le détail d'accession aux diverses carrières, il y aurait lieu d'en référer toujours à l'excellente institution du concours, modifiée dans son usage. Actuellement il est partitif, spécial, de pure mémoire; très bon en lui-même, il développe le grossissement anormal d'une faculté au détriment de toutes les autres. Dans telle institution, cinq forts en histoire sont chacun chargés d'un lambeau ; l'institution a le prix, et le hazard le distribue entre les cinq patients. Pour l'admission aux écoles, c'est encore pis ; ce mot concours est inscrit en lettres d'or comme le manger pour vivre d'Harpagon; les élèves, littèralement pétris par les répétiteurs, sont écrasés sous le menu des détails, et conservent souvent une impuissance d'initiative qu'il faut faire remonter à sa réelle origine. On produit de petits pédants capables de bien réciter quelques formules; ce sont des plantes de serre chaude qui s'étiolent en plein vent. La méticulosité du raisonnement doit être réservée au seul professeur ou gardien du vrai; c'est le sentiment de ce qui est, non point l'argutie sur ce qui est, comme au temps de la scholastique, qu'il faut éveiller chez tous. Le moyen préservatif est tout entier dans les influences des idées générales. Si j'avais à juger de concurrents polytechniques, j'aurais deux séries de questions affectées de coefficients très différents. Mes demandes de choix, d'importance seraient de ce genre: en quoi consiste l'analyse, la géométrie, la mécanique, la physique, etc.; pour réponse j'exigerais un large canevas, un cadre à linéaments suivis; parmi les égaux, je choisirais ceux qui, dans des proportions moins complètes, sauraient exposer des groupes, et je ne descendrais au théorème isolé qu'après cet inévitable préambule. Je n'aurais pour but que de me mettre en garde contre des erreurs involontaires que déjà cela suffirait. Le concours est bon en lui-même, c'est même notre unique ressource. Mais par son allure actuelle, c'est une sorte de loterie plus générale, il est vrai, plus précieuse que l'ancienne institution de choix, princes, nobles, riches, et cependant inférieure dans certains cas anormaux, comme ceux de guerre ou de diplomatie ou de fonctions éminentes. De plus, comme tout organisme, le concours ne peut donner plus de quatre-vingts pour cent d'effet utile; sur cent choix, il y en a forcément vingt de médiocres.

Je t'ai répété souvent: nous sommes Byzantins; j'aurais pu à chaque pas de cette lettre, à chaque alinéa, te dire en parodiant Caton: il nous faut les idées générales. Il n'y a pas à sortir de là: Nous sommes soumis au nombre, au temps, à l'espace. — Nous vivons sous l'influence des lois astronomiques, physiques, biologiques. — Nos conditions d'existence se rapportent à la vie matérielle, à la vie végétative, à la vie animale, à la vie intellectuelle.

Hé bien ! que chacun le sache; que chacun puisse aborder une face du problème en connaissant sa place, ses difficultés, sa portée; fournissons des auxiliaires intelligents, des aides précieux à ces rudes joûteurs qui nous ont dévoilé les merveilles du monde, et procuré le bien-être matériel, moral, artistique. — L'étude des animaux doit éclairer, précéder celle de l'homme, comme la géométrie précède, éclaire la mécanique. Dans un cas, la vie intellectuelle s'ajoute à d'autres mobiles; dans le second, le temps se combine avec l'espace. — Les théories historiques ne peuvent prendre pied qu'après la rénovation intellectuelle, une tentative actuelle serait prématurée; elle ne pourrait être comprise par la masse des lettres qui forment l'opinion et nient encore les lois du monde extérieur. Les états stationnaires n'existent même pas pour le présent. — La morale basée sur un lien, un *religare* à conditions supernaturelles, reçoit de rudes chocs par des échappées de l'esprit qui s'annonce, du verbe qui va se faire chair. Ces conditions niées, que de bouleversements ! L'un des plus beaux titres de gloire de M. Comte a été d'avoir compris que la morale devait être contenue dans un des plis de la tunique d'Isis, c'est-à-dire dériver d'un *religare* scientifique, à certitudes inébranlables, n'empruntant rien aux romans sur l'en deçà ni l'au delà. Ce *religare* ne peut être créé, accepté. Il serait formulé de la manière la plus complète, ce serait ma croyance, je serais convaincu de son existence extérieure, que je me lancerais de toutes mes forces dans l'arène pour obtenir l'enseignement général, sans prononcer un mot, un seul mot, sur cette conviction.

Cependant quelle horrible situation ! Ce terme final auquel vient aboutir toute réflexion humaine exige impérieusement une constitution décisive. Les lieus généraux conduisent, et aujourd'hui nous n'avons pas de fil conducteur. Il y a manque de foi, manque de supergénéral. Les Dieux sont brisés pour la morale comme pour l'art; chacun renie ce que son voisin encense et adore; bien plus, ce que ses pères, ce que son père a encensé et adoré.

Je n'interdis à personne d'aller se perdre sur Spinosa et consorts, grands hommes d'autrefois, petits d'aujourd'hui; ce sont nos vénérables nourrices qui nous ont élevés, développés; leur lait ne suffit plus à notre viril appétit; et des questions non plus hautes, mais plus chères, plus vivaces, plus profitables, plus utiles, plus belles, réclament la concentration de toutes nos forces.

Pour en finir avec les critiques, les redites; pour te dire combien cela m'entraîne, me passionne, je veux te faire une confession. Ces derniers temps, il s'est produit une sorte d'évolution dans les idées enseignantes. Il ne s'agit point d'université ou de liberté. Ce terrain brûlant ne me convient sous aucun rapport, et sa valeur est minime au fond puisque la collation des grades n'exige aucune restriction de temps ni de lieu. Cette évolution est saine, très saine, très sage. L'on a suivi avec la modération la plus habilement calculée une voix de transition ; sans rompre avec le passé, sans choc, sans déclassement social, la route a été ouverte. Si l'on a en vue un renouvellement décennal, avec modifications continues des programmes, je signerais avec bonheur, je l'avoue, la promulgation de ces ordonnances. Je n'ajouterais qu'un progrès relatif à l'école Polytechnique, en lui enlevant son cachet pratique, puisqu'elle n'est que la porte qui conduit aux centres d'application, et en y introduisant la biologie. Ce serait alors à peu près, dans d'autres conditions, un prolongement du lycée de mes rêves. Plus tard, l'école sera détruite pour se voir substituer dans son esprit des enceintes plus nombreuses et disposées pour tous.

Mon adhésion à la masse du mouvement est tellement pleine, franche, entière, que si j'étais fort et puissant, haute intelligence, de position éminente, levier dans l'état, de ces hommes avec qui l'on compte, j'irais dire au chef de cette large impulsion : A vous mon bras, ma tête, mon cœur,

pour réaliser notre œuvre. Je n'irais pas mesurer, pour en
faire le contrôle, les causes de mes plus vives sympathies
ou de mes plus énergiques répulsions, et je ne croirais pas
trop faire que d'apporter le concours actif, efficace d'un dévouement de chaque jour, de chaque heure. Je passerais
par dessus tous les détails ou perturbations secondaires;
l'avenir serait riche de la moisson promise; je sacrifierais
tout à mon Dieu.

Ce Dieu, cette idée, c'est un fil mince et lélié, mais duc-
tile et résistant; à ce fil, à ce cheveu, je suspendrais les
destinées d'une nation, et me contenterais de lui pour garant
des caprices d'un dictateur, magistrat populaire.

Certes j'exagère, mais bien peu. Je voudrais une nature
de Frédéric moderne, sachant dégager l'oripeau, n'ayant pas
un passé engagé; assez fort pour tout briser, assez intelligent
pour sentir un mouvement, pour résister au besoin; assez
élastique pour bondir en avant, assez ferme pour rester dans
sa fixité; assez supérieur pour planer au-dessus des fantas-
magories du pouvoir; dédaignant les décors d'opéra, non
coloriste, mais partisan de la ligne sévère. Une main de fer,
une volonté métallique; s'écartant de Voltaire et de l'Encyclopédie, tout en reconnaissant l'utilité de leur rôle dans le
passé et le refusant pour le présent; cherchant une route
plus large dans l'application de concepts organiques; un pied
dans la théorie, la tête et le corps dans le camp pratique.

Voilà mon dictateur rêvé, celui auquel est acquis par
avance mon mince grain de sable, et le loyal hommage d'un
homme qui ne s'inspire que du vrai, et désire avec fougue,
avec ardeur, voir écraser, rejeter de la lice tous ces gens,

mouches du coche, présomptueux et vides, ni praticiens, ni théoriciens, ni têtes ni instincts, qui exhalent leurs rancunes et leurs colères de ne pouvoir jouer un rôle, là où ils ne savent ni rien définir, ni rien comprendre. Je les veux hors la loi pour la vie publique et les renvoie à leurs affaires. Si par eux cette parole était relevée comme injure, ils pourraient reproduire le bel argument de tribune de M. de Falloux ; à mon tour je dirais : le dédain suit aussi la même loi que les corps physiques ; mais, à la façon des aérostats, il peut remonter.

Au reste de ma part, adhésion ou rejet ; qu'importe !

Il est temps de finir ; *sat prata biberunt.* Je serais heureux si j'avais pu te convaincre que dans le camp ennemi où j'ai placé ma tente il en est beaucoup qui prennent pour seules limites de leurs sympathies, de leur reconnaissance envers les hommes du jour et du passé, les seules limites de leur intelligence, sans acception de castes, d'écoles, sans préjugés de coteries.

Mon espoir est tout entier dans ces quelques mots : — Pour dogme, la science, c'est-à-dire l'ensemble des faits observables, des prévisions. Développement intellectuel. — Pour culte, la famille, l'affection, le cœur, la vénération de tous les souvenirs éminents. Développement affectif. — Pour régime, l'accomplissement du devoir et la reconnaissance d'une hiérarchie mobile à chaque génération. Ne pas croire à la flamme secrète comme base nécessaire de sérieuses convictions.

Si j'avais une profession de foi à te faire, elle serait com-

prise dans la substitution des lettres R—E—L—A—T—I—F
aux lettres A—B—S—O—L—U. La science, l'art, les liens
généraux, le beau, le bon, le vrai, relatifs. C'est là le cachet le plus caractéristique de cet éminent esprit pour lequel
j'avoue ma vive admiration. Ne rien considérer comme éternel, immuable, impérissable, et cela sans sacrifier l'idéal ;
ne rien dédaigner de ce qu'un homme affirme avec respect,
mais refuser de le suivre sur les rêves même les plus saints.
— Négation religieuse provisoire, au point de vue théorique;
conservation des pratiques morales jusqu'à reconstruction.
— Acceptation d'une suite de dictatures énergiques jusqu'à
éclairement, en alternant avec de brèves oscillations parle-
mentaires. Suivre l'exemple de l'empire Romain à son milieu, c'est-à-dire l'adoption à la Marc-Aurèle, jusqu'au jour
où, plus instruits, nous connaîtrons notre position dans le
temps et l'espace, et pourrons jalonner notre route. En fait
de dictateur, nous n'avons à craindre : ni, l'état c'est moi ;
ni, parc aux cerfs ; ni, mon peuple, mes sujets. L'ombre de
ce que l'on appelait un tyran, un despote, ne doit pas faire
rejeter la vérité dictatoriale ; c'est l'ogre dont on fait peur
aux seuls enfants. C'est le pouvoir intérimaire, utile, agissant, stable dans son instabilité, variant avec le temps et
l'espace, d'effectuation, de réalisation, de transition, d'é-
poque Byzantine.

Si, dans dix ans, j'avais un nom sonore, un prestige ré-
sultant de travaux élevés et écoutés, le moment serait op-
portun et je dirais : Je veux le ministère de l'instruction
publique et j'en ferais le premier ministère du pays. Je ne
développerais point de petits pédants barbouillés d'algèbre
ou de latin, mais des hommes d'action. D'une main je
prendrais la torche de la science et j'en ferais jaillir des

étincelles jusque dans les profondeurs des cloîtres; de l'autre j'indiquerais aux jeunes hommes les grands noms devant lesquels ils doivent ployer le genou, s'incliner. Initiation, communion, serait la devise inscrite sur mon drapeau; j'inspirerais la vénération du passé, la religion, la foi de l'avenir.

Nous autres humbles qui sommes petits, qui n'avons pas le droit au génie, ce rival impétueux du droit au travail; qui n'avons que la fièvre du *valoir*, et un enthousiasme sincère pour le vrai, l'utile; qui sommes assez intelligents pour comprendre et point assez pour créer, nous ne puisons le sentiment de notre dignité que dans ce fait : nous sommes des ondes de la vibration totale; nous avons la conviction de la loyauté avec laquelle, nous inspirant de notre seule conscience, nous ne demandons au dehors ni acclamation, ni retentissement. Notre titre de noblesse est de penser à l'écart des puissants de chaque jour. Nous cherchons à savoir.

Oh ! la science ! c'est qu'à ce mot, vois-tu, j'ai de l'enthousiasme et toujours. Après tout c'est plus excusable, plus justifiable quand il s'agit des révélateurs de la nature, qu'à propos d'un morceau de papyrus contenant quelques lambeaux d'un discours d'Hypéride.

Science, *regina*, *gubernator*; sans elle, doute, obscurité, incertitude, marche à l'aventure. Avec elle, prévision, certitude, adoucissement, bonheur. Le bien qu'elle a fait, le bien qu'elle doit faire ! nous ne soupçonnons pas la millième partie des phénomènes naturels. Le grand et le beau s'incrustent gigantesques dans ses arcanes secrets. Dussé-je sacrifier encore aux dieux de l'emphase : grandeur, avenir, famille, patrie, société, religion, poésie, bonheur, tout est là.

Depuis Pascal tuant l'entité nature et son horreur pour le vide jusqu'à la pensée se faisant éclair pour dominer le temps et l'espace, que de progrès! et cependant les masses d'intelligence ont été consacrées aux guerres, diplomaties, ontologies, et les sciences n'ont eu que la moindre part. Le sacerdoce scientifique, comme autrefois le sacerdoce catholique, réclame toutes les supériorités. A lui la théorie; aux jeunes êtres abrités sous son aile, la pratique, l'action.

Ce soleil qui dore tes fenêtres, veux-tu que dans mille ans je te fasse connaître à la même heure la place qu'il viendra réchauffer? Parle donc de mode! discute sur la psycologie!

Que font ces hommes caduques avant l'âge, qui marchent courbés, jaunes, haves, flétris? Un frisson incurable les mine, les tue. Victimes de la civilsation, ils ont doré ses palais et ses temples. De grandes voix s'écrient: Victoire, liberté, guérison, salut, et la science leur distribue la vie sans briser leur gagne-pain. — Elkington et Ruolz ont passé.

Un homme découvre que le sang contient du fer. C'est curieux, dit l'un; c'est l'amusement d'un désœuvré, dit l'autre. Puis il se trouve un sel de fer soluble, un je ne sais quoi, un lactate. Et voilà que des êtres humains, pâles et débiles, s'en vont par les grands chemins, robustes et forts, entonner l'hymne de la délivrance, et jeter en hozamah à la science un cri vibrant et sonore.

En vérité, mon cher, en face de l'avenir, on me dirait: l'on va fabriquer un homme de toutes pièces, que je pourrais sourire, mais ne dirais pas non. Si l'exagération peut se définir, une figure de rhétorique ayant pour but de pénétrer dans l'esprit de son auditeur, j'ose croire que celle-ci réunit les conditions exigées.

Au nom de la science, au nom de l'action de l'homme sur la matière, au nom de la religion qui n'est plus, au nom de la morale, au nom de l'art en décadence, je te conjure de concentrer les forces vives de l'intelligence, de rectifier l'enseignement, de fournir à la génération qui nous suit les moyens de résoudre les difficultés qui nous pressent, difficultés de toute nature, artistiques, morales, politiques; de substituer des certitudes à ce sentiment louable, mais vague, qu'on appelle socialisme, et qui sous l'influence des grands mots nous a coûté tant de larmes.

Pardonne à ma hardiesse : parler au nom de la science, moi qui n'en puis être que le vulgaire interprète; au nom du *religare*, moi qui suis dans les ténèbres et ne vois que des lueurs à l'horizon ; au nom de l'art, moi qui n'en suis qu'un fervent mais impuissant admirateur.

Si j'ai suivi tes conseils, et offert au public un amical entretien, voici mes raisons : je n'attends rien de l'avenir, rien de la critique, rien de l'oubli, rien du succès, et prends pour ma sauvegarde :

Probité intellectuelle, union, bonne foi et loyauté.

Adieu et amitié.